COMPTABILITÉ GÉNÉRALE ET MARCHÉS

LIQUIDATION DES DÉPENSES

Volume mis à jour au 12 mai 1924.

CHARLES-LAVAUZELLE & Cie
Éditeurs militaires
PARIS, Boulevard Saint-Germain, 124
LIMOGES, 62, Avenue Baudin | 53, Rue Stanislas, NANCY

COMPTABILITÉ GÉNÉRALE ET MARCHÉS

LIQUIDATION DES DÉPENSES

Volume mis à jour au 12 mai 1924.

CHARLES-LAVAUZELLE & CIE
Éditeurs militaires
PARIS, Boulevard Saint-Germain, 124
LIMOGES, 02, Avenue Baudin | 53, Rue Stanislas, NANCY

COMPTABILITÉ GÉNÉRALE ET MARCHÉS

LIQUIDATION DES DÉPENSES

Instruction sur la liquidation des dépenses du ministère de la guerre et la tenue des registres de comptabilité de l'administration centrale.

(Direction du Contrôle; Bureau des liquidations, Comptes et Réserve de guerre.)

Paris, le 17 mars 1904.

PREMIÈRE PARTIE

Dispositions concernant les services extérieurs.

ARTICLE PREMIER.

Liquidation des dépenses.

La liquidation a pour objet de constater la validité, la régularité matérielle des créances et l'exécution complète des engagements envers l'État.

§ 1er. — *Liquidateurs des dépenses.*

Aucune dépense ne peut être liquidée à la charge du Département de la guerre que par le Ministre ou par ses délégués.

§ 2. — *Délégués du Ministre pour la liquidation des dépenses.*

La liquidation des dépenses est confiée à l'autorité qui les a mandatées, c'est-à-dire aux sous-intendants militaires pour le service de l'intendance, et aux directeurs ordonnateurs secondaires pour les autres services.

Pour cette opération et à l'exception des dépenses du service de la solde, lesquelles sont liquidées dans les revues, les sous-intendants militaires, établissent des « États de liquidation » et les directeurs ordonnateurs des « Rapports de liquidation ».

Les états de liquidation des sous-intendants militaires sont centralisés par les directeurs de l'intendance (art. 7, § 3).

La liquidation ne devient définitive qu'après la revision ministérielle.

§ 3. — *Liquidation trimestrielle.*

La liquidation des dépenses est trimestrielle, sauf les exceptions prévues par les instructions spéciales à chaque service.

§ 4. — *Délai pour la liquidation des dépenses.*

Pour achever la liquidation des dépenses d'un exercice, il est accordé jusqu'au 31 mars de la deuxième année de cet exercice. Par suite, aucun état de liquidation (service de l'intendance) ou rapport de liquidation (autres services) ne peut être arrêté à une date postérieure.

Les rapports de liquidation des directeurs de l'intendance, n'étant, comme il est dit ci-dessus, que des documents de centralisation, peuvent être arrêtés après cette date, dans le délai fixé pour leur envoi (art. 7, §§ 6 et 8).

Passé le 31 mars, les créances devraient, en principe, être liquidées au titre des exercices clos; mais, afin d'éviter les critiques formulées par le Parlement au sujet de l'extension prise par les dépenses des exercices clos, on liquidera à la date du 31 mars au plus tard :

a) Les créances dont les pièces justificatives produites tardivement, mais avant cette date, n'auraient pu être relevées en temps utile de la déchéance encourue, le Ministre se réservant, du reste, de statuer ultérieurement sur la question de la déchéance;

b) Les dépenses dont les pièces justificatives, par suite de dif
ficultés inhérentes au service ou de circonstances de force ma
jeure, ne pourraient être produites pour le 31 mars.

Dans ce cas exceptionnel, l'ordonnateur secondaire liquide
d'office les dépenses à l'aide des éléments de contrôle en sa possession.

Il conserve la liquidation jusqu'à l'époque fixée pour l'envoi de
ce document au Ministre (art. 7, § 8) ou, dans le service de l'intendance, jusqu'à une date fixée par le directeur (art. 6, § 4), de
manière à permettre l'établissement du rapport et sa transmission au Ministre dans le délai déterminé par l'article 7 (§ 8).

S'il est alors en possession des pièces justificatives, il les joint
à la liquidation; dans le cas contraire, il les remplace par des
propositions tendant soit à l'annulation de la dépense, soit à la
liquidation des acomptes dans le cas où il en a été délivré; des
décomptes sont alors joints à cet effet.

Dans le service de l'intendance, le rapport du directeur est
établi sur le vu de ces propositions.

La modification des liquidations primitives est effectuée par la
revision ministérielle.

§ 5. — *Liquidation des créances litigieuses et contentieuses.*

L'exercice au titre duquel sont liquidées et ordonnancées les
créances qui ont été l'objet, de la part du Ministre, d'un règlement contentieux ou d'une transaction, est déterminé par la date
de la décision ministérielle qui a mis fin au litige ou par la date
de la transaction.

Cette dérogation à la règle fondamentale de l'exercice « période
d'exécution » n'est admise que lorsque les difficultés soulevées
ou l'instance engagée ont fait obstacle au payement pendant
l'exercice où le service a été exécuté.

ARTICLE 2.

Établissement des pièces justificatives des dépenses.

I. — Dépenses justifiées dans la comptabilité en deniers seulement.

Les pièces de dépenses concernant la comptabilité en denie
seulement sont établies ainsi qu'il est indiqué ci-après.

§ 1ᵉʳ. — *Mode d'établissement des factures, mémoires, etc.*

Les factures, mémoires, etc., qui sont le premier élément
compte définitif, doivent présenter distinctement, lorsqu'il y
lieu, les dépenses par rubrique budgétaire.

Ces documents sont établis par exercice et par subdivisic
budgétaire.

Chaque pièce de dépense porte, visiblement et en tête, le n
méro qu'elle reçoit au moment de son inscription sur le borderea
trimestriel (article 4, § 3) ou l'état de liquidation (article 6, § 2

Les sommes, les mesures et les poids sont calculés et expr
més suivant le système décimal. Les quantités de denrées, m
tières, etc., doivent y figurer selon l'unité applicable à chacur
d'elles et pour le nombre de décimales que comporte la nomer
clature.

Les décomptés en deniers des pièces justificatives ne doiver
comprendre que deux décimales après les francs; on force d ur
unité la seconde décimale lorsque la troisième est égale ou sup
rieure à 5.

Les factures, mémoires, doivent indiquer les décisions qui o
autorisé les dépenses et porter la mention de l'exécution du se
vice dans les délais et selon les conditions des cahiers des charge
marchés, etc. Ces documents sont totalisés et arrêtés en toute
lettres par le créancier, qui les date et les signe.

Les pièces justificatives sont vérifiées par l'autorité qui a
surveillance du service et visées par elle.

§ 2. — *Arrêté des factures, mémoires, etc.*

Les factures, mémoires, etc., des dépenses justifiées seulemer
dans la comptabilité en deniers sont, comme les factures d'achat
figurant dans la comptabilité-matières (article 48, § III, de l'ins

truction du 30 décembre 1902), arrêtés et mandatés au chiffre du montant total de la créance.

Les imputations à faire aux créanciers pour pertes, avaries de denrées, de matières et objets mobiliers de l'administration, avances de frais de location, retards dans les livraisons, etc., sont versées au Trésor par voie de précompte sur les mandats, soit au titre des « Reversements de fonds sur les dépenses des minis-tères », soit au titre des « Recettes accidentelles à différents titres », selon la nature des imputations.

Toutefois, pour les fournitures à la ration du service des sub-sistances, on n'ordonnance au profit de l'entrepreneur que la différence entre le montant de sa facture et la valeur, aux prix de son marché, des approvisionnements qu'il a reçus de l'entre-preneur sortant.

Il est procédé d'une manière analogue pour les effets d'habille-ment cédés aux corps de troupe et aux établissements considérés comme tels; on déduit du décompte de la masse d'habillement la valeur des effets livrés par l'administration et on n'ordonnance au profit des intéressés que la différence entre le montant dudit décompte et celui des imputations.

La valeur des vieilles matières remises à un entrepreneur pour être transformées est également déduite du montant de la facture de cet entrepreneur.

§ 3. — *Dépenses au-dessus de 10 francs.* — *Modèles des factures.*

Les factures sont établies, savoir :

Pour les dépenses acquittées par les gestionnaires, sur man-dats d'avances, conformément au modèle n° 1.

Pour les dépenses qui font l'objet de mandats directs, d'après le modèle n° 2.

Les factures, mémoires, etc., des dépenses *au-dessus* de 10 francs sont établis en double expédition. La première expé-dition, qui est soumise à la formalité du timbre, est mise à l'appui de l'ordonnancement; la deuxième expédition, établie sur papier libre, est destinée à la liquidation (1).

---

(1) Les mémoires concernant les travaux d'impression effectués par l'Im-primerie nationale, ne seront plus produits *qu'en une seule expédition*, ac-compagnée d'un bordereau indiquant les numéros des commandes, le nu-méro du modèle, la quantité et le prix total.

Le mémoire sera mis à l'appui de l'ordonnancement et le bordereau à l'appui de la liquidation. (Circulaire du 22 avril 19.0, *B. O.*, p. 1507.)

§ 4. — *Dépenses de 10 francs et au-dessous.*

a) Dépenses acquittées par les comptables. — Quittances.

Pour les dépenses de 10 francs et au-dessous, acquittées par les comptables, il est fait usage de la quittance modèle n° 3.

Cette quittance est établie en double expédition. Une des expéditions est mise à l'appui du bordereau des pièces et quittances remises au payeur; l'autre expédition est destinée à la liquidation.

b) Dépenses acquittées par mandats directs.

Lorsque les dépenses de 10 francs et au-dessous doivent faire l'objet d'un mandat délivré au profit d'un créancier direct de l'Etat, il est produit, en simple expédition, une facture (modèle n° 2) non timbrée; cette facture doit être rattachée à la liquidation. L'ordonnateur secondaire donne alors le détail des fournitures ou des travaux dans la colonne du mandat qui porte pour titre : « Objet du payement » (art. 137 *bis* du règlement du 3 avril 1869).

S'il s'agit de dépenses justifiées dans les comptes de gestion, il est fait usage de factures à talon de la comptabilité-matières; le talon est annexé au compte de gestion, et la facture est mise à l'appui de la liquidation.

§ 5. — *Montant maximum des factures, mémoires, etc.,*
qui peuvent être acquittés par les gestionnaires.

a) (1) Est fixé à 300 francs par facture, mémoire, etc., le montant maximum des dépenses que les gestionnaires sont autorisés à payer par application des dispositions de l'article 174 du règlement du 3 avril 1869 (vol. 24).

Toutefois, les comptables peuvent, quel qu'en soit le montant, acquitter à l'aide de leurs avances les dépenses indiquées ci-après:

Les salaires, traitements, etc.;

Les droits de douane, de régie, d'octroi, etc.;

Les frais de timbre et d'enregistrement avancés par l'Administration;

Les frais de transport par mer et les dépenses accessoires de débarquement du matériel (denrées, matières, etc.) du service des subsistances militaires en provenance de l'étranger;

Les fournitures de fourrages à la ration dans les places ayant un effectif égal ou inférieur à 70 chevaux;

---

(1) Paragraphe modifié (notifications des 9 décembre 1901 et 18 mai 1920, B O., pages 1810 et 1824.)

Enfin, et jusqu'à concurrence de 1.500 francs seulement, les achats effectués par les comptables, officiers d'approvisionnement, pendant les manœuvres.

b) Par analogie et dans le but de simplifier les écritures des ordonnateurs secondaires, en diminuant le nombre des mandats directs, les comptables pourront, lorsque le créancier résidera dans la même localité que le gestionnaire, acquitter à l'aide de leurs avances les dépenses de 300 francs et au-dessous qui ne donnent pas lieu à des marchés ou à des conventions écrites et qui, antérieurement, étaient acquittées dans quelques services par mandats directs. Toutefois, les comptables ne procéderont au payement qu'après avoir acquis la preuve qu'il n'existe chez le payeur aucune opposition sur le créancier (art. 174 du règlement du 3 avril 1869).

§ 6. — *Factures spéciales établies par les pharmaciens pour les médicaments fournis au personnel civil d'exploitation des établissements militaires.*

Pour le payement, aux pharmaciens, des médicaments et appareils fournis au personnel civil d'exploitation des établissements militaires, il est établi sur papier timbré une facture modèle n° 4. En regard du nom de chaque malade, on indique les numéros des ordonnances médicales concernant ledit malade et le prix total des fournitures comprises sur chaque ordonnance.

L'ordonnateur secondaire certifie que les sommes qui figurent sur la facture ont été reconnues, après vérification des ordon nances médicales, représenter le prix exact au tarif réglementaire des médicaments et appareils fournis.

Les ordonnances médicales sont conservées dans les archives de l'établissement.

L'expédition de la facture destinée à appuyer la liquidation ne mentionne que le montant total de la dépense par employé ou ouvrier malade sans donner le montant de la dépense par ordonnance.

Les deux expéditions sont établies à la main.

§ 7. — *Simplification dans l'établissement de certaines pièces justificatives destinées à appuyer la liquidation.*

a) Sommes à verser au Trésor.

Lorsque des sommes sont versées au Trésor pour trop-payés, amendes, imputations, etc., l'ordonnateur secondaire indique sur les pièces de dépenses correspondantes, mises à l'appui de la liquidation, les numéros et les dates des reversements.

Cette mention dispense de joindre aux pièces justificatives de la liquidation les ordres de reversement et les déclarations de versement au Trésor.

b) Dépenses acquittées au moyen de traites.

L'ordonnateur secondaire indique sur la deuxième expédition de la facture, dont le montant aura été acquitté au moyen d'une traite, le mode de payement de la dépense et la date du payement. Ces renseignements dispensent de produire la copie de la traite à l'appui de la liquidation.

c) Dépenses de travaux et fournitures qui n'ont pu être terminés avant le 31 décembre.

Le duplicata de la déclaration de l'ordonnateur secondaire, prescrite par l'article 11 du règlement du 3 avril 1869, est remplacé par la mention de ladite déclaration sur la facture, le mémoire qui appuie la déclaration.

§ 8. — *Visa des pièces justificatives.*

Les pièces justificatives produites à l'appui de la liquidation doivent être revêtues du visa de l'ordonnateur liquidateur.

II. — Dépenses justifiées dans la comptabilité-matières.

Les pièces justificatives des dépenses d'achats figurant dans les comptes de gestion sont établies conformément aux dispositions de l'instruction du 30 décembre 1902 sur la comptabilité-matières du Département de la guerre (vol. 27).

Elles sont énumérées ci-après, à titre de renseignement :

Modèle n° 3-1. — Facture des dépenses acquittées sur mandats directs (modèle n° 2 de la comptabilité-matières).

— n° 3-2. — Copie de facture (modèle n° 2 *bis* de la comptabilité-matières).

— n° 3-3. — Quittance des dépenses de 10 francs et au-dessous acquittées sur mandats d'avances (modèle n° 2 A de la comptabilité-matières).

— n° 3-4. — Facture des dépenses au-dessus de 10 francs payées sur mandats d'avances (modèle n° 2 B de la comptabilité-matières).

Modèle n° 3-5. — Bordereau récapitulatif (modèle n° 4 de la
comptabilité-matières).
— n° 3-6. — Facture de cession (modèle n° 5 de la comptabilité-matières).

En vue de diminuer le nombre des formules à introduire dans
la nomenclature des imprimés de la Guerre, les quittances (modèles n°ˢ 3 et 3-3) et les factures de dépenses acquittées par les
comptables (modèles n°ˢ 2 et 3-4) ont été fusionnées respectivement sous les numéros 496 et 498 de la nomenclature des imprimés.

Lorsque ces formules sont employées pour les dépenses justifiées dans la comptabilité-deniers seulement, on biffe ce qui est
relatif aux comptes-matières.

ARTICLE 3.

Mode de remboursement des frais de timbre
et d'enregistrement avancés par l'administration militaire.

Les avances faites par l'administration militaire pour le payement des frais de timbre et d'enregistrement sont remboursées
au service intéressé ainsi qu'il suit :

a) L'adjudicataire est invité par l'ordonnateur secondaire, aussitôt après le payement par le comptable des droits de timbre
et d'enregistrement, à en verser immédiatement le montant au
Trésor, au titre des « Reversements de fonds sur les dépenses
des ministères ».

Une déclaration de versement au Trésor (duplicata) est annexée à la pièce justificative de l'avance faite par le comptable.
S'il y a plusieurs adjudicataires, un état de répartition accom-
pagne les déclarations de versement. Ce duplicata est remplacé
dans les archives du sous-intendant militaire par une copie de
la déclaration de versement.

L'expédition de la pièce de dépense mise à l'appui de la liqui
dation portera, signée par l'ordonnateur secondaire, la preuve
du versement au Trésor de la somme avancée par le gestionnaire (art. 2, § 7).

Dans les conventions éventuelles, un certificat administratif
remplacera la déclaration de versement, les droits de timbre et
d'enregistrement dont l'administration fait l'avance ne devant
être remboursés par les titulaires qu'autant que les contrats
seront réalisés.

Il pourra également être procédé de la manière suivante :

b) L'officier d'administration comptable qui aura acquitté les droits de timbre et d'enregistrement inscrira le montant de ces droits, ainsi que leur répartition, s'il y a lieu, entre les adjudicataires, sur un carnet spécial modèle n° 5 (1re partie).

Les fournisseurs seront invités par l'ordonnateur secondaire à rembourser, audit comptable, dans le délai qui sera fixé par ce fonctionnaire, la quote-part des droits incombant à chacun d'eux. Ce remboursement pourra être opéré soit en numéraire, soit en mandat-poste; il donnera lieu à la délivrance, par l'officier d'administration comptable, de reçus à talon extraits du carnet susmentionné (2° partie).

Le carnet modèle n° 5 servira de pièce justificative dans le cas de vérification de caisse. Il sera visé trimestriellement par l'ordonnateur secondaire qui, avant la remise du premier mandat de payement au fournisseur, se fera représenter le reçu délivré par le comptable.

L'application des dispositions qui précèdent dispense le gestionnaire de faire figurer les droits de timbre et d'enregistrement dans ses dépenses de frais d'exploitation, l'avance qu'il fait lui étant remboursée ultérieurement.

Dans le cas, toutefois, où, pour un motif quelconque, des droits de timbre et d'enregistrement ne pourraient être remboursés, l'officier d'administration comptable les comprendrait dans sa comptabilité; la pièce justificative de la dépense serait appuyée d'un certificat administratif indiquant les motifs du non-remboursement.

ARTICLE 4.

Bordereaux trimestriels.

§ 1er. — *Emploi des bordereaux trimestriels.*

Les bordereaux trimestriels (modèle n° 6) sont destinés à l'inscription, par rubrique budgétaire, des dépenses afférentes à un même trimestre.

Ces bordereaux sont distincts par section, chapitre et article du budget et par nature de dépenses, lorsque cette dernière distinction est prévue par les règlements ou instructions.

Les en-têtes des bordereaux trimestriels sont la reproduction des rubriques budgétaires suivant lesquelles le compte définitif de l'exercice est rendu. Par suite, lorsqu'une dépense n'est pas exactement spécifiée dans une des rubriques budgétaires, elle doit être classée à celle de ces rubriques à laquelle elle peut être rattachée le plus logiquement par sa nature et ne pas faire l'objet d'une rubrique spéciale sur le bordereau trimestriel.

§ 2. — *Division des bordereaux trimestriels en deux catégories*

Pour chacune des subdivisions budgétaires, et selon que les dépenses sont acquittées sur mandats d'avances, par les soins des gestionnaires ou des conseils d'administration des établissements, ou sur mandats directs délivrés au profit des créanciers, il est établi deux catégories de bordereaux, savoir :

Bordereau des dépenses acquittées sur *mandats d'avances;*
Bordereau des dépenses acquittées sur *mandats directs.*

Toutefois, pour les dépenses du « Personnel d'exploitation », il n'est établi qu'un bordereau trimestriel comprenant les dépenses acquittées par mandats d'avances (traitements, salaires, etc.) et par mandats directs (prélèvements, parts contributives, etc.) (article 9, I, § 6).

Dans les divers services de l'intendance, le bordereau des dépenses acquittées sur mandats directs est remplacé par l' « état de liquidation ».

§ 3. — *Etablissement des bordereaux trimestriels.*

La minute des bordereaux trimestriels est ouverte par les gestionnaires ou les conseils d'administration, le premier jour du trimestre; les dépenses justifiées dans la comptabilité en deniers ainsi que celles afférentes aux comptes-matières y sont inscrites au fur et à mesure de leur payement ou de leur mandatement dans la colonne affectée à la rubrique budgétaire, au titre de laquelle la dépense a été faite; elles reçoivent, au moment de leur inscription, en tête, et d'une manière apparente, le numéro d'ordre qui est alors inscrit dans la colonne n° 1 du bordereau trimestriel.

Si les pièces de dépenses sont collectives comme les états de salaires, d'émargement, etc., ou si elles sont comprises dans des bordereaux récapitulatifs, elles sont inscrites en une seule ligne sur le bordereau trimestriel pour leur montant total.

La mention « Divers créanciers » est portée dans la colonne 2.

Lorsque les inscriptions d'un trimestre sont terminées, on totalise. Les résultats obtenus sont reportés à la dernière page du bordereau trimestriel « Récapitulation », qui contient également le détail des mandats d'avances émis au titre du trimestre, avec la mention, lorsqu'il y a lieu, du reversement au Trésor des sommes restées sans emploi.

Afin d'éviter les reversements au Trésor et les écritures qui en sont la conséquence, le gestionnaire, lorsque la dernière avance reçue au titre d'un trimestre sera insuffisante pour acquitter les dépenses afférentes à ce trimestre, au lieu de demander une nouvelle avance pour ce même trimestre, prélèvera les sommes nécessaires sur les fonds mis à sa disposition pour le trimestre suivant.

Dès que les opérations du trimestre expiré seront closes, le gestionnaire se fera délivrer une avance complémentaire, dont le montant sera versé dans sa caisse en remplacement des sommes qui y auront été prélevées.

Pour les écoles militaires, les sous-intendants militaires établissent les bordereaux trimestriels des dépenses qu'ils ont mandatées directement au profit des créanciers.

Lorsque les minutes des bordereaux trimestriels sont arrêtées, il en est établi une expédition qui, avec les pièces justificatives correspondantes (§ 7 ci-après), est destinée à être mise à l'appui, soit des comptes trimestriels (art. 5, § 1er), soit des états de liquidation (art. 6, § 2), soit des rapports de liquidation (art. 7, § 2).

Les minutes des bordereaux trimestriels sont conservées dans les archives de la place ou de l'établissement.

§ 4 — *Titres de créance produits après l'établissement des bordereaux trimestriels correspondants.*

Les factures, mémoires, etc., afférents à un trimestre qui, exceptionnellement, n'ont pu être acquittés en temps utile pour être compris dans les bordereaux de ce trimestre, les factures, mémoires, etc., payés ou mandatés qui ont été omis figureront à la suite des inscriptions du bordereau établi, au titre du trimestre dans lequel ils auront été acquittés ou pendant lequel l'omission aura été constatée.

Le rattachement de la dépense au trimestre qu'elle concerne sera opéré, lorsqu'il y aura lieu, par l'administration centrale.

§ 5. — *Bordereau trimestriel supplémentaire.*

Comme conséquence de la disposition qui précède, il ne pourra être établi, par catégorie de bordereaux et par subdivision budgétaire, qu'un seul bordereau supplémentaire au titre du dernier trimestre.

Ce bordereau comprendra le reliquat des dépenses qui, pour une cause quelconque, n'auraient pas été régularisées dans les trimestres antérieurs.

Les bordereaux dont il s'agit ne seront clos que dans les derniers jours du mois de mars et de manière que leur montant puisse être liquidé à la date du 31 mars.

§ 6. — *Dépenses non acquittées en fin d'exercice.*

Les créances dont les titres, déposés dans les délais réglementaires, n'ont pu être payées ou mandatées avant la clôture de l'exercice, sont comprises dans le dernier bordereau établi au titre de l'exercice et figurent dans les sommes restant à ordonnancer au titre des exercices clos.

§ 7. — *Pièces à joindre aux bordereaux trimestriels.*

Les bordereaux trimestriels sont appuyés de la deuxième expédition des factures, mémoires, etc., dont la production est prescrite par l'article 137 *bis* du règlement du 3 avril 1869, des quittances, des copies de factures (art. 48, § III, de l'instruction du 30 décembre 1902) et, en général, du double des pièces qui sont mises à l'appui de l'ordonnancement d'un payement intégral ou d'un payement pour solde.

Le montant des acomptes n'est pas liquidé, sauf le cas prévu à l'article 1er, § 4 *b*.

Les acomptes et le solde sont inscrits en bloc et en même temps que le montant de la facture sur le bordereau (modèle n° 6) correspondant au trimestre pendant lequel le solde est acquitté.

Les acomptes délivrés en vertu de marchés passés pour plusieurs années doivent être régularisés, à la fin de chaque exercice, par la production d'une facture établie, au plus tard, pour le 31 janvier de la deuxième année de l'exercice.

§ 8. — *Date de la production des bordereaux trimestriels.*

L'expédition des bordereaux trimestriels est produite par les gestionnaires et les conseils d'administration dans les délais prévus par les règlements ou fixés par les ordonnateurs secondaires.

§ 9. — *Classement, dans les archives des places, de la deuxième expédition du bordereau des pièces et quittances remises au payeur.*

La deuxième expédition du bordereau des pièces et quittances remises au payeur, mentionnée à l'article 176 du règlement du 3 avril 1869, reste dans les archives de la place comme preuve que le gestionnaire a justifié régulièrement des avances de fonds qui lui ont été faites. Les expéditions des documents remis au payeur à l'appui de la première expédition du bordereau précité sont seules jointes à la comptabilité trimestrielle adressée au Ministre (§ 7 ci-dessus).

ARTICLE 5.

Comptes trimestriels en deniers (service de santé et écoles militaires).

—————

§ 1er — *Établissement des comptes trimestriels en deniers.*

Les résultats des bordereaux trimestriels du service de santé et des écoles militaires sont inscrits sur des comptes trimestriels en deniers [modèles nos 8 (Santé) et 9 (Écoles)]. Ces comptes trimestriels font ressortir par rubrique du budget le montant des dépenses faites, au titre du trimestre, pour le compte de l'établissement.

Les bordereaux trimestriels, avec leurs pièces justificatives, sont mis à l'appui des comptes trimestriels dont les minutes sont conservées dans les archives de l'établissement.

Les comptes trimestriels des écoles militaires (modèle n° 9) portent à la dernière page « liquidation de la dépense » par les sous-intendants militaires.

Comme conséquence des dispositions du paragraphe 2 de l'article 4 (4° alinéa), il n'est pas établi de compte trimestriel pour le personnel civil d'exploitation du service de santé. Les résultats du bordereau trimestriel unique sont transcrits directement sur le rapport de liquidation.

§ 2. — *Date de la production des comptes trimestriels.*

Les comptes trimestriels sont produits dans les délais indiqués par les règlements ou par les ordonnateurs secondaires chargés de la liquidation des dépenses.

ARTICLE 6.

États de liquidation.

§ 1er. — *Contexture des états de liquidation.*

Les états de liquidation (modèle n° 10), employés par les sous-intendants militaires pour la liquidation des dépenses qu'ils ont mandatées, sauf pour les écoles militaires (art. 5, § 1er), comprennent, savoir :

a) Droits constatés et ordonnancement.	Droits constatés.	Montant par rubrique des dépenses admises en liquidation.	Dépenses permanentes; Dépenses éventuelles.
	Ordonnancement.	Montant des mandats émis; Imputations (s'il y a lieu).	
a) Droits constatés et ordonnancement (*suite*).	Balance des droits constatés et de l'ordonnancement.	Sommes mandatées en plus :	reversées ou à reverser au Trésor; à virer à d'autres services (1).
		Sommes mandatées en moins :	à ordonnancer au titre des exercices clos; à virer d'autres services (1).
b) Résultats de la vérification du liquidateur.	Modifications opérées par le liquidateur sur le montant des titres produits par les créanciers; Arrêté de liquidation.		

(1) Les sommes à virer ne concernent que les payements appartenant à une gestion expirée, car la réimputation doit être faite par les ordonnateurs secondaires, lorsque le payement des dépenses, qui ne saurait être régulièrement maintenu, est compris dans la gestion courante. (Art. 186 du règlement du 3 avril 1869, vol. 24.)

§ 2. — *Etablissement des états de liquidation.*

A l'aide de la deuxième expédition des factures, mémoires, etc., les sous-intendants militaires établissent les minutes de leurs états de liquidation sur lesquels ils font également figurer, en une seule ligne, les résultats des bordereaux trimestriels des gestionnaires.

Comme les bordereaux trimestriels, les minutes des états de liquidation sont ouvertes le premier jour du trimestre (art. 4, § 3).

Au moment de son inscription sur l'état de liquidation, chaque pièce de dépense reçoit, en tête et d'une manière apparente, un numéro d'ordre qui est alors inscrit dans la colonne n° 1 de l'état de liquidation.

Les pièces justificatives qui ont servi à l'établissement des minutes des états de liquidation sont mises à l'appui des expéditions desdits états.

Les minutes des états de liquidation sont conservées dans les archives de la sous-intendance.

§ 3. — *Etat de liquidation supplémentaire.*

Un état de liquidation supplémentaire, unique par subdivision budgétaire et par catégorie de dépenses, est établi s'il y a lieu, dans les mêmes conditions que les bordereaux trimestriels supplémentaires (art. 4, § 5), c'est-à-dire au titre du 4° trimestre de l'exercice.

§ 4. — *Date de production des états de liquidation.*

Les directeurs de l'intendance font connaître aux sous-intendants militaires la date à laquelle les expéditions des états de liquidation accompagnés des pièces justificatives doivent leur parvenir. Avant leur envoi, ces documents sont inscrits sur un carnet modèle n° 14 (art. 7, § 7).

ARTICLE 7.

Rapports de liquidation.

---

§ 1er. — *Contexture des rapports de liquidation.*

Les rapports de liquidation (modèles n°s 11, 12 et 13) préser

tent les mêmes divisions que celles indiquées à l'article 6, § 1er,
pour les états de liquidation :

a) Droits constatés et ordonnancement;

b) Résultats de la vérification des titres produits par les créanciers.

Les inscriptions à faire sur la première page (montant des
créances admises en liquidation et sommes mandatées en plus
ou en moins) ne concernent que les opérations du trimestre et
non celles se rapportant aux trimestres antérieurs.

Ces rapports sont terminés par des tableaux relatifs à la revision ministérielle comprenant les propositions des bureaux administratifs, les résultats de la vérification opérée par la direction
du contrôle; enfin la décision du Ministre.

§ 2. — *Etablissement des rapports de liquidation des services autres que ceux de l'intendance.*

Les directeurs ordonnateurs secondaires inscrivent en une
seule ligne et par rubrique budgétaire sur la minute de chacun
de leurs rapports de liquidation (modèles nos 11 et 12) les résultats des bordereaux trimestriels correspondants (artillerie, génie,
poudres et salpêtres) ou des comptes trimestriels (service de
santé).

L'expédition du rapport de liquidation destinée au Ministre
(§ 6) est appuyée des bordereaux trimestriels ou des comptes
trimestriels (santé) et des pièces justificatives afférentes à ces
derniers documents.

§ 3. — *Rapports de liquidation des services de l'intendance.*

Dans les services de l'intendance, les états portant liquidation
des dépenses sont inscrits en une seule ligne et par rubrique
budgétaire sur les minutes des rapports de liquidation correspondants (modèle n° 13), établis par les directeurs de l'intendance. Ces hauts fonctionnaires mentionnent sur ces rapports les
résultats de leur vérification, puis les arrêtent et transmettent
l'expédition de chacun d'eux au Ministre, ainsi qu'il est indiqué
ci-après (§ 6).

Les états de liquidation ou les comptes trimestriels portant
liquidation (écoles militaires) accompagnés de leurs pièces justificatives sont mis à l'appui des rapports.

Les minutes des rapports de liquidation (modèles n⁰ˢ 11, 12 et 13) sont conservées dans les archives des directions.

§ 4. — *Vérification des titres de créance par les liquidateurs.*

Lorsque les liquidateurs estiment qu'il y a lieu de redresser les factures, mémoires, etc., ils en font aviser immédiatement les créanciers. Les sommes reconnues par ceux-ci comme ayant été mandatées « en plus » ou « en moins » sont immédiatement reversées au Trésor ou mandatées au profit des intéressés; mention de cette opération est portée sur les factures, mémoires, etc.

Les sommes mandatées « en moins » que, en raison de leur peu d'importance, les créanciers abandonneraient à l'État, seraient néanmoins ordonnancées au profit des créanciers réels, mais les mandats émis à cet effet seraient payables sur l'acquit du trésorier-payeur général qui en verserait le montant au titre des « Recettes accidentelles à différents titres ».

Dans le cas de contestation, les feuilles de vérification qui ont été adressées aux intéressés et sur lesquelles ils ont été invités à consigner leurs explications seront jointes aux liquidations.

Les rectifications d'erreurs matérielles, opérées respectivement par les liquidateurs et les directeurs de l'intendance sur les bordereaux trimestriels et les états de liquidation, sont faites à l'encre rouge; avis de ces rectifications est donné aux intéressés.

§ 5. — *Sommes mandatées « en plus » non reversées au Trésor*

Les liquidateurs indiquent respectivement sur les états de liquidation et sur les rapports de liquidation les motifs pour lesquels les sommes mandatées « en plus » n'auraient pas été reversées au Trésor au moment de l'arrêté de ces documents.

§ 6. — *Date de l'envoi au Ministre des rapports de liquidation.*

Au fur et à mesure de leur établissement, et après avoir été inscrites sur un carnet (modèle n⁰ 14), les expéditions des rapports de liquidation sont transmises, avec les pièces à l'appui (§§ 2 et 3), au Ministre, à la fin du deuxième mois qui suit le trimestre expiré, ou dans les délais prescrits par les règlements spéciaux aux services.

Pour les rapports de liquidation concernant l'Algérie, la Tunisie et les fournitures à la ration du service des subsistances, le délai est de trois mois.

§ 7. — *Carnet d'inscription des liquidations.*

Les états de liquidation et les rapports de liquidation sont, avant leur transmission, inscrits, par section, chapitre et article, sur un carnet (modèle n° 14) tenu dans les sous-intendances et les directions.

Sur ce carnet figurent également, par débiteur et par créancier, les sommes dont le recouvrement n'a pu être opéré avant l'arrêté de la liquidation, et celles dont le montant est à ordonnancer au titre des dépenses des exercices clos.

§ 8. — *Rapport de liquidation supplémentaire.*

Il est établi, s'il y a lieu, pour chaque catégorie de dépenses, un rapport de liquidation supplémentaire à celui du 4ᵉ trimestre sous la date extrême du 31 mars pour les services autres que ceux de l'intendance (art. 1ᵉʳ, § 4, 1ᵉʳ alinéa) et pour les dates indiquées ci-dessous pour les services de l'intendance (art. 1ᵉʳ, § 4, 2ᵉ alinéa).

Ce rapport est transmis au Ministre pour le 25 avril au plus tard, et exceptionnellement pour le 25 mai *dans le cas spécial* visé au paragraphe 4, *b*), de l'article 1ᵉʳ.

ARTICLE 8.

Mode de liquidation d'une dépense qui a reçu primitivement une imputation inexacte.

Lorsqu'une dépense a été imputée sur une subdivision budgétaire autre que celle qui devait la supporter, il est procédé ainsi qu'il est indiqué ci-après, pour la liquidation de ladite dépense.

§ 1ᵉʳ. — *Le payement de la dépense est compris dans une gestion courante.*

L'erreur d'imputation doit tout d'abord être rectifiée dans le compte de l'ordonnateur secondaire et du trésorier-payeur général au moyen d'un certificat de réimputation établi conformément aux dispositions de l'article 186 du règlement du 3 avril 1869.

a) Cas où les rapports de liquidation du trimestre ne sont pas encore transmis au Ministre.

On biffe sur la minute du bordereau trimestriel ou de l'état de liquidation les chiffres qui y ont été inscrits et on les reporte sur le bordereau ou l'état de liquidation de la subdivision budgétaire (chapitre ou article) à laquelle la dépense appartient réellement. Il est tenu compte de ces modifications lors de l'établissement des rapports de liquidation.

Si les rapports de liquidation avaient été établis lorsque l'erreur d'imputation de la dépense a été constatée, ils auraient été modifiés en conséquence, ainsi que les expéditions des bordereaux trimestriels ou des états de liquidation.

b) Cas où les rapports de liquidation ont été transmis au Ministre.

Si les rapports de liquidation qui doivent être modifiés ne sont pas encore approuvés par le Ministre, ils sont renvoyés avec les pièces à l'appui à l'ordonnateur secondaire liquidateur, qui fait procéder aux rectifications nécessaires et à la répartition des pièces de dépenses entre les nouveaux rapports de liquidation. Les pièces communes à plusieurs chapitres ou articles indiquent, par rubrique, la répartition de la dépense entre ces chapitres ou articles. Elles sont jointes à un bordereau trimestriel ou à un état de liquidation. Les autres bordereaux ou états de liquidation indiquent le document auquel est annexée la pièce justificative collective de la dépense.

Si les rapports de liquidation à modifier ont été approuvés par le Ministre, les bordereaux trimestriels ou les états de liquidation, accompagnés des pièces justificatives, sont seuls renvoyés à l'ordonnateur secondaire liquidateur, qui fait procéder aux rectifications nécessaires. Il établit ensuite de nouveaux rapports de liquidation. Les rapports primitifs sont annulés par les soins de l'administration centrale, lors de la revision ministérielle des rapports de liquidation rectificatifs.

*§ 2. — Le payement de la dépense est compris dans les comptes
arrêtés d'une gestion close.*

Les changements d'imputation sont opérés par l'administration centrale.

a) Cas où les rapports de liquidation de sont pas encore transmis au Ministre.

On biffe sur la minute du bordereau trimestriel ou de l'état de
liquidation les inscriptions primitives concernant les droits
constatés (col. 5 et 14, modèle n° 10 : Créance (n° 8) *Giraud* de
324 fr. 50) en laissant subsister celle relative au mandatement
(colonne 15). Il ressort ainsi une « somme mandatée en plus »
(col. 16) à virer à d'autres chapitres ou articles.

On inscrit ensuite le titre de créance dans la colonne affectée
aux droits constatés sur le bordereau trimestriel ou l'état de
liquidation de la subdivision budgétaire qui doit supporter la
dépense. Dans la colonne « montant des sommes mandatées »
on met des guillemets, de sorte que le montant de la créance
ressort en « somme mandatée en moins » dont le virement est à
opérer par l'administration centrale.

La créance (n° 7) *Durand* de 250 fr. 25 qui figure sur le
modèle n° 10 est un exemple de cette dernière opération.

Les résultats des bordereaux trimestriels ou des états de liquidation modifiés dans le sens indiqué ci-dessus sont alors inscrits dans les colonnes correspondantes de leurs rapports res-
pectifs.

Si les rapports de liquidation avaient été établis, ils auraient
été rectifiés en conséquence, ainsi que les expéditions des bordereaux trimestriels ou des états de liquidation.

b) Cas où les rapports de liquidation ont été transmis au Ministre.

Les rapports de liquidation qui ne sont pas encore approuvés
par le Ministre sont renvoyés, avec les pièces justificatives, aux
liquidateurs qui procèdent à l'établissement de nouveaux rapports de liquidation, en se conformant aux dispositions du
§ 1er, *b*), pour la répartition des pièces entre les nouveaux rapports de liquidation, et du § 2, *a*), pour l'inscription des droits
constatés et des sommes mandatées.

Si les rapports de liquidation ont été approuvés, on ne renvoie
que les bordereaux trimestriels ou les états de liquidation, ac-

compagnés de leurs pièces justificatives. Les ordonnateurs secon
daires établissent de nouvelles liquidations, en tenant compt
des prescriptions ci-dessus. Les rapports de liquidation primitif
sont annulés lors de la revision ministérielle des rapports rec
tificatifs.

ARTICLE 9.

**Dispositions spéciales pour la liquidation de certaines
dépenses.**

Pour l'établissement des pièces et la liquidation des dépense
indiquées ci-après, il est procédé ainsi qu'il suit :

I. — PERSONNEL CIVIL D'EXPLOITATION.

§ 1er. (1). — *Traitement et salaire du personnel civil d'exploitatio*

Le traitement et le salaire du personnel civil d'exploitatio
(personnel régi soit par la loi du 9 juin 1853 (vol. 66³) à l'exce
tion du traitement du personnel civil des écoles militaire
régularisé dans les revues, soit par le décret du 26 février 189
vol. 65⁴) sont payés à l'aide des avances mises à la dispositio
des gestionnaires. A cet effet, il est fait usage d'états d'émarg
ment (modèle nº 15) établis en double expédition pour le pe
sonnel placé sous le régime de la loi du 9 juin 1853 et d'états
payement (modèles nºˢ 16 et 17) pour le personnel régi par
décret du 26 février 1897.

Le comptable porte en dépense le montant brut de l'état d'éma
gement (modèle nº 15) et verse au Trésor le montant des retenu
faites pour le service des pensions civiles.

Mention de ce versement est faite sur l'expédition de l'é
d'émargement mis à l'appui de la liquidation.

§ 2. — *Etats de payement des traitements et des salaires.*

L'état de paiement (modèle nº 16), établi par subdivision bu
gétaire, indique :

1º Les traitements et les salaires soumis à la retenue de 4
100 (colonne 6), ceux qui ne sont pas passibles de cette reten

---

(1) Paragraphe modifié (notification du 9 décembre 1904, voir, page
la circulaire du 26 décembre 1916).

— 25 —

(colonne 7) et le montant de la contribution patronale à la charge de l'Etat (colonne 7 *bis*).

2° Les prélèvements opérés sur les traitements et salaires, savoir :

a) Retenues de 4 p. 100 (art. 3 du décret du 26 février 1897 colonne 9 (vol. 65);

b) Retenues pour malfaçons à verser à la caisse des retraites (art. 21 du même décret) et les versements volontaires (colonne 10);

c) Retenues pour malfaçons acquises au Trésor (instruction du 24 janvier 1900, colonne 12 (1) (vol. 65).

3° La somme nette à payer aux employés et ouvriers (col. 14) différence entre le montant des salaires bruts (col. 8) et celui du montant des prélèvements (col. 13).

Si les salaires du personnel ouvrier sont payés sur une seule subdivision budgétaire, le salaire net revenant à chaque ouvrier (col. 14) est augmenté (col. 15) du nombre de centimes nécessaires pour porter à un multiple de 5 les centimes de la somme à remettre à l'ouvrier. Le prélèvement sur le salaire à inscrire dans la colonne 20 est diminué d'autant. La part contributive de l'Etat à inscrire dans la colonne 21 doit correspondre au montant de la retenue ainsi réduite et être égale à la différence des chiffres de la colonne 9 et de la colonne 15 (2).

Si les salaires du personnel ouvrier sont payés sur plusieurs subdivisions budgétaires, les décomptes des salaires correspondant à chaque subdivision budgétaire sont dressés *sans qu'il soit tenu compte des centimes à porter éventuellement en augmentation du salaire net.* Le total du salaire net à payer qui ressort à la colonne 14 de l'état récapitulatif est majoré du nombre de centimes nécessaires pour rendre multiple de 5 le chiffre des centimes du salaire total à payer à l'ouvrier. Les centimes en augmentation du salaire net sont inscrits (colonne 15) *à l'état récapitulatif, ainsi qu'au décompte sur lequel figure la fraction la plus importante du salaire.* Le prélèvement sur le salaire (colonne 20 de l'état récapitulatif) et la majoration consentie par l'Etat (colonne 21 du même état) sont, comme dans le cas précédent, réduits d'un nombre de centimes égal à celui dont le total du salaire net a été augmenté (2).

4° Les traitements et salaires des employés et ouvriers décédés ou admis à la retraite (col. 17). Ces traitements et salaires ayant

____

(1) Paragraphes modifiés. (Circ. du 13 mai 1913, *B. O.*, p. 609.)
(2) Paragraphes modifiés. (Circ. du 9 mars 1910, *B. O.*, p. 426.)

été compris dans le montant de mandats spéciaux sont déduits des résultats de la colonne 16, de manière à faire ressortir dans la colonne 18 la somme nette à payer aux intéressés par le comptable.

L'état de payement est émargé par les intéressés (col. 19). En outre, le montant des prélèvements sur les traitements et salaires (col. 11), déduction faite des centimes de la colonne 15, est porté dans la colonne 20.

Ce chiffre, défalcation faite des retenues pour malfaçons et des versements volontaires, représente celui des majorations (col. 21).

Ce document est remis au payeur comme justification des avances faites au comptable.

Il est produit une expédition de cet état indiquant seulement, à l'intérieur, les totaux généraux de l'état émargé produit au payeur. Cette expédition est mise à l'appui de la liquidation (1).

§ 3. — *État récapitulatif des traitements et des salaires.*

L'état récapitulatif (modèle n° 17) établi lorsque le personnel civil d'exploitation d'un service reçoit des traitements et des salaires sur les crédits de plusieurs subdivisions budgétaires présente, en ce qui concerne le montant brut des salaires, les prélèvements et les sommes restant à payer, les mêmes divisions que l'état de payement.

Comme celui-ci, il est terminé par une récapitulation établie à l'aide de celle des états de payement des divers chapitres administrés par le même service, et qui, par conséquent, donne par section, chapitre, article et rubrique du budget le montant de la dépense effectuée.

L'état récapitulatif est émargé par les ouvriers et revêtu des timbres de quittance. Il est établi, en outre, par chapitre, un décompte (modèle n° 17 *bis*) indiquant le nombre total d'heures ou de journées payées pendant le mois sur les crédits de la subdivision budgétaire intéressée (2).

Les décomptes et l'état récapitulatif émargé sont remis au payeur comme justification des avances faites au comptable.

Il est produit une expédition de l'état récapitulatif indiquant seulement à l'intérieur les totaux généraux de l'état émargé.

---

(1) Circulaire du 9 mars 1910 et *erratum* B. O., p. 426 et 590.
(2) Le modèle de décompte n° 17 *bis*, page 161 est conforme au décompte n° 1 *bis* utilisé dans le service de l'artillerie.

La répartition budgétaire est mentionnée à la 4° page. Cette expédition est mise à l'appui de la liquidation.

§ 4. — *Emploi de l'état récapitulatif pour la liquidation des dépenses (1).*

L'état récapitulatif peut servir de pièce justificative pour la liquidation des dépenses des divers chapitres et articles reproduits à la récapitulation de cet état. Par conséquent, il n'y a pas lieu de produire, à l'appui de chacun des bordereaux trimestriels, le double du décompte correspondant. Il suffit de mentionner, sur ces bordereaux, le bordereau trimestriel auquel l'état récapitulatif est annexé.

Les rapports de liquidation d'un même corps d'armée ou d'une même direction, établis dans ces conditions, sont soumis *en même temps* à la révision ministérielle par les bureaux administratifs.

Lorsque l'état récapitulatif comprend des dépenses qui ne sont pas liquidées par le même bureau administratif (salaires du personnel civil employé à l'entretien du harnachement payé par le service de l'habillement sur les crédits du harnachement est liquidé par le bureau des remontes), il est établi un extrait de ce document qui est mis à l'appui du bordereau trimestriel correspondant.

§ 5. — *Ordonnancement des prélèvements, des parts contributives de l'État, des sommes revenant aux employés ou ouvriers décédés, admis à la retraite, des reliquats de comptes payés aux employés ou ouvriers quittant l'établissement.*

a) Prélèvements et parts contributives.

Les prélèvements et les parts contributives sont mandatés trimestriellement, au nom du comptable de l'établissement, par subdivision budgétaire et distinctement pour les prélèvements et les parts contributives.

Il est fait usage à cet effet, respectivement, des relevés à talon (modèles n° 18 et 19). Ces relevés sont établis à la fin de *février* pour les versements afférents aux mois de janvier et février; à la fin du mois de *mai* pour les versements qui se rapportent aux mois de mars, avril et mai; à la fin du mois d'*août* pour ceux de juin, juillet et août; à la fin du mois de *novembre* pour ceux de

---

(1) Modifié. (Circ. du 9 mars 1910. *B. O.*, p. 426.)

septembre, octobre et novembre; à la fin de décembre pour les versements afférents à ce mois.

On inscrit sur le relevé modèle n° 18, et d'après les indications des états récapitulatifs, les prélèvements effectués; sur le modèle n° 19, les parts contributives allouées par l'État pendant la même période. On fait le total de ces deux relevés, qui est comparé avec la somme qui figure sur le bordereau trimestriel des versements à la Caisse nationale des retraites. La différence résultant de cette comparaison indique la somme qui est à déduire des parts contributives pour ramener le total primitif des deux relevés dont il s'agit au montant des versements à effectuer au titre du trimestre correspondant. La déduction opérée sur les parts contributives est reportée sur le relevé trimestriel des parts contributives du trimestre suivant [art. XII et XIV (1er alinéa) de l'instruction (A) du 24 janvier 1900] (vol. 65¹).

Toutefois, le relevé trimestriel (modèle n° 19, 2° exemple) établi à la fin de décembre, pour les parts contributives, est arrêté au montant total des parts contributives afférentes à ce mois, augmenté des reliquats non versés le trimestre précédent.

Il est tenu compte, dans l'établissement de ces relevés, d'une part (modèle n° 18, 1er exemple), des prélèvements payés au personnel civil décédé ou admis à la retraite et, d'autre part (modèle n° 19, 1er exemple), des reliquats de comptes payés au personnel ayant quitté l'établissement, des parts contributives acquises au personnel décédé ou admis à la retraite et des sommes réservées pour être reportées au trimestre suivant.

Les mandats des prélèvements et des parts contributives afférents au mois de décembre sont émis en *janvier* de manière à pouvoir faire figurer la dépense dans la comptabilité-deniers du 4° trimestre. Le montant de ces mandats, qui doit être compris dans la somme à verser à la Caisse des retraites pour les mois de décembre, janvier et février, n'est perçu et, par suite, versé à ladite Caisse qu'en *mars*, en même temps que les mandats des prélèvements et des parts contributives de janvier et de février (art. XV de l'instruction précitée).

La mention, sur les talons des relevés de décembre, des versements à la Caisse nationale des retraites est mise, par les soins de l'administration centrale, à la réception de la comptabilité comprenant les versements faits en mars pour janvier et février de l'année suivante.

b) Employés et ouvriers décédés.

Les mandats des sommes revenant aux employés et ouvriers décédés sont appuyés, par subdivision budgétaire, de l'état à talon modèle n° 20 sur lequel on fait figurer, selon le cas :

La partie du salaire revenant à l'employé ou à l'ouvrier;

Le montant des prélèvements se rapportant aux salaires acquis depuis le dernier versement jusqu'au jour du décès;

ou :

Les parts contributives acquises;

Les reliquats de comptes non versés du trimestre précédent.

Lorsque les salaires et les parts contributives sont payés sur une même subdivision budgétaire, les quatre natures de dépenses indiquées ci-dessus figurent sur un seul état (modèle n° 20).

Ces mandats sont émis immédiatement au profit des ayants droit après le décès de l'employé ou de l'ouvrier.

Si, pour une raison quelconque, ces mandats ne peuvent être remis aux ayants droit dans un délai de deux mois à dater du jour du décès, les sommes qui leur sont dues sont versées à leur compte à la Caisse des dépôts et consignations, et ce versement libère entièrement l'État vis-à-vis des héritiers.

c) Employés et ouvriers admis à la retraite.

Les employés et ouvriers admis à la retraite sont payés par les comptables de leurs salaires et de la totalité de la somme restant à verser à la Caisse nationale des retraites au moment de leur radiation des contrôles.

Il est fait usage de la formule (modèle n° 20) indiquée ci-dessus, complétée en ce qui concerne le payement à l'intéressé.

Les comptables sont remboursés des avances faites sur leur caisse au moyen de mandats d'avances spéciaux émis en leur nom fin février, mai, août, novembre et décembre, selon la date de la radiation des contrôles.

d) Employés et ouvriers quittant l'établissement.

Les reliquats de comptes revenant aux employés ou ouvriers à la date de leur départ, sont payés par les gestionnaires aux intéressés, sur états d'émargement à talon (modèle n° 21).

A la fin des mois de février, de mai, d'août, de novembre et de décembre, le gestionnaire est remboursé, au moyen d'un mandat d'avance spécial émis en son nom, des avances faites sur sa caisse aux employés ou ouvriers partis pendant la période qui prend fin à chacune des dates indiquées ci-dessus.

e) Indemnités à servir aux ouvriers atteints d'incapacité permanente de travail aux lieu et place de la rente viagère pour accident.

Cette indemnité est payée par les soins de l'établissement dans les mêmes conditions que les salaires, mais sur état d'émargement spécial.

Ladite indemnité ne donne lieu à aucun versement à la Caisse des retraites (art. 31 de l'instruction provisoire (D) du 25 mai 1899) (vol. 65¹).

f) Destination donnée aux talons des relevés et des états concernant le personnel civil d'exploitation.

Les talons détachés des documents indiqués ci-dessus sont mis à l'appui du bordereau trimestriel spécial ci-après, établi pour le personnel civil d'exploitation.

§ 6. — *Bordereau trimestriel spécial du personnel civil d'exploitation* (1).

Afin de faire figurer sur le même document toutes les dépenses d'une même subdivision budgétaire concernant le personnel civil d'exploitation, les gestionnaires inscrivent sur le bordereau trimestriel (modèle n° 22) spécial au personnel civil d'exploitation, non seulement les dépenses payées sur mandats d'avances, mais aussi celles qui ont fait l'objet de mandats directs émis pour les prélèvements, les parts contributives, lorsqu'elles sont comprises dans la même subdivision budgétaire que les traitements et salaires, les sommes revenant aux ouvriers décédés, les dépenses de soins médicaux : fournitures de médicaments et honoraires.

Ce bordereau est complété par un tableau centralisant les renseignements concernant le personnel civil d'exploitation et qui permet de s'assurer, en fin d'exercice, si le montant des prélèvements effectués a été intégralement versé à la Caisse nationale des retraites.

Lorsque le salaire du personnel civil d'exploitation est réparti sur plusieurs chapitres du budget, les bordereaux des dépenses acquittées sur mandats d'avances comprennent également le

---

(1) Modifié. (Circ. du 9 mars 1910, *B. O.*, p. 426.)

montant des mandats directs afférents à ce personnel (prélèvements, ouvriers décédés, etc.).

§ 7. — *Mode d'inscription sur le bordereau trimestriel*
des dépenses concernant le personnel civil d'exploitation.

a) Salaires. — A l'aide de la « Récapitulation » qui figure sur
l'état récapitulatif des salaires, les gestionnaires inscrivent sur le
bordereau trimestriel, après le payement des salaires, la dépense
nette afférente à chaque rubrique budgétaire (modèle n° 22, n°ˢ 1,
6 et 13 des inscriptions).

b) Prélèvements. — Les prélèvements sur le montant des salaires (4 p. 100, amendes et versements volontaires) sont inscrits
par rubrique budgétaire sur le bordereau trimestriel, aussitôt
après l'émission des mandats correspondants (modèle n° 22,
n°ˢ 11 et 17 des inscriptions).

A la récapitulation dudit bordereau (Tableau II), les inscriptions sont faites en regard du mois à la fin duquel les relevés
sont établis (§ 5, *a*).

c) Parts contributives. — Il est procédé de la même manière
pour les parts contributives et reliquats de parts contributives;
le montant total est inscrit dans la première des colonnes afférentes à cette nature de dépense (modèle n° 22, colonne 10, ins
criptions n°ˢ 12 et 18), intitulée « Majoration ».

d) Ouvriers décédés ou retraités ou quittant l'établissement. —
Le montant de la portion du traitement ou du salaire et les prélèvements revenant aux ouvriers décédés ou admis à la retraite
est inscrit ainsi qu'il est indiqué ci-dessus (*a* et *b*), modèle n° 22,
inscriptions n°ˢ 4, 5 et 9. L'inscription des parts contributives
et des reliquats de comptes de ces mêmes ouvriers, ainsi que
les reliquats des ouvriers partis (col. 10, inscription n° 10) se fait
comme il est indiqué en *c*).

*e) Soins médicaux, médicaments, allocations en cas de mala-
die, etc.* — Les dépenses concernant les soins médicaux, les médicaments, les indemnités de licenciement, etc., sont classées
dans la 2ᵉ colonne de la rubrique : « Versements à la Caisse
nationale des retraites pour la vieillesse et avantages divers concédés aux ouvriers civils, etc. ». — « Autres dépenses (soins
médicaux, etc.) (modèle n° 22, col. 11) ». Il en est de même
des dépenses indiquées ci-après : « Fraction de traitement, de

salaire allouée en cas de maladie, prélèvement obligatoire de 4 p. 100 sur cette fraction de traitement ou de salaire qui sont compris sur l'état récapitulatif des traitements et salaires, indemnité temporaire accordée en cas d'accident et qui figure également sur l'état récapitulatif (col. 11, inscriptions 6, 11 et 14) ».

§ 8. — *Payement des traitements ou des salaires des employés ou ouvriers partant en congé, malades, etc.* (1).

Les employés ou ouvriers partant en congé, et qui ne peuvent être présents le jour de la paye, reçoivent du gestionnaire, au moment où ils quittent l'établissement, le montant net de la somme qui leur est due.

Les employés ou ouvriers malades à domicile ont la faculté de faire toucher leur traitement ou salaire par des mandataires dûment autorisés qui donnent reçu au comptable de l'établissement. Si, n'habitant pas la localité où se trouve l'établissement, ils n'usent pas de cette faculté, le montant de leur traitement ou salaire leur est envoyé par la poste, déduction faite des frais d'envoi qui sont à la charge de l'employé ou de l'ouvrier, contre « reçu » adressé au préalable par l'intéressé au gestionnaire. Dans tous les cas, le reçu est mis à l'appui de l'expédition émargée de l'état récapitulatif des salaires, qui est destinée au payeur.

Dans le cas où un employé ou un ouvrier quitterait l'établissement sans en avoir donné avis, les sommes qui lui seraient dues et qui n'auraient pas été réclamées dans le délai de deux mois seraient mandatées à son nom et versées au Trésor, au compte *Reliquats sur divers services;* le payement en serait effectué, le cas échéant, sur quittances spéciales, au débit de ce compte.

II. — Service de l'artillerie (2).

§ 1er. — *Classification, sur les bordereaux trimestriels, des dépenses afférentes aux salaires et aux achats d'objets et matières.*

En raison de la difficulté que peut présenter la division immédiate entre les rubriques des chapitres du matériel d'exploitation

---

(1) Paragraphe modifié. (Circ. du 12 août 1910, B. O., p. 1495.)
(2) Voir page 61 la circulaire du 17 février 1911.

du service de l'artillerie (1re section du budget), les dépenses concernant les salaires et les achats d'objets et de matières destinés aux confections et aux réparations, la contexture intérieure des bordereaux trimestriels de ces chapitres ne comporte qu'une colonne d'inscription pour les salaires et une pour les achats d'objets et matières. Mais la répartition de ces dépenses entre les rubriques respectives sera faite, en fin de trimestre, dans le tableau de la dernière page des bordereaux trimestriels où sont reproduites les rubriques budgétaires.

Dans la colonne spéciale, concernant les salaires, doivent figurer :

1° Le montant net des salaires, à chaque payement de solde;

2° Les prélèvements, amendes et versements volontaires versés à la Caisse des retraites, les amendes versées au Trésor, aussitôt après l'émission des mandats correspondants;

3° Les salaires et les prélèvements sur salaires revenant à des ouvriers décédés ou retraités, au moment de l'émission du mandat au profit des ayants droit;

4° Les primes de travail payées aux militaires rengagés ou commissionnés.

<h3 align="center">§ 2. — Avances distinctes pour les salaires du personnel civil et pour le payement des dépenses de matériel.</h3>

Les avances faites, au titre d'un chapitre, pour le payement des salaires du personnel civil des établissements de l'artillerie, sont distinctes des avances délivrées sur le même chapitre, lorsqu'il y a lieu, pour le payement des autres dépenses.

Par suite, les mandats d'avances émis pour payer des salaires ne devront jamais faire face à des dépenses d'une autre nature.

Ces avances sont justifiées, savoir : les premières, dans le délai de 15 jours (1); les autres, dans les délais prévus par le règlement du 3 avril 1869 (vol. 24).

Les avances ou portions d'avances non justifiées à la fin d'un trimestre sont reversées au Trésor. Le récépissé de versement est joint au bordereau trimestriel.

Si des mandats d'avance, par suite de réimputation, s'appliquent à plusieurs chapitres ou articles, les sommes partielles sont respectivement inscrites sur les bordereaux trimestriels comprenant les dépenses correspondantes.

---

(1) Article 169⁷ de l'instruction du 30 juillet 1903 (vol. 24).

Afin de permettre au bureau du matériel de l'artillerie, soit de suivre les opérations de réimputation, soit de procéder auxdites opérations (art. 8), un duplicata de chaque certificat de réimputation lui est adressé sans délai.

§ 3. — *Montant, mode de payement et justification des avances faites pour les salaires du personnel civil.*

a) Les dispositions spéciales arrêtées pour le service de l'artillerie (circulaires ministérielles des 12 août, 20 septembre 1896 et 2 décembre 1897, vol. 20) pour l'application du décret du 11 juillet 1896 relatif aux avances aux régisseurs comptables pour le payement des salaires du personnel civil continueront à être appliquées.

b) Lorsque, dans un établissement, les ouvriers sont divisés en plusieurs séries dont les périodes de quinzaine portent sur deux mois, et par conséquent sur deux trimestres en fin de trimestre, l'état récapitulatif d'émargement comprenant, à la fois, des journées du trimestre écoulé et des journées du trimestre en cours, est mis à l'appui de la comptabilité de ce dernier trimestre; le mandat d'acompte de cette série, délivré dans le trimestre précédent, est inscrit sur le bordereau trimestriel correspondant comme date au payement du solde.

§ 4. — *Vieilles matières.*

Pour les fournitures faites en vertu de marchés par conversion, la dépense à inscrire sur le bordereau doit comprendre la valeur des vieilles matières cédées aux entrepreneurs et être égale au montant brut de la fourniture. La valeur des vieilles matières est inscrite par paragraphe dans les colonnes qui suivent immédiatement celle destinée à recevoir l'inscription des dépenses acquittées et elle est totalisée avec celle-ci (modèle n° 12).

§ 5. — *Documents de comptabilité qui ne doivent pas être mis à l'appui des rapports de liquidation.*

Les documents suivants ne doivent pas être produits à l'appui des rapports de liquidation :

1° Les décomptes nᵒˢ 1 et 1 *bis* des imprimés spéciaux au service de l'artillerie. Les états récapitulatifs des salaires sont seuls mis à l'appui des bordereaux trimestriels (art. 9, I § 4);

2° Les extraits de factures dont le montant est imputable sur plusieurs chapitres. Ces extraits sont remplacés par une mention portée sur les bordereaux trimestriels indiquant le chapitre à l'appui duquel a été mise la facture ainsi que le numéro sous lequel cette facture est inscrite;

3° Les certificats administratifs (modèle n° 28 de l'instruction du 30 décembre 1902) établis par le service des forges. Une mention, portée par le sous-directeur des forges sur la deuxième expédition de la facture, indique l'exécution du service et, s'il y a lieu, les pénalités encourues; un état décompté est joint à la facture. Le directeur de l'établissement ordonnateur arrête la facture en indiquant la date et le numéro du mandat émis;

4° Les récépissés de mandats qui doivent rester dans les archives de l'établissement pour la décharge du comptable;

5° Les cahiers des charges générales, les cahiers des charges spéciales, les plans et devis pour bâtiments, lorsque ces documents n'intéressent pas la liquidation.

§ 6. — *Mode de justification de certaines natures de dépenses.*

1° Pour les dépenses payées sur états d'émargement en dehors des salaires (indemnités, gratifications, etc.), afin de simplifier les écritures, il n'est établi, autant que possible, qu'un seul état par mois et par chapitre ou article; les dépenses y sont classées et totalisées par rubrique budgétaire.

Cet état est arrêté à la fin de chaque mois et porté par rubrique budgétaire sur le bordereau trimestriel pour son montant total;

2° Les dépenses de très minime importance, telles que nourriture de chiens et de chats, envois de colis postaux, etc., devront être groupées par nature de dépense sur un relevé trimestriel certifié par l'officier d'administration gestionnaire, vérifié et visé par le directeur de l'établissement, de façon à ne faire l'objet que d'une seule inscription par trimestre;

3° *États récapitulatifs des salaires.* — Les états récapitulatifs des salaires comprennent :

I. — *a*) Les salaires payés aux ouvriers ayant travaillé dans l'établissement;

Et, dans un but de simplification des écritures,

b) Les primes de travail allouées aux militaires rengagés ou commissionnés.

II. — *a*) Les allocations accordées en vertu de l'article 19 du décret du 26 février 1897 pour incapacité de travail résultant de maladies provenant ou non du service. (Circulaire ministérielle du 29 octobre 1900, vol. 65);

b) Les indemnités journalières pour incapacité temporaire allouées pour accidents survenus par le fait du travail. La retenue de 4 p. 100 n'est faite sur ces indemnités que du consentement de l'ouvrier. (Même circulaire);

c) Les indemnités de licenciement.

L'état récapitulatif est arrêté au montant total de la dépense; il est terminé par un tableau donnant :

1° La répartition, par rubrique budgétaire, des sommes comprises sur l'état récapitulatif;

2° La décomposition de la dépense totale entre les militaires rengagés ou commissionnés et le personnel civil d'exploitation régi par le décret du 26 février 1897 (vol. 65);

3° Les renseignements nécessaires pour établir le tableau du bordereau trimestriel dont il est question ci-dessus (art. 9-I, § 6).

Il ne devra être fourni, pour chaque payement de solde, qu'un seul état récapitulatif comprenant tous les ouvriers payés le même jour pour le mois que l'état concerne.

Cet état figurera toujours à l'appui du chapitre qui paye les parts contributives.

Dans les établissements dont le personnel est divisé en plusieurs séries pour le paiement, à chacune de ces séries doit correspondre un état récapitulatif comprenant tous les ouvrier payés le même jour. Si la paye se fait par atelier, chaque atelier se sert seulement d'intercalaires; ces intercalaires sont ensuite brochés dans une seule feuille de tête récapitulant au tableau de dernière page et répartissant par subdivision budgétaire les salaires totalisés des divers ateliers.

Enfin, sur ledit état récapitulatif, tout travail à la tâche doit être converti en travail à l'heure.

III. — Service des fourrages.

Bordereau des fournitures de fourrages à la ration dans les places ayant un effectif égal ou inférieur à 70 chevaux.

Les fournitures de fourrages à la ration faites dans les places ayant un effectif égal ou inférieur à 70 chevaux sont comprises sur l'état de liquidation des fournitures à la ration.

A cet effet, l'officier d'administration comptable chargé du payement desdites fournitures, qui, du reste, doivent faire l'objet de mandats spéciaux d'avances, établit un bordereau trimestriel n° 525 de la nomenclature des imprimés.

IV. — Service des frais de route.

Mode de liquidation des dépenses de l'indemnité de route mandatées par le service de l'intendance.

Les dépenses de l'indemnité de route, mandatées par les sous-intendants militaires, sont exceptionnellement liquidées par les directeurs du service de l'intendance.

A cet effet, le sous-intendant militaire chargé dans chaque département de la centralisation des dépenses d'indemnité de route établit un état de liquidation en y inscrivant, répartis par rubrique budgétaire, les résultats fournis par les relevés sommaires dont le montant a été compris dans les mandats spéciaux de remboursement émis mensuellement par ses soins. Il arrête ledit état au montant total de ces mandats et l'adresse, accompagné des pièces justificatives, au directeur de l'intendance.

Ce haut fonctionnaire inscrit, dans une colonne spéciale, les rectifications opérées sur les relevés sommaires à la suite de sa vérification et de la communication desdits relevés sommaires et des pièces qui y sont jointes aux corps de troupe, établissements, etc., qu'ils concernent. Il arrête la liquidation au montant de la différence entre les payements effectués et le total des rejets prononcés.

Les états de liquidation ainsi rectifiés sont inscrits sur le rapport de liquidation.

V. — Service du génie.

§ 1er (1). — *Nature des pièces justificatives à produire.*

Dans un but d'économie, les formules modèles nᵒˢ 23 et 27 (mémoire) et 24 (ordre de payement) de l'instruction du 15 mars 1897 (vol. 50), relative aux travaux du génie, sont respectivement remplacées par les factures (modèles nᵒˢ 1 et 2) et par la quittance (modèle nᵒ 3) de la présente instruction qui sont employées par tous les autres services de la guerre. Elles figurent sur la nomenclature des imprimés, respectivement sous les nᵒˢ 498, 499 et 496.

Pour les traitements et les salaires du personnel civil d'exploitation, les salaires des ouvriers travaillant en régie, ainsi que les primes de travail allouées aux portiers-consignes et aux caserniers, dont le payement doit toujours être effectué sur mandats d'avances (art. 9, § 1ᵉʳ), il est fait usage des états de payement et des états récapitulatifs de salaires (modèles nᵒˢ 16 et 17, nᵒˢ 453 et 452 de la nomenclature).

Il est produit, à l'appui de la liquidation, la deuxième expédition de la facture ou de la quittance et non des copies de ces documents.

§ 2. — *Établissement d'un rapport de liquidation unique par subdivision budgétaire.*

Les dépenses de chaque subdivision budgétaire (chapitre et article) du service du génie effectuées pour :

Les travaux,
Les acquisitions d'immeubles,
Les achats de matériel entrant en magasin,

font l'objet d'un rapport de liquidation unique.

Il en est de même de chaque catégorie de bordereaux trimestriels (art. 4, § 2).

§ 3. — *Dépenses faites par le service du génie à charge de remboursement.*

Les dépenses faites par le service du génie, pour le compte d'autres services de la guerre ou d'autres départements ministériels, ne font pas l'objet de liquidations spéciales; elles sont com-

---

(1) Paragraphe modifié (notification du 9 décembre 1904).

prises, comme les autres dépenses de ce service, sur les rapports trimestriels de liquidation.

Les demandes de remboursement ne doivent être faites qu'après l'exécution complète du service. Des copies, des extraits, des duplicata des pièces justificatives sont alors établis sans retard et adressés par le service local du génie, soit au service débiteur, soit à l'administration centrale, suivant le mode de remboursement qui doit être employé.

§ 4. — *Traitement du personnel civil d'exploitation payé dans plusieurs places par un même comptable.*

Les traitements et les salaires du personnel civil d'exploitation sont payés par les officiers d'administration des places annexes, à l'aide des fonds qui sont mis à leur disposition par le comptable de la place principale; ils font, pour chaque place, l'objet d'états récapitulatifs (modèle n° 17) émargés par les intéressés. Ces états sont adressés à l'officier d'administration de la place principale pour justifier auprès du payeur les avances de fonds qui lui sont faites.

A l'aide de ces documents, il est établi en deux expéditions (l'une pour la liquidation, l'autre pour les archives) un état récapitulatif comprenant tout le personnel civil employé par la direction ou l'établissement. Les relevés (modèles n°ˢ 18 et 19) concernant les versements des prélèvements et des majorations sont établis d'après cet état, et, par suite, il n'est effectué par la place principale qu'un seul versement à la Caisse nationale des retraites pour la direction ou l'établissement.

§ 5. — *Traitements et salaires payés par quinzaine.*

Les traitements et les salaires du personnel civil d'exploitation, payés à la fin de la première quinzaine du mois, sont considérés comme des acomptes; ils sont compris avec les salaires de la deuxième quinzaine sur les états de payement (modèle n° 16) et les états récapitulatifs (modèle n° 17) établis en fin de mois.

Ces payements d'acompte ne donnant lieu à aucune inscription sur le bordereau trimestriel (art. 4, § 7), il est établi, afin de justifier les sommes ainsi avancées par la caisse des comptables, un état sur lequel les employés et les ouvriers émargent pour les sommes qui leur sont payées. Cet état est considéré comme argent en caisse jusqu'au moment du solde, époque à laquelle l'état récapitulatif (modèle n° 17) est produit.

Sont modifiés les articles 91, 92, 98 et 99 de l'instruction du 15 mars 1897 relative aux travaux du service du génie (vol. 50).

VI. — Services de l'habillement et du harnachement (masses).

§ 1er. — *Pièces à joindre aux liquidations.*

Les états de liquidation de la masse d'habillement (prestations en deniers) et de la masse de harnachement sont appuyés des deux expéditions des décomptes de libération n°s 46 A, 47 A (habillement) et 46 B (harnachement) de la nomenclature des imprimés.

Une expédition de ces décomptes est destinée à la Cour des comptes, l'autre reste à l'appui de la liquidation.

§ 2. — *Règlement trimestriel des* moins ou *des* trop-perçus.

Les sommes perçues en moins au titre de chaque trimestre sont mandatées au profit des corps ou établissements. Un extrait du décompte de libération (modèle n°s 23 et 24 pour le service de l'habillement et n° 25 pour celui du harnachement) est annexé au mandat de solde du trimestre.

Les trop-perçus sont reversés au Trésor, conformément aux dispositions de l'article 183 du règlement du 3 avril 1869. La déclaration de versement, qui est transmise au payeur qui a effectué le payement, doit être accompagnée d'un extrait du décompte de libération faisant ressortir le trop-payé.

Ces documents sont rattachés, par le payeur, au dernier mandat de payement du trimestre correspondant.

§ 3. — *Mode d'inscription de quelques dépenses.*

a) Les secours alloués aux masses d'habillement et de harnachement ne doivent pas figurer sur les décomptes de libération. Ces dépenses sont inscrites sur l'état de liquidation dans la colonne correspondante « secours à la masse »; une copie de la décision ministérielle qui a alloué le secours est mise à l'appui de la liquidation.

b) Les dépenses concernant le *personnel civil* employé à l'entretien du matériel du harnachement des chevaux de la cavalerie (salaires nets, prélèvements, parts contributives, etc.) font l'objet d'un bordereau trimestriel spécial, modèle n° 22 (n° 500 de la nomenclature des imprimés) (art. 9-I; § 4).

Les résultats de ce bordereau sont inscrits pour leur montant total sur l'état de liquidation trimestriel (formule n° 546), colonne « entretien, renouvellement et remplacement du matériel ».

VII. — Service de la justice militaire.

Les bordereaux trimestriels des dépenses faites pour le compte des conseils de guerre seront appuyés, en ce qui concerne le payement des taxes dues aux témoins, d'un état décompté (formule n° 493 de la nomenclature) donnant sommairement les mêmes renseignements que les cédules, c'est-à-dire les nom, prénoms et professions des parties prenantes, l'indication et la date de l'affaire pour laquelle les témoins ont été convoqués, l'objet de la taxe (taxe kilométrique, journées de séjour, etc.), ainsi que le montant des sommes allouées.

Cet état est arrêté par le greffier du conseil de guerre et vérifié par le commissaire du gouvernement et le fonctionnaire de l'intendance qui a mandaté les avances.

VIII. — Service des remontes.

Avant de transmettre au Ministre les procès-verbaux constatant la réception des chevaux et mulets achetés par les comités de remonte, les dépôts inscrivent les résultats qui figurent à la dernière page desdits procès-verbaux sur un « État récapitulatif des chevaux et mulets achetés pendant le trimestre » (n° 494 de la nomenclature des imprimés) qui indique également les fonds disponibles sur le montant des avances faites aux présidents des comités de remonte.

La minute de cet état est conservée dans les archives du dépôt de remonte; l'expédition sert à établir la liquidation et remplace le bordereau trimestriel des dépenses acquittées sur mandats d'avances pour achats de chevaux et mulets, ainsi que la deuxième expédition des factures d'achat.

Un état, même négatif, des chevaux rendus pour vices rédhibitoires (n° 495 de la nomenclature des imprimés) est annexé à la liquidation.

IX. — Service de santé.

Les modèles n° 108 et 108 *ter* du règlement sur le service de santé (formules n° 234 B et 234 C de la nomenclature) sont remplacés dans les formules n°s 498 et 499 de la nomenclature (art 21-I de la présente instruction).

<h2 style="text-align:center">X. — Service des secours.</h2>

Les secours accordés en exécution de l'instruction ministérielle du 27 août 1886 sont liquidés annuellement par les fonctionnaires de l'intendance, qui établissent respectivement des états de liquidation (formule n° 501 de la nomenclature des imprimés) et des rapports de liquidation (formule n° 502).

Toutefois, les états de liquidation sont ouverts à la fin du 1er trimestre.

Les états nominatifs de secours dont l'établissement est prescrit par l'article 31 de l'instruction ministérielle précitée sont envoyés trimestriellement à l'administration centrale, après que leur montant a été inscrit sur l'état de liquidation, en une seule ligne pour le trimestre.

Les états de liquidation sont arrêtés à la date du 31 mars de l'année qui suit l'ouverture de l'exercice; ils comprennent non seulement le montant des états nominatifs des secours payés du 1er janvier au 31 mars de la deuxième année de l'exercice, mais aussi les secours mandatés qui, à cette date, ne sont pas encore payés aux intéressés. Ces secours, compris sur un état spécial, sont liquidés d'office (art. 1er, § 4). Le sous-intendant militaire conserve l'état de liquidation jusqu'à ce qu'il ait reçu du trésorier-payeur général du département le bordereau des mandats non acquittés en fin d'exercice (art. 203 du règlement du 3 avril 1869). La mention de payement est alors portée dans la colonne « Observations » de l'état spécial; puis l'état de la liquidation, accompagné du bordereau susmentionné, est adressé au directeur du service de l'intendance. Ce fonctionnaire tient compte, dans l'établissement du rapport de liquidation, des mandats non acquittés et arrête, par suite, ledit rapport de liquidation au montant total des sommes payées. Ce rapport doit parvenir à l'administration centrale le 25 mai au plus tard.

Les dispositions qui précèdent sont observées pour la liquidation des dépenses concernant les allocations accordées aux anciens militaires ayant accompli 14 années de service, antérieurement à la loi du 23 juillet 1881, réglementée par la note ministérielle du 13 mars 1896 (vol. 61).

Lors de la vérification par le bureau administratif des dépenses de secours, les états nominatifs qui ont été envoyés périodiquement à l'administration centrale sont rapprochés des inscriptions faites sur les états de liquidation auxquels ces états demeurent annexés pour la revision ministérielle.

Article 10.

Nomenclature des formes employées pour la liquidation des dépenses.

Les formules employées pour la liquidation des dépenses sont indiquées ci-après; aucune modification ne peut y être apportée qu'après entente avec la direction du contrôle.

IIE PARTIE

Dispositions concernant les services de l'administration centrale.

ARTICLE 11.

Vérification des rapports de liquidation par les bureaux administratifs.

Lorsque les rapports de liquidation sont parvenus à l'administration centrale, les bureaux administratifs procèdent à leur vérification. Si l'examen de ces documents et des pièces qui sont à l'appui donne lieu à des observations, le Ministre fait donner connaissance aux intéressés, par l'intermédiaire des liquidateurs auxquels les rapports sont communiqués, des modifications qui paraîtraient devoir être apportées au montant de leurs titres de créances afin de les mettre à même de produire, le cas échéant, des justifications complémentaires.

Pour les sommes mandatées « en plus » ou « en moins », les ordonnateurs secondaires se conforment aux dispositions de l'article 7, § 4.

Si, dans le délai d'un mois, les créanciers n'ont pas répondu, il est passé outre et les rapports de liquidation sont, après leur renvoi au Ministre, arrêtés par les bureaux au chiffre résultant de leur vérification, sous réserve, bien entendu, des droits que les créanciers feraient valoir ultérieurement.

Les rectifications ainsi opérées par les bureaux administratifs sont faites à l'encre rouge.

ARTICLE 12.

Revision ministérielle.

§ 1er. — *Vérification des rapports de liquidation par la direction du contrôle.*

Après avoir été arrêtés par les bureaux administratifs, les rapports de liquidation sont adressés dans un bordereau (modèle n° 38) à la direction du contrôle qui, de son côté, procède à une nouvelle vérification.

Les rapports de liquidation qui donnent lieu à des observations sont renvoyés par feuilles de vérification aux bureaux intéressés, qui opèrent d'office les rectifications nécessaires ou retournent ces documents aux liquidateurs, comme il est indiqué à l'article 11.

Les résultats de ces rapports sont centralisés par le bureau des liquidations et comptes dans un rapport général qui est soumis à la signature du Ministre.

Les rapports de liquidation sont ensuite renvoyés aux bureaux administratifs avec l'indication de la date de l'approbation ministérielle.

Les liquidations, approuvées par le Ministre, peuvent être modifiées, sur la demande des bureaux administratifs, pour causes d'omissions, de doubles emplois, d'erreurs matérielles, etc., après un nouveau concert avec la direction du contrôle.

§ 2. — Délais pour la revision ministérielle.

Les rapports de liquidation sont soumis à la revision ministérielle, savoir : ceux des trois premiers trimestres, dans le quatrième mois qui en suit l'expiration; ceux du quatrième trimestre, pour le 31 mai au plus tard.

ARTICLE 13.

Notification aux ordonnateurs secondaires des rectifications opérées d'office par l'administration centrale.

Les rectifications d'erreurs matérielles opérées d'office, lors de la vérification ministérielle, sont notifiées, après la revision des rapports de liquidation, par les soins des bureaux administratifs, aux directeurs qui en donnent avis aux intéressés.

Les minutes des bordereaux trimestriels, des états de liquidation, des rapports de liquidation sont rectifiées en conséquence. Ces modifications sont indispensables en raison des reports successifs d'un trimestre à l'autre

Article 14.

Liquidation des dépenses par l'administration centrale.

§ 1ᵉʳ. — *Rapports de liquidation.*

Pour la liquidation des dépenses qu'ils doivent opérer, les bureaux administratifs font usage de la formule modèle n° 26.

Ces dépenses sont les suivantes :

a) Dépenses dont le Ministre s'est exceptionnellement réservé l'ordonnancement.

Les rapports concernant ces dépenses sont arrêtés à une date qui ne saurait être postérieure au 31 mars de la deuxième année de l'exercice.

b) Avances en argent et cessions de matériel dont la régularisation doit être faite par l'administration centrale, savoir :

I. — Avances et cessions faites au ministère de la guerre par d'autres ministères.

II. — Avances et cessions faites entre les divers services de la guerre ayant donné lieu à la constitution de provisions ou dont le remboursement n'aurait pu être effectué avant le 31 mars de la deuxième année de l'exercice par suite d'omission ou de l'insuffisance des crédits mis à la disposition de l'ordonnateur secondaire du service débiteur.

Une copie des pièces justificatives des avances et des cessions appuie la liquidation.

Il est accordé jusqu'au 31 juillet de la deuxième année de l'exercice pour la liquidation de ces natures de dépenses.

III. — Avances et cessions dont le remboursement doit être opéré exceptionnellement par voie de versement au Trésor, par les soins des bureaux administratifs *à l'aide de mandats émis par l'ordonnateur secondaire du ministère de la guerre.* Ce mode de remboursement n'est prescrit par les services qu'après entente avec la direction du contrôle.

§ 2. — *Rapports de réduction de dépenses.*

Le montant des dépenses admises en liquidation au titre d'un service doit être atténué des dépenses qui ont été faites pour le compte d'autres services de la guerre, des ministères, etc. (art. 26

du règlement du 3 avril 1869 et art. 48, § III, de l'instruction du
30 décembre 1902).

A cet effet, le bureau du service créancier établit sur la formule
n° 27, et par subdivision budgétaire, des rapports de *réduction
de dépenses*. Ces rapports, qui sont distincts suivant le mode de
remboursement employé par le cessionnaire pour se libérer, font
ressortir par rubrique budgétaire la déduction à opérer sur le
montant des dépenses qui ont supporté l'imputation primitive.

Dans chaque mode de remboursement, il est procédé ainsi
qu'il est indiqué ci-après :

a) Remboursements opérés par virement de comptes.
(Art. 262 du règlement du 3 avril 1869.)

Les pièces justificatives des avances en argent et des cessions
de matériel faites aux autres ministères, sont, avant d'être envoyées au ministère débiteur, inscrites sur le rapport de réduction de dépenses ouvert pour cet objet dès le commencement de
l'exercice.

Ce rapport est soumis à l'approbation ministérielle, appuyé
des extraits des bordereaux d'annulation.

b) Remboursements opérés par états de changement d'imputation.
(Art. 263 et 265 du règlement du 3 avril 1869.)

Les rapports de réduction de dépenses concernant les avances
et les cessions faites entre les services de la guerre, et régularisées par l'administration centrale, sont soumis à l'approbation
ministérielle *en même temps* que les rapports de liquidation correspondants (art. 14, § 1er, b), II).

Après vérification des pièces justificatives qui lui sont envoyées
en vue du remboursement de leur montant, le bureau du service
débiteur établit un rapport de liquidation qu'il adresse, dans un
bordereau modèle n° 38 (1) au bureau du service créancier. Ce dernier bureau transmet le dossier complet (rapport de liquidation
et rapport de réduction de dépenses) à la direction du contrôle
qui, après approbation ministérielle, renvoie les rapports aux
bureaux intéressés.

c) Remboursements opérés par voie de versements au Trésor.
(Art. 263, 264 et 265 du règlement du 3 avril 1869.)

1. — Établissement de bordereaux spéciaux pour les sommes versées dans les caisses
du Trésor, en remboursement d'avances et de cessions.

Comme pour les virements de comptes a), le rapport de réduc-

---

(1) Notification du 9 décembre 1901.

tion de dépenses établi pour les avances et les cessions dont le remboursement a été effectué par voie de versements au Trésor doit être appuyé des extraits des bordereaux d'annulation dont le montant doit alors être le même que celui du rapport de réduction de dépenses. Pour arriver à ce résultat, il sera établi des bordereaux de rétablissement et des bordereaux d'annulation (modèles n⁰ˢ 2 et 34 du règlement du 3 avril 1869) qui ne devront comprendre que les récépissés de versements au Trésor délivrés en remboursement d'avances et de cessions.

Les reversements pour trop-payés, fonds restés sans emploi sur des avances faites à des gestionnaires, etc., et qui figurent à la situation financière des rapports de liquidation (modèles n⁰ˢ 11, 12 et 13, col. 9, 17 et 16) feront l'objet de bordereaux spéciaux.

II. — Renseignements à faire figurer par les ordonnateurs secondaires sur les récépissés de versement concernant les avances et les cessions.

Afin de permettre à l'administration centrale d'établir les rapports de réduction de dépenses par subdivision budgétaire et de faire porter les atténuations sur les rubriques qui ont supporté les dépenses primitives, les ordonnateurs secondaires des services créanciers devront donner au verso des récépissés de versement concernant les avances et les cessions, les renseignements suivants :

Chapitre, article et rubriques budgétaires sur lesquels la dépense a été imputée primitivement;

Et, lorsqu'il y a lieu :

Numéros, dates et montant des mandats sur lesquels portent les reversements;

Décision ministérielle qui a autorisé l'avance ou la cession.

d) Remboursements opérés par voie d'imputations dans les revues de liquidation.

Les denrées du service des vivres cédées à charge de remboursement aux corps de troupe sont régularisées en fin d'exercice. Les éléments du rapport de réduction de dépenses sont tirés de la comptabilité des distributions et cessions remboursables dudit service.

e) Dispositions spéciales au service des subsistances.

Les services des vivres, des fourrages et du chauffage ayant une comptabilité spéciale pour les distributions et cessions faites à charge de remboursement, il ne sera établi par exercice et par service qu'un rapport de réduction de dépenses pour les cessions réciproques que se font ces services.

ARTICLE 15.

Remboursement des sommes versées en trop au Trésor.

Etablissement des demandes de remboursement.

Les demandes faites par les corps de troupe ou établissements considérés comme tels, les entrepreneurs, etc., en vue d'obtenir le remboursement de sommes qu'ils ont versées « en trop » au Trésor, sont transmises au Ministre par la voie hiérarchique. Elles sont accompagnées d'un décompte faisant ressortir le trop versé, des récépissés de versement au Trésor ou, s'ils ont été envoyés à l'administration centrale, des déclarations de versement. Il est ensuite procédé ainsi qu'il est indiqué ci-après :

a) Cas où les récépissés ne sont pas encore rétablis au crédit du service.

Le remboursement aux parties intéressées est opéré, sur la demande du Ministre de la guerre, et après entente avec le Ministre des finances, par les trésoriers-payeurs généraux qui ont reçu les fonds, si les récépissés ont été délivrés dans la gestion en cours ou sur la présentation aux agents du Trésor d'un extrait de l'ordonnance qui a été émise à cet effet par le Ministre des finances, lorsque le versement a été effectué dans une autre gestion.

Cet extrait est transmis, au préalable, aux corps de troupe et établissements par les soins des bureaux administratifs.

b) Cas où les récépissés sont rétablis au crédit du service.

A la réception de la notification de la décision ministérielle qui prescrit le remboursement de la somme versée « en trop », les ordonnateurs secondaires délivrent, au profit de l'intéressé, un mandat du montant de ce trop versé. Une expédition de l'état justificatif annexé audit mandat est jointe au bordereau trimestriel ou à l'état de liquidation où son montant est inscrit dans les colonnes « Montant des dépenses acquittées » ou « Montant des sommes mandatées ».

Aucun chiffre ne doit figurer dans les colonnes « Montant total de la dépense » ou « Montant des créances admises en liquidation », des deux documents précités.

De cette manière, la somme ainsi mandatée sans « droits constatés » correspondants et qui ressort en *solde débiteur* sur ces documents se trouve annulée par le rétablissement au crédit du service du montant du trop versé qui figure en *solde créancier*.

<h2 style="text-align:center">ARTICLE 16.</h2>

<h3 style="text-align:center">Liquidation des dépenses des exercices clos et des exercices périmés.</h3>

Les créances constatées après la clôture de l'exercice auquel elles appartiennent, sont liquidées par les soins de l'administration centrale. A cet effet, les directeurs ordonnateurs secondaires soumettent au Ministre des propositions sur des formules spéciales de rapport de liquidation (modèle n° 26 *bis*).

Ces rapports sont établis au titre du « Chapitre spécial des dépenses des exercices clos ou des exercices périmés » de l'année pendant laquelle les titres de créances ont été adressés à l'administration militaire en vue d'en obtenir l'ordonnancement; ils mentionnent les causes pour lesquelles ces titres n'ont pas été présentés, par les intéressés, dans les délais réglementaires. Les pièces justificatives de ces dépenses doivent être établies au titre de l'exercice et du chapitre d'origine. Elles sont transmises, par bordereau d'envoi, aux directeurs ordonnateurs secondaires par les sous-intendants militaires ou les chefs de service, qui donnent leur avis sur la validité des créances et sur la valeur des motifs invoqués par les fournisseurs ou les entrepreneurs pour justifier le retard apporté dans le dépôt de leurs titres de créances (1).

Des créances de plusieurs exercices peuvent être comprises dans la même liquidation, mais elles doivent être classées et totalisées par exercice.

Les ordonnateurs devront prendre des dispositions pour diminuer, le plus possible, le nombre et l'importance des créances non comprises dans les comptes définitifs.

Si des créances concernant des exercices périmés n'ont pas été payées au 30 avril de la deuxième année de l'exercice sur lequel le crédit spécial a été ouvert, l'ordonnateur ne pourra les comprendre dans ses propositions que sur de nouvelles demandes de la part des intéressés.

---

(1) Paragraphe complété (notification du 9 décembre 1904).

ARTICLE 17.

Registres de comptabilité à tenir.

Les registres tenus à l'administration centrale ne doivent être ni grattés ni surchargés. Lorsqu'il y a lieu d'opérer des rectifications aux inscriptions déjà faites, la partie à corriger est biffée au moyen d'un trait de plume et elle est remplacée par l'inscription qui doit lui être substituée. Ces registres sont les suivants :

A) BURÉAUX ADMINISTRATIFS.

§ 1er. — *Registre de fonds.*

Pour leurs opérations d'ordonnancement, les bureaux administratifs tiennent le registre de fonds (modèle n° 28) qui est divisé en deux parties.

Sur la première partie sont inscrits distinctement par section, chapitre ou article, savoir :

a) Les crédits législatifs, supplémentaires, extraordinaires, etc.;
Les crédits résultant de fonds de concours;
Les annulations de crédits.

b) Les crédits mensuels de distribution;

c) Les opérations d'ordonnancement :

Opérations en augmentation.	Ordonnances de délégation. Ordonnances de payement. Changements d'impulations (virements d'autres services).
Opérations en diminution.	Crédits sans emploi (ordonnances de délégation). Annulations (reversements, remboursements par d'autres ministères). Changements d'imputation (virements à d'autres services).

Les disponibles sur les crédits législatifs ressortent dans une colonne spéciale après chaque opération.

La deuxième partie donne, par ordonnateur secondaire, compte tenu des annulations, le montant des crédits délégués au titre de chacun des chapitres ou articles dont le bureau a l'administration.

En fin d'exercice, chaque bureau administratif rapproche les résultats de son registre de fonds de ceux du registre correspondant (B, § 4), tenu au bureau des fonds et ordonnances. Lorsque la concordance a été établie, le bureau administratif arrête, par chapitre ou article, son registre de fonds qui est alors signé par le directeur.

§ 2. — *Registre des comptes définitifs*.

Après la revision ministérielle, les rapports de liquidation sont inscrits par les bureaux administratifs sur le registre des comptes définitifs, dont la contexture varie selon la nature des services, tout en conservant les mêmes principes généraux pour leur établissement.

Registre des comptes définitifs modèle n° 29.

Ce registre comprend par catégorie de rapports de liquidation les divisions et subdivisions suivantes :

TABLEAU I.	Droits constatés et situation financière.	a) Dépenses liquidées par les ordonnateurs secondaires.	Intérieur. Algérie. Tunisie.
		b) Dépenses liquidées par l'administration centrale.	Intérieur. Algérie. Tunisie.
TABLEAU II.		Avances, cessions remboursables et imputations.	Intérieur. Algérie. Tunisie.
TABLEAU III.		Centralisation des opérations : chiffres du compte général et définitif.	Intérieur. Algérie. Tunisie.

Soldes débiteurs et soldes créanciers.

a) Services qui n'ont qu'une seule catégorie de rapports de liquidation (écoles militaires, recrutement, transports, etc.).

Les rapports de liquidation sont inscrits distinctement au tableau I par corps d'armée, direction ou établissement.

En fin d'exercice, on totalise d'abord par corps d'armée, direction, établissement, puis on récapitule les totaux par Intérieur, Algérie, Tunisie.

Les avances et cessions remboursables du tableau II (folio 3) sont inscrites au fur et à mesure des opérations, mais distinctement par Intérieur, Algérie et Tunisie.

On reporte, distinctement au tableau III (folio 4), les totaux généraux a et b du tableau I et on totalise.

De ces nouveaux résultats, on retranche ceux du tableau II (avances et cessions remboursables).

Les différences ainsi obtenues donnent par rubrique budgétaire les chiffres à faire figurer au compte général et définitif.

Au tableau IV (folio 5), on donne le détail des soldes débiteurs et des soldes créanciers.

b) Services qui ont plusieurs catégories de rapports de liquidation.

Les services qui, pour un même chapitre ou article, ont plusieurs catégories de rapports de liquidation (Habillement, Hôpitaux, etc.) établissent un registre qui comprend pour chaque catégorie de rapports de liquidation les mêmes divisions et subdivisions que celui des services qui n'ont qu'une seule catégorie de rapports de liquidation.

Les résultats du tableau III (Centralisation des opérations) de chaque catégorie de rapports de liquidation sont réunis dans une Récapitulation générale. Les totaux donnent les chiffres à faire figurer au compte général et définitif par Intérieur, Algérie et Tunisie.

Lorsque les rubriques sont différentes dans chaque catégorie de rapports de liquidation, la récapitulation générale ne comprend que les résultats de la situation financière, les chiffres du compte général et définitif étant donnés par le tableau III de chaque catégorie de rapports de liquidation.

A la suite de la récapitulation générale figurent les soldes créanciers et les soldes débiteurs des différentes catégories de rapports de liquidation.

Registre des comptes définitifs modèle n° 30.

Le registre des comptes définitifs (modèle n° 30) du service des subsistances (vivres et fourrages) présente, comme le registre (modèle n° 29), les dépenses distinctement par corps d'armée et par Intérieur, Algérie et Tunisie. Il est divisé en quatre parties.

1re partie.

La 1re partie comprend les mêmes divisions (tableaux I, II, III) et les mêmes subdivisions (*a* et *b*) que le registre (modèle n° 29). Toutefois les rapports de liquidation sont inscrits au tableau I « Droits constatés et Situation financière » non par rubrique budgétaire, mais par catégorie de rapports :

« Achats de denrées.

« Fournitures à la ration.

« Dépenses diverses. »

2e partie.

Dans la 2e partie, figure, pour chacune de ces trois catégories

de rapports de liquidation inscrits pour leur montant total à la
1re partie, le détail, par rubrique budgétaire, des « achats de
denrées » (folio 6), des « fournitures à la ration » (folio 11) et
des « dépenses diverses » (folio 15).

3ᵉ partie.

La 3ᵉ partie comprend les divisions suivantes :

TABLEAU I. — Distributions et cessions.

- Distributions réglementaires (folio 19).
  - Gestion directe ;
  - Entreprise ;
  - Récapitulation : eff ctif réalisé.
- Distributions et cessions remboursables (folio 21).
  - Gestion directe ;
  - Entreprise ;
  - Récapitulation.

Les distributions faites soit à titre réglementaire soit à charge
de remboursement sont inscrites et totalisées comme les dépenses, c'est-à-dire par corps d'armée, Intérieur, Algérie et Tunisie.

La récapitulation des distributions faites à titre réglementaire,
qui comprend également le nombre de journées des masses de
fourrages et d'indemnités représentatives (folio 12), forme l'an-
nexe n° 1 au compte général et définitif. Cette récapitulation (folio 25) permet de déterminer l'effectif moyen réalisé ; elle donne,
en outre, les éléments des annexes nᵒˢ 2 et 3 du compte définitif.

TABLEAU II. — Pertes et déchets (folio 26).

- Pertes, déchets imputés aux comptables, entrepreneurs, etc.
- Pertes, déchets de la réserve de guerre.
- — du service courant.

Les pertes et les déchets imputés aux comptables et aux entrepreneurs sont assimilés aux cessions remboursables et leur total
(quantités et denrées) est reporté aux « avances et cessions remboursables » des achats de denrées (folio 9).

Des crédits spéciaux figurant au § 4 du chapitre du budget des
fourrages, pour l'entretien et la conservation des denrées compo-
sant l'approvisionnement de la réserve de guerre ; les pertes et
déchets afférents à ladite réserve de guerre font l'objet de « mou-
vements d'ordre ». Leur valeur passe de la colonne 4 « achats de
denrées », à la colonne 6 « dépenses diverses » tableau I (folio 1),
et comme conséquence, elle figure en *réduction de dépense* aux
« Achats des denrées » (folio 6) et en *augmentation de dépense*
aux « Dépenses diverses » (folio 15).

Les pertes et déchets du service courant sont inscrits en quantités seulement au tableau comparatif des achats et des consommations (folio 28).

Dans le cas de pertes par incendie, inondation, etc., il serait procédé comme pour les pertes et déchets de la réserve de guerre. La valeur des denrées perdues figurerait distinctement au § 3 du compte général et définitif.

TABLEAU III. Comparaison des achats effectués aux consommations, pertes, déchets, etc. (folio 28).

Dans le service des subsistances, les consommations (distributions réglementaires, distributions et cessions remboursables) faites du 1er janvier au 31 décembre d'une année, et non les achats de denrées effectués au titre de l'exercice correspondant, forment la base du compte général et définitif dudit service.

Si le tableau comparatif des achats et des consommations, pertes et déchets (folio 28) fait ressortir un excédent d'achats sur les consommations, l'excédent d'achat (C) est viré à l'exercice suivant, par application du décret du 3 avril 1876 qui autorise l'administration de la guerre à faire des achats, dans les derniers mois de l'année, pour les consommations des premiers mois de l'année suivante. Les prix appliqués aux denrées dont la dépense est ainsi reportée à l'exercice suivant sont ceux des derniers marchés passés et correspondant aux quantités dont la valeur est virée.

Si, au contraire, les achats ont été inférieurs aux consommations, pertes et déchets (dans ce cas on a dû, pour assurer les consommations de l'année, avoir recours aux achats effectués par anticipation sur les crédits de l'exercice suivant), l'insuffisance d'achat (D) indiquée par le tableau comparatif est virée en valeur de l'exercice suivant à l'exercice en cours, aux prix des marchés passés pour les premiers achats d'anticipation jusqu'à concurrence des quantités représentant l'insuffisance des achats. Cette opération constitue une sorte d'achat à l'exercice suivant et figure, en conséquence, aux « achats de denrées » (folio 8).

TABLEAU IV. Prix moyens d'achat des denrées.

Pour le passage de la colonne « achats de denrées » à celle « dépenses diverses » (folio 1) de la valeur de denrées correspondant aux pertes, déchets et avaries de la réserve de guerre, ainsi que pour les pertes provenant d'un incendie qui figurent au tableau II ci-dessus, c'est-à-dire pour les « opérations d'ordre », le décompte des denrées se fait en prenant pour base les prix moyens d'achat qui figurent au tableau IV (folio 29). Ces prix s'obtiennent en défalquant, des totaux des achats de denrées A et B, les excédents d'achats (quantités et deniers) sur les consommations, pertes, etc., virés de l'exercice en cours à l'exercice suivant.

On applique également les prix moyens aux distributions et cessions remboursables et aux pertes et déficits imputés aux comptables et entrepreneurs, pour déterminer la somme à ordonnancer au profit du Trésor, par application de l'article 21 du règlement du 3 avril 1869 (vol. 24).

La même opération se fait pour les denrées livrées à charge de remboursement par l'entreprise. Les prix moyens sont tirés directement des prix des fournitures à la ration (folio 11).

La IV° partie donne le détail des soldes débiteurs et des soldes créanciers.

§ 3. — *Vérification des registres de comptabilité tenus par les bureaux administratifs.*

Les registres de comptabilité tenus par les bureaux administratifs sont vérifiés annuellement par la direction du contrôle qui rend compte au Ministre des résultats de sa vérification.

B) DIRECTION DU CONTROLE.

1. — Bureau des fonds et ordonnances.

§ 1ᵉʳ. — *Registre des demandes de fonds.*

Ce registre (modèle n° 31) est destiné à centraliser les demandes de fonds faites, mensuellement, par les différents services de l'administration centrale et à établir la demande de fonds, par chapitre, adressée le 25 de chaque mois au ministère des finances.

Après réception du décret mettant à la disposition du Département de la guerre les crédits demandés, ce registre sert de base à la répartition mensuelle des fonds entre les divers services.

§ 2. — *Registre-contrôle de l'ordonnancement.*

Le registre-contrôle de l'ordonnancement (modèle n° 32) permet au bureau des fonds et ordonnances de s'assurer, à la réception des états de dépenses ou de crédits établis par les bureaux administratifs, que le montant des sommes dont on demande l'ordonnancement est renfermé dans la limite des crédits budgétaires et des fonds mensuels de distribution.

Il présente par section, chapitre, article du budget :

1° La situation des crédits ouverts par lois ou par décrets (fonds de concours);

2° La situation des fonds de distribution accordés mensuellement;

3° Le montant des états de dépenses et de crédits, déduction faite des opérations en diminution (annulations par suite de reversements, de remboursements par d'autres ministères, de changements d'imputation, etc.).

§ 3. — *Journal.*

Sur le journal (modèle n° 33) figurent :

1° Les ouvertures et les annulations de **crédits** par lois ou décrets;

2° Les opérations de comptabilité :

Opérations en augmentation.	Ordonnances de délégation.	
	Ordonnances de payement.	Créanciers directs.
		Virements de comptes.
	Changements d'imputation.	
Opérations en diminution.	Crédits sans emploi (ordonnances de délégation).	
	Non payements, retraits (ordonnances de payement).	
	Reversements, remboursements.	
	Changements d'imputation.	

3° Les sommes réellement ordonnancées après chaque opération;

4° Les crédits disponibles.

Les inscriptions ont lieu de la manière suivante :

Les crédits ouverts ou annulés sont portés aussitôt après leur vote par le Parlement ou à la date des décrets, pour les fonds de concours;

Les opérations d'ordonnancement, d'après les pièces de comptabilité lorsqu'elles ont été signées par le Ministre ou par ses délégués.

§ 4. — *Registre des comptes généraux.*

Ce registre (modèle n° 34) a la même contexture que le journal.

Chaque chapitre, article ou subdivision d'article forme un compte spécial où toutes les opérations concernant le même service sont inscrites successivement après l'avoir été sur le journal. Le registre ainsi établi permet de fournir à tout moment la situation des dépenses ordonnancées par rapport aux crédits de chaque subdivision budgétaire.

Les inscriptions ont lieu à l'aide des minutes des pièces.

Mensuellement, les résultats cumulés de chaque chapitre et article sont récapitulés et comparés aux résultats correspondants du journal dont les inscriptions ont été faites d'après les pièces signées.

Les éléments d'inscription étant différents : pièces signées d'une part, et minutes d'autre part, on peut en déduire qu'il n'y a pas d'erreur d'inscription sur le journal et le registre des comptes généraux lorsque la comparaison mentionnée ci-dessus ne fait ressortir aucune différence.

Lorsque ces résultats sont en concordance, la direction du contrôle adresse au Ministre des finances une situation établie à la date du 1er de chaque mois indiquant, par subdivision budgétaire, le montant des opérations d'ordonnancement en augmentation et en diminution et le chiffre des crédits disponibles.

En fin d'exercice, les créances restant à payer sont ajoutées au total des dépenses ordonnancées pour donner, par service, le montant des dépenses de l'exercice et, par suite, le chiffre global du compte définitif de chaque chapitre et article.

§ 5. — *Registre des ordonnateurs secondaires.*

Le registre des ordonnateurs secondaires (modèle n° 35) présente par subdivision budgétaire le montant des délégations de crédits faites à chacun des ordonnateurs secondaires du Département de la guerre. On y porte également (mais en déduction et à l'encre rouge) les bordereaux des crédits sans emploi établis dans le cours de l'exercice d'après les déclarations des ordonnateurs secondaires dûment visées de conformité par les trésoriers-payeurs généraux des départements.

Les inscriptions sont faites au fur et à mesure de l'envoi des ordonnances au ministère des finances.

En fin d'exercice, et après s'être assuré qu'il y a concordance entre les chiffres des payements effectués accusés par les bordereaux généraux et définitifs des sommes employées sur les crédits de délégation et ceux fournis au ministère des finances par les agents du Trésor, il est procédé à l'annulation des crédits restés sans emploi et à l'ouverture des crédits de régularisation pour couvrir les insuffisances.

Le compte ouvert à chaque ordonnateur donne ainsi, par chapitre et article, le montant des payements effectués sur mandats.

Un extrait de ce compte est alors adressé à chacun des bureaux administratifs pour les crédits dont il a l'administration.

Il présente, par subdivision budgétaire et par ordonnateur :

1° Les crédits délégués;
2° Les crédits employés (payements effectués);
3° Les crédits sans emploi et annulés;
4° Les crédits à ouvrir pour régularisation.

Les crédits annulés et les crédits de régularisation sont inscrits, par chaque bureau, sur le registre de fonds (1re et 2e parties). Après cette opération, les résultats de ce registre doivent, en ce qui concerne les crédits de délégation et leur emploi, être identiques à ceux de l'extrait précité.

§ 6. — *Registre des créances restant à payer.*

Il est établi, à la fin de chaque exercice, un « Registre des créances restant à payer. »

Sur ce registre (modèle n° 36) sont d'abord inscrites, par subdivision budgétaire, les créances restant à payer à la clôture de l'exercice.

Les nouvelles créances qui sont constatées ultérieurement et qui font l'objet soit de décrets, soit de lois, sont également inscrites sur ce registre.

Des colonnes spéciales indiquent les années pendant lesquelles les créances ont été payées.

II. — Bureau des liquidations et des comptes.

§ 7. — *Registre général des droits constatés.*

Aussitôt après la revision ministérielle, les rapports de liquidation et les rapports de réduction de dépenses sont inscrits par section, chapitre et article sur le registre général des droits constatés (modèle n° 37).

En fin d'exercice, les totalisations de chaque subdivision budgétaire, compte tenu des réductions, donnent le chiffre global du compte définitif, chiffre qui doit être le même que celui accusé d'une part par le registre des comptes définitifs A, § 2, et, d'autre part, par le registre des comptes généraux B, § 4.

Article 18.

Établissement des comptes généraux.

Le 20 août de chaque année, au plus tard, les bureaux 'administratifs font parvenir à la direction du contrôle leurs comptes définitifs (art. 17, A, § 2) qui ont été arrêtés au 31 juillet précédent. A l'aide de ces éléments, le bureau des liquidations et des comptes établit les « comptes généraux » du ministère de la guerre (1re, 2e et 3e sections) qu'il adresse aux Chambres pour l'ouverture de la session ordinaire qui suit la clôture de l'exercice.

Article 19.

Transmission des rapports de liquidation à la direction du contrôle.

En même temps que les comptes définitifs, la direction du contrôle reçoit de chaque bureau administratif, accompagnés d'un bordereau d'envoi (modèle n° 39), les rapports de liquidation concernant les services dont il a l'administration.

Les rapports de liquidation sont groupés par service dans un local spécial où ils restent jusqu'à ce que la commission chargée de constater la concordance des comptes des Ministres avec les écritures centrales des finances ait procédé à la vérification de ces documents.

Ils sont ensuite versés aux archives administratives avec les bordereaux d'envoi reliés, au préalable, en un volume.

Article 20.

Liquidation des dépenses des troupes coloniales.

Les dispositions de la présente instruction sont applicables aux dépenses des troupes coloniales.

Article 21.

Dispositions finales.

Toutes les dispositions antérieures contraires à la présente instruction sont abrogées.

Paris, le 17 mars 1904.

Le Ministre de la guerre,

Général L. André.

———————◆———————

Circulaire relative à l'adoption de la liquidation annuelle pour un certain nombre de dépenses du service de l'artillerie.

(Direction de l'Artillerie et des Equipages militaires;
Bureau du Matériel.)

Paris, le 17 février 1911.

Aux termes des dispositions de l'article 1er, paragraphe 3, de l'instruction du 17 mars 1904 sur la liquidation des dépenses, cette liquidation est trimestrielle, sauf les exceptions prévues par les instructions spéciales à chaque service.

La règle suivante sera désormais observée par les directeurs des établissements de l'artillerie et les fonctionnaires de l'intendance mandatant des dépenses du service de l'artillerie, pour l'envoi à l'administration de certains dossiers de liquidation.

Il ne sera adressé *qu'un seul rapport de liquidation par exercice*, pour les dépenses intéressant les chapitres du budget indiqués ci-après :

Ire SECTION DU BUDGET.

1re PARTIE. — *Intérieur.*

Chapitre 11. Ecoles militaires (Personnel). — 2e partie. § 2. Ecole d'application de l'artillerie et du génie; § 11. Ecole militaire de l'artillerie et du génie; § 17. Ecole militaire préparatoire de l'artillerie et du génie.

Chapitre 12. Ecoles militaires (Matériel). — Art. 2. Ecole d'application de l'artillerie et du génie; art. 11. Ecole militaire de l'artillerie et du génie; art. 17. Ecole militaire préparatoire de l'artillerie et du génie; art. 20, 3° Ecoles régimentaires de l'artillerie et du train des équipages militaires.

Chapitre 21. Garde républicaine. — Art. 4. Artillerie (Entretien des armes).

Chapitre 31. Etablissements de l'artillerie (Matériel). — Art. 1er. Entretien, remplacement et réparation du matériel, *mais seulement pour les dépenses d'entretien de l'armement dans les corps de troupe (dépenses mandatées par le service de l'intendance)*.

IIe PARTIE. — *Algérie-Tunisie.*

Chapitre 59. Etablissements de l'artillerie. — Art. 2. Matériel, *mais seulement pour les dépenses d'entretien de l'armement dans les corps de troupe (dépenses mandatées par le service de l'intendance)*.

Chapitre 61. Services divers. — Art. 2, § 1er, 3° Ecoles régimentaires de l'artillerie et du train des équipages militaires.

Chapitre 66. Subventions aux territoires du Sud. — Art. 3. Artillerie.

Chapitre 67. Gendarmerie de Tunisie. — Art. 5. Entretien et réparation des armes.

Les numéros des chapitres et autres subdivisions budgétaires ci-dessus désignés sont indiqués d'après le budget de 1911, sous réserve des changements qui pourraient être apportés au numérotage dans les budgets ultérieurs.

***

Instruction relative à l'établissement des liquidations des dépenses par modification à l'instruction du 17 mars 1904.

(Direction de l'Infanterie; Section administrative des Etablissements et Corps de troupe de l'Infanterie.)

Paris, le 6 mars 1911.

Les dispositions suivantes concernant la liquidation des dépenses devront être appliquées à partir du 1er janvier 1911 par mesure de simplification des écritures.

Pour tous les services ressortissant à la Direction de l'Infanterie, les dépenses, sans qu'il soit rien détruit pour cela au principe de la liquidation trimestrielle, *seront inscrites sans discontinuité* sur les bordereaux trimestriels des dépenses acquittées sur mandats directs ou d'avances ou, selon le cas, directement sur les états de liquidation afférents à chacun des services intéressés, savoir :

Semestriellement.

Pour les écoles régimentaires de l'infanterie............ Intérieur.
Pour les écoles régimentaires de l'infanterie et sociétés } Algérie et de préparation militaire. . . .. } Tunisie.

Annuellement.

Pour les écoles militaires.. { 2ᵉ partie : personnel civil; matériel.
Pour les dépenses diverses (prix, subventions aux sociétés, etc.). . . ..
Pour les manœuvres et (Harnachement : infanterie; exercices techniques..... { matériel et dépenses divers : infanterie. . . . } Intérieur.
Pour les déplacements spéciaux au service du recrutement. . . ..
Pour les frais divers des réserves et du recrutement....
Pour les frais de déplacement spéciaux au service du recrutement. . . ..
Pour les manœuvres et (Harnachement : infanterie; exercices techniques.... { matériel divers. . . .
Pour les frais divers des réserves et du recrutement.... } Algérie et Tunisie.
Pour les subventions aux territoires du sud de l'Algérie (supplément de dépenses; harnachement; infanterie)...

Le total de chaque état de liquidation étant récapitulé sur des rapports de liquidation, ces derniers seront donc, selon le cas, semestriels ou annuels.

En ce qui concerne la masse de harnachement, il a été reconnu nécessaire de maintenir la liquidation trimestrielle en raison de ce que les droits constatés découlent des revues de solde, lesquelles sont liquidées et produites trimestriellement.

Les rapports de liquidation devront parvenir à l'administration centrale à la date qui était prescrite pour ceux qui étaient fournis antérieurement au titre du 4ᵉ trimestre, sauf pour les chapitres concernant les déplacements spéciaux au service du recrutement dont les dates de production sont prescrites par l'instruction du 10 juin 1910, page 25.

Il y a lieu de ne pas perdre de vue que les simplifications admises dans la liquidation ne doivent en rien modifier les disposition relatives à la comptabilité des dépenses engagées et faisant l'objet de l'instruction du 15 septembre 1904 (*B. O.,* É. M., vol. n° 26) et que, par suite, les situations des dépenses permanentes au 30 septembre seront établies, comme par le passé, en utilisant les données de la comptabilité normale, sans qu'il soit fourni nécessairement un rapport de liquidation.

Circulaire portant addition à l'instruction du 17 mars 1904 relative à la liquidation des dépenses du ministère de la guerre.

(Direction des Troupes coloniales; Bureau du Matériel et de la Comptabilité.)

Paris, le 10 mars 1911.

A partir du 1ᵉʳ janvier 1911, la liquidation des dépenses effectuées au titre des chapitres de la 2ᵉ section du budget :

78. Écoles, Justice militaire et Recrutement;

83. Remonte;

87. Approvisionnements de réserve (Défense des colonies), sera annuelle.

Aucune modification n'est apportée aux dispositions relatives à la comptabilité des dépenses engagées prévues à l'instruction du 15 septembre 1904 (vol. 26).

Les situations des dépenses permanentes seront, par suite, établies comme par le passé, en utilisant les données de la comptabilité normale, sans qu'il soit fourni nécessairement un rapport de liquidation.

DÉSIGNATION DES SERVICES ET NATURE DES DÉPENSES qui font l'objet de rapports de liquidation distincts.	NUMÉROS DES FORMULES employées par les services extérieurs. (Nomenclature des imprimés de consommation courante.)			
	Bordereaux trimestriels des dépenses payées sur mandats		États de liquida-tion.	Rapports de liquida-tion.
	d'avances et sur mandats spéciaux.	directs.		
Administration centrale. Dépenses liquidées par le Ministre quel que soit le service (n° 182 des imprimés dits de la collection)...........	»	»	»	»
Réduction de dépenses (n° 182 bis des imprimés dits de la collection).....	»	»	»	»
Artillerie... Personnel d'exploitation (1re section).	505	»	»	506
Matériel d'exploitation. Entretien, remplacement et réparation du matériel (1re section)........	507	507 bis	»	508
Munitions pour l'instruction sur le tir. Instruction des troupes (1re section)..	507	507 bis	»	510
Indemnité de route (déplacements spéciaux au service de l'artillerie)......	503	503 bis	»	504
Autres natures de dépenses (1re et 3e sections) — Liquidées par les fonctionnaires de l'intend.	»	»	501	502
Liquidées par les ordonnateurs de l'artill.	503	503 bis	»	504
Chauffage et éclairage...............	500	»	511	512
Écoles militaires (matériel). Établissements. Bordereaux trimestriels..	513	513		515
Comptes trimestriels.....	514		»	515
Écoles régimentaires................	»	»	501	502
Écoles militaires (personnel). (Personnel civil n'ayant pas droit à pension et personnel civil auxiliaire.) Bordereaux trimestriels.....	513 bis	»		515 bis
Comptes trimestriels........	514 bis		»	515 bis
État-major de l'armée. Service géographique (personnel et matériel). Dépenses liquidées par le directeur du service géographique.............	503	503 bis	»	504
Dépenses liquidées par les fonctionnaires de l'intendance....	500	»	501	502
Archives et bibliothèques..	»	»	501	502
Musée historique....................	500	»	501	502
Service des chemins de fer. Dépenses liquidées par les fonctionnaires de l'intendance	»	»	501	502
Dépenses liquidées par les autres ordonnateurs....	»	503 bis	»	504

DÉSIGNATION DES SERVICES ET NATURE DES DÉPENSES qui font l'objet de rapports de liquidation distincts.	Bordereaux trimestriels des dépenses payées sur mandats		États de liquidation.	Rapports de liquidation.
	d'avances et sur mandats spéciaux.	directs.		
Fourrages. Personnel d'exploitation (1re section).	587	»	588	589
Matériel d'exploitation. Achats (1re section)......	519	»	520	521
Dépenses diverses........	522	»	523	524
Fournitures à la ration...	525	»	526	527
Autres natures de dépenses (1re et 3e sections)..	500	»	501	502
Génie. Personnel d'exploitation (1re section).	528	»	»	529
Matériel d'exploitation (1). Fortifications, bâtiments militaires, établissements spéciaux (1re section) (travaux).............	520	530 A	»	530
Fortifications, bâtiments militaires, (1re section)..	530	530 A	»	530
Services spéciaux et dépenses accessoires......	530 c	530 D	»	530
Autres natures de dépenses (1re, 2e et 3e sections). Liquidées par les ordonnateurs du génie.	531	531 A	»	531
Indemnité de route (Déplacements spéciaux au service du génie)......	530	531 A	»	531
Habillement et campement. Personnel d'exploitation (1re section).	532	»	533	534
Matériel d'exploitation. Achats et confections (1re section).................	500	»	535	536
Avances par les corps de troupe (1re section).....	»	»	537	538
Frais généraux. Dépenses diverses (1re section)....	539	»	540	541
Prestations en deniers. Corps de troupe..	»	»	542	543
Écoles militaires.	»	»	544	545
Autres natures de dépenses (1re et 3e sections)..	500	»	501	502
Harnachement. Masse de harnachement. Dépenses d'entretien, de confection, etc., liquidées par le service de l'intendance..	500	»	546	547
Achat et confection. Dépenses liquidées par les ordonnateurs de l'artillerie.........	503	503 bis	»	504
Dépenses liquidées par les ordonnateurs du génie.	530	503 bis	»	531
Services spéciaux et dépenses accessoires..........	530 c	530 D	»	530

(1) Paragraphe modifié (notification du 9 décembre 1904).

DÉSIGNATION DES SERVICES ET NATURE DES DÉPENSES qui font l'objet de rapports de liquidation distincts.	NUMÉROS DES FORMULES employées par les services extérieurs. (Nomenclature des imprimés de consommation courante.)			
	Bordereaux trimestriels des dépenses payées sur mandats		États de liquidation.	Rapports de liquidation.
	d'avances et sur mandats spéciaux.	directs.		
Invalides de la guerre (Personnel et matériel)......	548	»	549	550
Indemnité de route (Dépenses liquidées par le service de l'intendance.) — Déplacements ordinaires (1re section)...........	»	»	551	552
Indemnité de route — Déplacements spéciaux (État-major de l'armée, Recrutement, Remonte générale, Justice militaire)	»	»	553	553 bis
Justice militaire. — Frais généraux..................	554	»	555	556
Justice militaire. — Réparations civiles..............	550	»	555	556
Justice militaire. — Prisons. Ateliers et pénitenciers militaires et sections d'exclus............	»	»	557	558
Lits militaires....................	»	»	561	562
Poudres et salpêtres. — Personnel d'exploitation (1re section).	565	»	»	566
Poudres et salpêtres. — Matériel d'exploitation. Matériel proprement dit. Main-d'œuvre. Personnel auxiliaire (1re section)..	565	565 bis	»	566
Poudres et salpêtres. — Matériel d'exploitation. Autres natures de dépenses (1re et 3e sections)...	503	503 bis	»	504
Recrutement....................	»	»	567	568
Remonte générale. — Recensement des chevaux et mulets..	500	»	501	502
Remonte générale. — Achats de chevaux et dépenses diverses	500	»	569	570
Réserve et armée territoriale..................	»	»	567	568
Secours....................	»	»	501	502
Service de santé. — Personnel d'exploitation. Bordereau trimestriel....................	573	»	»	574
Service de santé. — Matériel d'exploitation (1e section). Hôpitaux militaires, magasins d'approvisionnement et dépôts de matériel (Bordereaux trimestriels. Compte trimestriel.)	575	575 bis	»	.577
	576			
Service de santé. — Établissements hospitaliers des départements et dépenses en dehors des établissements.....	»	578	»	579
Service de santé. — Dépenses des infirmeries régimentaires..........	»	»	580	581
Service de santé. — Autres natures de dépenses (1re et 3e sections)..	503	503 bis	»	504

DÉSIGNATION DES SERVICES ET NATURE DES DÉPENSES qui font l'objet de rapports de liquidation distincts.	NUMÉROS DES FORMULES employées par les services extérieurs. (Nomenclature des imprimés de consommation courante.)			
	Bordereaux trimestriels des dépenses payées sur mandats		États de liquidation.	Rapports de liquidation.
	d'avances et sur mandats spéciaux.	directs.		
Transports. — Convois militaires (excepté les dépenses liquidées par le directeur de l'intendance du gouvernement militaire de Paris)............	»	»	582	583
Transports spéciaux............	»	»	584	585
Transports de troupe et de matériel (1re et 2e sections) (formule employée par la direction de l'intendance du gouvernement militaire de Paris)..	»	»	»	586
Vivres. — Matériel d'exploitation (1e section) — Personnel d'exploitation (1re section)..	587	»	588	589
Achats et cessions.......	590	»	591	592
Dépenses diverses........	593	»	594	595
Fournitures à la ration. — Intérieur.....	»	»	596	597
Fournitures à la ration. — Algérie......	»	»	598	599
Autres natures de dépenses (1re et 3e sections)...	500	»	501	502
Viande, conserves et salaisons......	500	»	600	601
Formules communes... — Dépenses des services de l'intendance...........	500	»	501	502
Dépenses des autres services................	503	503 *bis*	»	504
Dépenses des exercices clos et périmés...........	»	»	»	504 *bis*
Troupes coloniales. — Personnel et matériel d'exploitation..	500	»	501	502
Dépenses de l'indemnité de route.....	»	»	553	553 *bis*
Dépenses des exercices clos et périmés	»	»	»	504 *bis*

*Circulaire relative à la liquidation annuelle des dépenses effec-
tuées sur les fonds du chapitre 11, article unique, 2° partie,
paragraphes 4 et 12 (Ecoles du service de santé; personnel)
et du chapitre 12, articles 4 et 12 (Ecoles du service de santé;
matériel).*

(Direction du Service de santé; Bureau du Matériel,
Hôpitaux, Hygiène.)

Paris, le 28 mars 1911.

Aux termes de l'article 1er, paragraphe 3, de l'instruction du
17 mars 1904, la liquidation des dépenses est trimestrielle, sauf
les exceptions prévues par les instructions spéciales à chaque
service.

Par application de cette disposition restrictive, les dépenses
ordonnancées sur les fonds des chapitres désignés ci-dessus
seront régularisées dans les rapports de liquidation annuels.

A ces rapports seront joints des comptes en deniers, bordereaux de dépenses ou états de liquidation, suivant les cas,
également annuels et arrêtés à la date extrême du 31 mars de
la deuxième année de l'exercice qu'ils concerneront.

Ils seront envoyés (sous le timbre 7° Direction; 2° Bureau) le
10 mai suivant, au plus tard, et accompagnés d'un état donnant
le détail des mandats restés impayés au 30 avril. Le cas échéant,
il sera fourni un état « Néant ».

———————◆———————

*Circulaire relative à la substitution de la liquidation semestrielle
à la liquidation trimestrielle pour les dépenses incombant aux
crédits administrés au titre des réparations civiles.*

(Direction du Contentieux et de la Justice militaire; Bureau du
Contentieux et Réparations civiles.)

Paris, le 10 avril 1911.

Par modification aux dispositions de l'article 1er, paragraphe 3, de l'instruction sur la liquidation des dépenses du
17 mars 1904, les dépenses imputables aux crédits ci-après,
gérés par le Bureau du Contentieux et des Réparations civiles,
seront liquidées semestriellement à partir de l'exercice 1911 :

Chapitre 19, art. 4 (Manœuvres et exercices techniques. Indemnités pour dégâts).

— 23, art. 8 (Déplacements spéciaux au service des réparations civiles).

— 25, art. 1er (Réparations civiles).

— 58, art. 1er, § 8 (Déplacements spéciaux au service des réparations civiles).

— 64, art. 1er, § 4 (Manœuvres et exercices techniques. Indemnités pour dégâts).

— 64, art. 4 (Réparations civiles).

Néanmoins, les situations des dépenses permanentes prévues par l'instruction du 15 septembre 1904 (*B. O.*, É. M., vol. n° 26) continueront à être fournies comme par le passé, aux dates fixées par l'article 5, paragraphe 1er de ladite instruction.

MM. les directeurs d'intendance prendront en conséquence les mesures nécessaires pour que l'envoi des rapports de liquidation des chapitres dont il est question soit effectué au plus tard à la fin du mois d'août pour le 1er semestre, et à la fin du mois d'avril pour le 2e semestre.

Enfin, il est recommandé aux ordonnateurs d'inscrire dans des colonnes différentes, sur les états de liquidation :

1° Les indemnités payées par les commissions d'évaluation pour dégâts de manœuvres et privation de jouissance de terrains situés dans la zone dangereuse des champs de tir;

2° Les frais de location de véhicules pour le transport des commissions;

3° Les honoraires payés à des idoines civils lorsque la commission d'évaluation n'est pas réunie;

4° Les frais d'achats d'imprimés;

5°. Les frais de poste, télégraphe et téléphone;

6° (Pour mémoire à l'encre rouge), le montant des indemnités payées aux membres des commissions d'évaluation.

De plus, les différentes dépenses engagées par une commission devront être inscrites sous un titre bien clair, de manière à permettre de reconnaître immédiatement l'opération à laquelle correspondent les dépenses, comme dans les cas suivants :

IN-DEMNITÉS pour DÉGATS.	FRAIS de LOCATION de voitures	HONO-RAIRES.	FRAIS D'ACHAT d'imprimés	FRAIS DE POSTE, télégraphe et téléphone.	TOTAUX RÉCAPITULATIFS	MONTANT DES INDEMNITÉS payées aux membres des commissions (pour mémoire chiffres portés à l'encre rouge).
		Manœuvres de la ° division de cavalerie du au				
		Manœuvres de la ° brigade d'infanterie. du au				
		Manœuvres d'automne du au				
		Fonctionnement du champ de tir d du au				

Il reste bien entendu que la contexture des rapports de liquidation ne changera pas et que ces rapports présenteront seulement, comme précédemment, quatre colonnes, dans lesquelles se trouveront récapitulées les différentes dépenses incombant à chacune des rubriques réglementaires.

Circulaire modifiant la périodicité des époques de l'envoi à l'administration centrale des rapports de liquidation concernant les services de l'habillement et du campement. du couchage de l'École d'administration (matériel), de l'ameublement, des transports et des frais de déplacement.

(Direction de l'Intendance militaire; Bureau de l'Habillement, du Campement et du Couchage.)

Paris, le 22 mai 1911.

Aux termes des dispositions de l'article 1er, paragraphe 3, de l'instruction du 17 mars 1904 sur la liquidation des dépenses, cette liquidation est trimestrielle, sauf les exceptions prévues par les instructions spéciales à chaque service.

En ce qui concerne les services de l'habillement, du campement et du couchage, la liquidation des dépenses sera semestrielle pour les dépenses indiquées ci-après :

1° HABILLEMENT ET CAMPEMENT.

Chapitre 19, article 11 (de l'exercice 1911). — Manœuvres et exercices techniques.

Chapitres 44 et 63 (de l'exercice 1911). — Avances par les corps de troupe. — Frais généraux.

Chapitre 66 (de l'exercice 1911). — Toutes les dépenses de l'article 7.

2° COUCHAGE.

Chapitres 46 et 63 (de l'exercice 1911). — Frais généraux d'exploitation. Dépenses diverses à la charge de l'État ou remboursables par les corps de troupe.

Pour les chapitres mentionnés ci-dessous, la règle suivante sera appliquée :

ÉCOLES MILITAIRES.

École d'administration militaire. — Matériel.

COUCHAGE ET AMEUBLEMENT.

Logement chez l'habitant. — Ameublement des hôtels des officiers
généraux. — Logement et ameublement des bureaux.

TRANSPORTS ET FRAIS DE DÉPLACEMENT.

Lorsque le montant des dépenses, au cours d'un trimestre,
n'atteindra pas le chiffre de 5.000 francs, ces dépenses seront
comprises dans le rapport de liquidation du trimestre suivant.

Cette disposition s'appliquera aux dépenses cumulées de plusieurs trimestres, et il pourra, par suite, n'être produit, le cas
échéant, qu'un seul rapport de liquidation pour l'année entière.

Il conviendra, chaque fois qu'il y aura lieu, de faire parvenir, sous le timbre de chacun des bureaux intéressés, un bulletin contenant avis que les dépenses du chapitre   , pour
le   trimestre, n'atteignant pas 5.000 francs, seront comprises dans le prochain rapport de liquidation.

La situation modèle n° 1 des dépenses, à fournir par application de l'article 5, paragraphe 1er, de l'instruction du 15 septembre 1904 (vol. n° 26), continuera d'être adressée comme par
le passé.

Les rapports de liquidation concernant les dépenses des exercices clos, quelle qu'en soit l'importance, continueront à être
établis et adressés, au fur et à mesure de la constatation des
droits des créanciers.

*Circulaire relative à l'application dans les établissements militai-
res dotés d'un nombreux personnel ouvrier d'un nouveau mode
de paye du personnel civil d'exploitation.*

(Direction du Contrôle; Bureau des Liquidations et Comptes
deniers.)

Paris, le 26 décembre 1916.

Les règles à suivre pour le payement des salaires du personnel
civil d'exploitation des établissements de la guerre figurent à
l'article 9 de l'instruction du 17 mars 1904, sur la liquidation des
dépenses du ministère de la guerre (voir page 31).

L'énorme accroissement du personnel de certains établissements, dans les services de l'artillerie et des poudres en particu-
lier, nécessite l'emploi d'un mode de paye plus expéditif, aussi
rapproché que possible de celui qui est en usage dans les établissements industriels.

Les dispositions de la présente circulaire répondent à cette né-
cessité.

Dans les établissements où le personnel civil est peu nombreux, il semble préférable, au contraire, de s'en tenir à l'application de l'article 9 précité.

Il appartient à l'autorité chargée de la direction de chaque
établissement de déterminer, d'après les circonstances locales,
celui de ces deux modes qui semblera le plus avantageux pour
l'établissement envisagé.

Quand un ordonnateur aura décidé l'application des dispositions de la présente circulaire, il en avisera immédiatement le
comptable du Trésor à la caisse duquel se perçoivent les avances destinées au payement des salaires, en lui faisant connaître
la date à partir de laquelle ces dispositions seront appliquées.

Sauf les cas où il y a lieu à règlement pour solde (licenciement, retraite, décès) et sauf également pour les ouvriers malades ou ceux nouvellement embauchés qui, n'ayant acquis qu'un
faible salaire, doivent en recevoir le montant intégral, le payement doit être effectué par sommes rondes multiples de 5 francs,
l'excédent de salaire étant reporté sur la paye suivante.

Chaque intéressé reçoit avant la paye un bulletin (modèle n° 1
ou 2 selon qu'il s'agit du salaire de la première ou de la
deuxième quinzaine) donnant le détail de son compte et accompagné d'un coupon détachable numéroté sur lequel il émarge et

qu'il remet au guichet de payement. Ce coupon est composé de deux parties, dont l'une est conservée par l'agent spécial et dont l'autre est à produire au comptable du Trésor.

Toutefois, pour la paye de la première quinzaine, le coupon n° 1 ne sert généralement que de reçu provisoire, son montant devant être englobé dans le coupon n° 2, qui comprend la totalité du salaire mensuel : ce n'est donc qu'au cas où cette fusion ne peut avoir lieu que le reçu provisoire n° 1 est à produire à la trésorerie et dans ce cas, il est passible du timbre de quittance.

En principe, chaque guichet ne paye qu'une somme ronde, toujours la même, préparée d'avance en autant de paquets de billets qu'il y a d'ouvriers ayant droit à cette somme. Les coupons détachables sont d'ailleurs revêtus d'un timbre de couleur qui diffère suivant le guichet et porte d'une manière apparente la somme à recevoir, de telle sorte que la remise des espèces oblige seulement le guichet à s'assurer que les reçus ont bien été signés des intéressés.

Ces reçus, réunis en liasse dans l'ordre où les ayants droit sont inscrits sur l'état de payement, sont joints à ce dernier qui n'a plus à être émargé. Du reste, la référence est donnée par un numéro porté sur l'état en regard de chaque nom et reproduit sur le coupon détachable.

Les timbres de quittance sont, comme précédemment, à la charge des parties prenantes; l'agent spécial appose globalement les timbres sur l'état de payement.

Le nouveau mode de paye a reçu l'adhésion du Ministre des finances qui a en outre admis que l'excédent de salaires ressortant à la dernière paye de l'année soit reporté sur la première paye de l'année suivante sans que l'on ait à tenir compte de la spécialité des exercices.

La contexture des modèles ci-annexés a été appropriée aux besoins du nouveau système de paye, qui exclut l'emploi des modèles prévus par l'instruction du 17 mars 1904 sur la liquidation.

L'état de payement (modèle n° 3) est à employer lorsque le personnel d'exploitation d'un service reçoit ses traitements et salaires sur les crédits d'une seule subdivision budgétaire. Comme l'indique ce modèle, la somme nette à payer en cas de règlement intégral est à augmenter, le cas échéant, du nombre de centimes nécessaires pour la porter à un multiple de cinq centimes.

Si les salaires sont payés sur les crédits de plusieurs subdivisions budgétaires, il est fait usage de l'état récapitulatif (modèle n° 4) qui présente les mêmes divisions que l'état n° 3. La récapitulation de l'état n° 4 est établie à l'aide des décomptes (modèle 5) dressés par chacun des chapitres intéressés. Les centimes portés en augmentation du salaire net sont inscrits sur celui des décomptes n° 5 qui comprend la fraction la plus importante du salaire.

Liquidation. — Il est produit à l'appui de la liquidation une expédition de l'état de payement ou, selon le cas, de l'état récapitulatif. Mais cette expédition indique seulement à l'intérieur les totaux de l'état fourni au comptable du Trésor; la répartition budgétaire est mentionnée à la 4° page.

Modèle N° 1.

ÉTABLISSEMENT DE

Acompte — 1re quinzaine du mois de *juillet*. Atelier :
Eqaipe :
N° 42. Nom : *Dupont*. Prix de l'heure : *0 fr. 90*.

Partie variable suivant les établissements.

Heures	de travail	140	126	126 »
	de maladie			
	de permission soldée			
Majoration	sur 70 heures de nuit à 40 %		25 20	
	sur heures supplémentaires à 10 %			
Majoration	représentative du travail à la tâche			
	% sur heures			

Total salaire de la quinzaine... 151 20

A ajouter.. Report de la quinzaine précédente.... 3 15

Total... 154 35

A déduire.. Appoint à reporter à la quinzaine suivante... 4 35

Acompte dû par l'Etat... 150 »

RETENUES.

Partie variable suivant les établissements.

Acomptes		20 »	
Opposition			
Divers	Emprunt		
	Œuvres diverses	2 »	
	Cantines	35 30	

Total... 57 30

A déduire.. Retenue par excès de la quinzaine précédente... 3 10

Reste... 54 20

A ajouter.. Somme retenue par avance pour arrondir... » 80

Somme totale à retenir... 55 » 55 »

Somme à payer à l'ouvrier... 95 »

Coupon N° 1.

Reçu provisoire

ÉTABLISSEMENT DE

Nom : *Dupont*. N° 42.

Reçu de l'État la somme de *cent cinquante francs* montant de l'acompte qui m'est **dû**.

A , le 19 .

(Signature.)

L'intéressé ne sachant signer a été payé en présence de deux témoins soussignés.

Le Gestionnaire.

1er Témoin, 2e Témoin,

Ne pas séparer les 2 coupons.

Coupon N° 2.

Acompte

ÉTABLISSEMENT DE

Nom : *Dupont*. N° 42.

Reçu de l'Agent spécial la somme de *quatre-vingt-quinze francs* représentant la différence entre le montant de l'acompte dû par l'État et les retenues.

A , le 19 .

(Signature.)

95 Fr.

MODÈLE N° 2.

ÉTABLISSEMENT DE

Solde

2ᵉ quinzaine du mois de *juillet*.   Atelier :
                               Equipe :
N° 42.   NOM : *Dupont*.   Prix de l'heure : 0 fr 90.

Partie variable suivant les établissements.	Heures	de travail	150	135 »	135 »
		de maladie			
		de permission soldée			
	Majoration	sur 70 heures de nuit à 40 %.			25 20
		sur heures supplémentaires à 10 %.			
	Majoration	représentative du travail à la tâche			
		% sur heures			
		Total du salaire de la quinzaine			160 20
A ajouter..		Montant de l'acompte de la 1ʳᵉ quinzaine			150 »
		Report de la 1ʳᵉ quinzaine			4 35
		Total du crédit de l'ouvrier à la fin du mois			314 55
A ajouter..		Contribution patronale (Loi sur les retraites ouvrières)			
		Total			314 55
A déduire..		Retraites 4 % sur 311 40			12 41
		Malfaçons			
		Reste au crédit			302 11
A déduire..	Appoint à reporter au mois suivant				2 11
		Montant de l'état de paiement			300 »
A déduire..	Acompte déjà versé pour 1ʳᵉ quinzaine.				150 »
		Solde dû par l'État			150 »

RETENUES.

Partie variable suivant les établissements.	Timbre d'acquit			» 10
	Acomptes			10 »
	Opposition			
	Divers	Emprunt		
		OEuvres diverses		2 »
		Cantines		37 45
		Total		49 55
A déduire..	Retenue par excès de la 1ʳᵉ quinzaine			0 80
		Reste		48 75
A ajouter..	Somme retenue par avance pour arrondir			1 25
		Somme totale à retenir	50 »	50 »

Partie à conserver par l'ouvrier.

Partie à remettre au guichet de paiement.

COUPON N° 1.

Solde

ÉTABLISSEMENT DE

NOM : *Dupont*.   N° 42.

Reçu de l'État la somme de *trois cents francs* montant de l'état récapitulatif de paiement.

       A   , le   19   .

               (Signature.)

L'intéressé ne sachant signer a été payé en présence de deux témoins soussignés.

     Le Gestionnaire.

1ᵉʳ *Témoin,*   2ᵉ *Témoin,*

Ne pas séparer les 2 coupons.

COUPON N° 2.

Solde

ÉTABLISSEMENT DE

NOM : *Dupont*.   N° 42.

Reçu de l'Agent spécial la somme de *cent francs* représentant la différence entre le solde dû par l'État pour la 2ᵉ quinzaine et les retenues.

       A   , le   19   .

               (Signature.)

100 Fr.

* CORPS D'ARMÉE
ou

(1) —————

(2) —————

*L'état récapitulatif est joint
à l'état de payement du
chapitre , article*

(1) Gouvernement mili-
taire d , ou * Région
ou Division militaire d .
(2) Désignation de la
place ou de l'Etablissement.
(3) Inscrire l'indication
du service budgétaire en se
conformant exactement à la
nomenclature des dépen-
ses.
(4) Troupes métropolitai-
nes,
ou
Troupes coloniales,
ou
Constructions et ma-
tériels neufs. — Ap-
provisionnements de
réserve.

MODÈLE N° 3.

EXERCICE 19 .

—————

e Section (4)

—————

CHAPITRE . — ARTICLE .

—————

(3)

—————

ÉTAT DE PAYEMENT

DU TRAITEMENT ET DU SALAIRE DU PERSONNEL

CIVIL D'EXPLOITATION.

du mois d 19 .

—————

Part 1 — colonnes 1 à 10

Numéro du reçu individuel.	NOMS.	GRADES ou PROFESSIONS.	TRAVAIL À L'HEURE ou à la tâche.			MONTANT BRUT DES SALAIRES				
			Nombre d'heures.	Sommes à payer.	Prix de revient de l'heure (1).	Sommes à la retenue de 4 0/0.	Non passibles de retenues (A).	Montant de la contribution patronale à la charge de l'État (loi du 5 avril 1910).	Reliquat de la précédente paye.	TOTAL général (col. 6, 7, 8 et 9.)
	1	2	3	4	5	6	7	8	9 (b)	10
	S............	Chef d'équipe	Traitement fixe.			480 75	»	»	3 45	484 20
	T............	Visiteur	200 / 140	201 00 / 50 40	0 90 / 0 36	311 40	»	»	4 35	315 75
	V............	Manœuvre	260	182 00	0 70	182 00	»	»	4 12	186 12
	X............	Id.	55	33 06	0 57	33 06	»	»	4 05	37 11
	Y............	Id.	260	143 00	0 55	»	143 00	0 75	3 00	146 75
	Z............	Id.	85	46 75	0 55	»	46 75	0 15	»	46 90
	Totaux					1.007 21	189 75	0 90	18 97	1.216 85

Part 2 — colonnes 11 à 24

NOMS.	PRÉLÈVEMENTS EFFECTUÉS sur le montant des salaires						Centimes nécessaires pour rendre multiple de cinq le chiffre des centimes de salaire net à payer aux ouvriers.	MONTANT du salaire net.	A DÉDUIRE		Restant à payer à l'ouvrier.	MONTANT des prélèvements et des parts contributives allouées par l'État, déduction faite des centimes de la colonne 17 (2).		OBSERVATIONS et mutations.
	4 p. 100.	Retenues pour malfaçons et versements volontaires.	Total (col. 11 et 12).	Retenues pour malfaçons à verser au Trésor.	Total des colonnes 13 et 14.	DIFFÉRENCE entre les colonnes 10 et 15.			Salaires revenant aux ouvriers décédés ou retraités.	Pour rendre multiple de 5 francs le salaire net à payer (à reporter à la paye suivante).		Prélèvements sur les salaires (Différence entre les col. 13 et 17.)	Majoration consentie par l'État (Différence entre les col. 11 et 17.)	
	11	12	13	14	15	16	17 (c)	18	19	20	21	22	23	24
S............	19 23	5 00	24 23	»	24 23	459 97	»	459 97	»	4 97	455 00	24 23	19 23	
T............	12 45	»	12 45	»	12 45	303 30	»	303 30	»	3 30	300 00	12 45	12 45	
V............	7 28	»	7 28	»	7 28	178 84	0 01	178 85	178 83	»	»	7 27	7 27	Retraité.
X............	1 32	»	1 32	»	1 32	35 79	0 01	35 80	35 80	»	»	1 31	1 31	Décédé.
Y............	»	»	»	5 00	5 01	141 75	»	141 75	»	1 75	140 00	»	»	
Z............	»	»	»	»	»	46 90	»	46 90	»	»	46 90	»	»	Nouvellement embauché.
Totaux	40 98	5 00	45 98	6 00	30 28	1.166 55	0 02	1.166 57	214 65	10 02	941 90	45 15	40 26	

(A) La colonne 7 doit servir, notamment, à l'inscription des salaires :

1° Des agents placés sous le régime de la loi sur les retraites ouvrières et paysannes ;

2° Des ouvriers ou employés en instance de retraite, qui peuvent être maintenus en service, non seulement jusqu'à la date de l'entrée en jouissance de leur pension, mais encore, s'ils le demandent, jusqu'au paiement des premiers arrérages (dernier alinéa de l'instruction du 18 novembre 1895) ;

3° Des ouvriers immatriculés qui, par exemple dans le service de l'artillerie, sont l'objet d'une réglementation spéciale et ne sont pas soumis aux dispositions du décret du 26 février 1897.

(b) La somme portée dans la colonne 9 représente l'excédent de salaire retenu tant à la paye du mois précédent qu'à celle de la première quinzaine du mois courant, étant observé que lorsque le total de ces deux reliquats dépasse 5 francs, le report ne comprend plus que le complément de cette somme.

(c) La colonne 17 n'est à utiliser, le cas échéant, que lorsque le montant des salaires doit être payé intégralement.

(1) Pour les travaux à la tâche, le prix de l'heure est le résultat de la division de la somme à payer par le nombre d'heures employées effectivement au travail. Ce renseignement étant donné pour mémoire, le décompte du prix de l'heure est fait en centimes.

(2) La colonne 22 ne reçoit d'inscriptions que lorsque les traitements et salaires de personnel civil d'exploitation sont payés sur une seule subdivision budgétaire. Il en est de même pour la colonne 23 quand la majoration de 4 p. 0/0 est payée sur la même subdivision budgétaire que les traitements et salaires.

RÉCAPITULATION PAR RUBRIQUE BUDGÉTAIRE.

DÉSIGNATION des RUBRIQUES budgétaires.	MONTANT BRUT DES SALAIRES — Soumis à la retenue de 4 %.	Non passibles de retenues.	Montant de la contribution patronale à la charge de l'État. (Loi du 5 avril 1910.)	Reliquat de la précédente paye.	TOTAL GÉNÉRAL. (Col. 6, 7, 8 et 9.)	PRÉLÈVEMENTS EFFECTUÉS SUR LE MONTANT des salaires. Retenues pour la Caisse de la vieillesse. 4 %.	Retenues pour malfaçons et versements volontaires.	Total des col. 11 et 12.	Retenues pour malfaçons à verser au Trésor.	Total des colonnes 13 et 14.	DIFFÉRENCE entre les colonnes 10 et 15.	Centimes nécessaires pour rendre multiple de 5 le chiffre des centimes du salaire net à payer aux ouvriers.	MONTANT du SALAIRE net.	À DÉDUIRE — Salaires revenant aux ouvriers décédés ou retraités.	Pour rendre multiple de 5 francs le salaire net à payer.	RESTE À PAYER.	MONTANT des prélèvements et des parts contributives allouées par l'État, déduction faite des centimes de la col. 17 (2). Prélèvements sur les salaires. (Différence entre les col. 13 et 17.)	Majoration consentie par l'État. (Différence entre le total des col. 11 et 17.)
	6	7	8	9	10	11	12	13	14	15	16	17	18	19	20	21	22	23
Totaux généraux égaux aux résultats d'autre part......	1.007 21	189 75	0 90	18 97	1.216 83	40 28	5 00	45 28	5 00	50 28	1.166 55	0 02	1.166 57	214 65	10 02	941 90	45 26	40 26

(1) Voir le renvoi (2) d'autre part.
(2) Le Conseil d'administration *ou* le Gestionnaire.
(3) Le Directeur *ou* le Sous-Intendant militaire.

Le présent état s'élève à la somme de (col. 10) mille deux cent seize francs quatre-vingt-trois centimes, dont neuf cent quarante et un francs quatre-vingt-dix centimes à payer aux dénommés d'autre part (col. 21) et deux cent quatorze francs soixante-cinq centimes, objet de mandats spéciaux (col. 19).

A retenir :

1º Pour la Caisse nationale des retraites (col. 22) (1) quarante-cinq francs vingt-six centimes;

2º Au profit du Trésor (col. 14) (1) cinq francs.

A

, le

L (2)

19

* CORPS D'ARMÉE
ou
(1)

(2)

N° (3)

(1) Gouvernement militaire d   ou * Région ou Division militaire d   .

(2) Désignation de la place ou de l'Établissement.

(3) Il y a une série de numéros par exercice.

(4) De l'habillement, du génie, des vivres, etc.

MODÈLE N° 4.

SERVICE D (4)

EXERCICE 19 .

ÉTAT RÉCAPITULATIF

DU TRAITEMENT ET DU SALAIRE DU PERSONNEL

CIVIL D'EXPLOITATION

du   au   19 .

NOMS.	GRADES ou professions	RÉPARTITION DES SALAIRES par section, chapitre et article du budget			MONTANT BRUT DES SALAIRES					PRÉLÈVEMENT SUR LE MONTANT DES SALAIRES — Retenue pour la Caisse de la vieillesse			EFFECTUÉS		DIFFÉRENCE entre les colonnes 10 et 15.	Centimes nécessaires pour rendre multiple de 5 le chiffre des centimes du salaire net à payer aux ouvriers.	MONTANT du salaire net	A DÉDUIRE		RESTE A PAYER A L'OUVRIER.	MONTANT DES PRÉLÈVEMENTS et des parts contributives allouées par l'État, déduction faite des centimes de la colonne 17.		OBSERVATIONS et MUTATIONS.
N° du sect. individuel.					Soumis à la retenue de 4 0/0.	Non passibles de la retenue.	Montant de la contribution patronale à la charge de l'État (Loi du 5 avril 1910.)	RELIQUAT de la précédente paye.	TOTAL GÉNÉRAL (col. 6, 7, 8 et 9.)	4 0/0.	Retenues pour malfaçons et versements volontaires.	TOTAL (Col. 11 et 12.)	Retenues pour malfaçons à verser au Trésor.	Total des colonnes 13 et 14.				SALAIRES revenant aux ouvriers décédés ou retraités.	POUR RENDRE MULTIPLE DE le salaire net à payer. (A reporter à la page suivante.)		Prélèvements sur les salaires. (Différence entre les colonnes 13 et 17.)	Majoration consentie par l'État. (Différence entre les colonnes 11 et 17.)	
1	2	3	4	5	6	7	8	9	10	11	12	13	14	15	16	17	18	19	20	21	22	23	

Le présent état récapitulatif montant à (col. 10)

à payer aux dénommés ci-dessus (col. 21) et

à retenir : 1° pour la Caisse des retraites (col. 22)

2e au profit du Trésor (col. 14)

est certifié conforme aux états partiels (nos   ) par

dont

objet de mandats spéciaux (col. 19)

soussignés :

En outre, et d'après les états partiels précités, les résultats d'autre part se décomposent ainsi qu'il suit, par section, chapitre, article et rubrique budgétaire :

SECTION DU BUDGET.	NUMÉROS			DÉSIGNATION des RUBRIQUES BUDGÉTAIRES.	MONTANT BRUT DES SALAIRES					PRÉLÈVEMENTS EFFECTUÉS SUR LE MONTANT DES SALAIRES.					DIFFÉRENCE entre les colonnes 10 et 15.	Centimes nécessaires pour rendre multiple de 5 le chiffre des centimes du salaire net à payer aux ouvriers.	MONTANT DU SALAIRE NET.	A DÉDUIRE.		RESTE A PAYER.	MONTANT des prélèvements et des parts contributives allouées par l'Etat, déduction faite des centimes de la col. 17.	
	des chapitres.	des articles.	des subdivisions d'article.		Soumis à la retenue de 4 pour 100.	Non passibles de retenue.	Montant de la contribution patronale à la charge de l'Etat. (Loi du 5 avril 1910.)	Reliquat de la précédente paye.	Total général. (Colonnes 6, 7, 8 et 9.)	4 pour 100. [Retenue pour la Caisse de la vieillesse.]	Retenues pour malfaçons et versements volontaires.	Total des colonnes 11 et 12.	Retenues pour malfaçons à verser au Trésor.	Total des colonnes 13 et 14.				Salaires revenant aux ouvriers décédés ou retraités.	POUR RENDRE MULTIPLE DE 5 Fr. le salaire net à payer.		Prélèvements sur les salaires. (Différence entre les colonnes 13 et 17.)	Majoration consentie par l'Etat. (Différence entre les colonnes 11 et 17.)
1	2	3	4	5	6	7	8	9	10	11	12	13	14	15	16	17	18	19	20	21	22	23
TOTAUX GÉNÉRAUX égaux aux résultats d'autre part.......																						

• CORPS D'ARMÉE

PLACE

d

N°   DU JOURNAL.

RÉPUBLIQUE   FRANÇAISE.

EXERCICE 1 .

* TRIMESTRE.

° SECTION DU BUDGET.

MODÈLE N° 5.

(1) Indiquer l'établissement

Chapitre   . — Article   ,

SERVICE D

(1)

Personnel civil d'exploitation

MOIS D

DÉCOMPTE DU TRAITEMENT OU SALAIRE

PAYÉ AUX EMPLOYÉS ET OUVRIERS PENDANT LEDIT MOIS.

	SALAIRES SOUMIS à la retenue de 4 p. 0/0.	SALAIRES NON PASSIBLES de cette retenue.
1 mois à 480 fr. 75 c...................	480 75	
mois à fr. c...................		
mois à fr. c...................		
....		
290 heures à 0 90...................	261 00	
140 heures à 0 36 (majoration pour travail de nuit)...................	50 40	
260 heures à 0 70...................	182 00	
58 heures à 0 57...................	33 06	
345 heures à 0 55...................	»	189 75
A reporter...........	1.007 21	189 75

	SALAIRES SOUMIS à la retenue de 4 p.0/0.	SALAIRES NON PASSIBLES de cette retenue.
Report......	1.007 21	189 75
	1.007 21	189 75
		1.196 96
Montant de la contribution patronale à la charge de l'Etat (loi du 5 avril 1910)................		0 90
Reliquat de la précédente paye..............		18 97
Arrondissement des centimes du salaire net à payer...		0 02
TOTAL..................		1.216 85
Retenue au titre de la Caisse nationale des retraites pour la vieillesse ..../ de 4°/. sur 1.007 21 · 40 28 / à titre de mal-façons.......... 5 00		50 28
Retenues pour malfaçons, acquises au Trésor 5 00		
RESTE ....'.................		1.166 57
A déduire :		
Salaires revenant aux ouvriers retraités ou décédés................................ 214 65		224 67
Pour rendre multiples de 5 fr les salaires nets à payer............... 10 02		
MONTANT de la dépense du mois..		941 90
L'acompte payé et qui a fait l'objet du mandat n° émis le s'est élevé à		
Le payement pour solde est, par suite, de...		

Le (1)   certifie que les employés et ouvriers ont été payés jusqu'à concurrence de la somme de (2)   à titre d'acompte et de payement pour solde et que les émargements individuels figurent sur la feuille de paye conservée par l'établissement.

A   , le   19 .

Vu :

Le (3)

(1) Les membres du Conseil d'administration *ou* le directeur *ou* le gestionnaire.

(2) Chiffre de la dépense du mois.

(3) Le Directeur *ou* le Sous-Intendant militaire.

MODÈLES

Nota. — Les modèles annexés à la présente instruction doivent être considérés comme des exemples destinés à renseigner sur la manière dont doivent être faites les inscriptions sur les formules relatives à la liquidation. Les indications portées sur chacun d'eux, au point de vue des signatures, des rubriques budgétaires, etc., se rapportent au service au titre duquel le modèle est établi. (Notification du 9 décembre 1904.)

ou

(2)

Pondrerie nationale d (3)

—

N° 30 du livre-journal des recettes et des dépenses.

Expédition pour l'ordonnancement (1).

Article 2, § 3, de l'instruction du 17 mars 1904.

N° 498 de la nomenclature.

EXERCICE 1900.

4° TRIMESTRE.

SERVICE DES (4) POUDRES ET SALPÊTRES.

1re SECTION DU BUDGET.

CHAPITRE 47. — ARTICLE 1er.

Timbre de dimension de 0 fr. 60.

(5) Le conseil de l'établissement.

(6) M. CHARLES, négociant.

(1) Cette expédition, soumise à la formalité du timbre de dimension, est mise à l'appui du bordereau des pièces et quittances remises au payeur. La formule n° 495 de la nomenclature est employée pour les dépenses au-dessus de 10 francs. Pour celles de 10 francs et au-dessous il est fait usage de la quittance modèle n° 3.

(2) Gouvernement militaire d ou région ou division d

(3) Désignation de la place ou de l'établissement.

(4) Artillerie, fourrages, génie, etc.

FACTURE des (7) fournitures faites pour le compte de l'administration de la guerre et dont le détail est donné ci-après.

(Autorisation d   en date du   .)

DATES des livraisons, des travaux, etc.	DÉSIGNATION DES FOURNITURES, TRAVAUX ETC (Inscrire et totaliser les dépenses par rubrique budgétaire.)	QUANTI-TÉS.	PRIX de l'unité.	DÉ-COMPTE.
1900	*Frais d'exploitation générale.*		fr. c.	fr. c.
10 décembre.	Débitage de bois dur	32m,63	0 80	26 10
Id.	— de bois tendre	10m,00	0 50	5 00
				31 10
	Bâtiments et machines.			
30 novembre.	Sapin en planches	7m,00	4 09	28 63
Id.	— en voliges	9m,00	2 60	23 40
				52 03
	À reporter			83 13

---

(3)

ou

Pondreric nationale d (4)

—

N° 30 du livre-journal des recettes et des dépenses.

Expédition pour la liquidation (1).

N° (2) 19

Article 2, § 3, de l'instruction du 17 mars 1904.

N° 498 de la nomenclature.

EXERCICE 1900.

4° TRIMESTRE.

SERVICE DES (5) POUDRES ET SALPÊTRES.

1re SECTION DU BUDGET.

CHAPITRE 47. — ARTICLE 1er.

(6) Le conseil de l'établissement.

(7) M. CHARLES, négociant.

(1) Quel que soit le montant de la dépense, cette expédition est établie sur papier libre.

(2) Numéro d'inscription sur le bordereau trimestriel des dépenses payées sur mandats d'avances.

(3) Gouvernement militaire d ou région ou division d

(4) Désignation de la place ou de l'établissement.

(5) Artillerie, fourrages, génie, etc.

(6) Le conseil d'administration d ou M. X.... officier d'administration comptable, etc.

(7) Désignation du créancier.

(8) Fournitures ou travaux.

FACTURE des (8) fournitures faites pour le compte de l'administration de la guerre et dont le détail est donné ci-après.

(Autorisation d   en date du   .)

DATES des livraisons, des travaux, etc.	DÉSIGNATION DES FOURNITURES, TRAVAUX, ETC (Inscrire et totaliser les dépenses par rubrique budgétaire.)	QUANTI-TÉS.	PRIX de l'unité.	DÉ-COMPTE.
1900	*Frais d'exploitation générale.*		fr. c.	fr. c.
10 décembre.	Débitage de bois dur	32m,63	0 80	26 10
Id.	— de bois tendre	10m,00	0 50	5 00
				31 00
	Bâtiments et machines.			
30 novembre.	Sapin en planches	7m,00	4 09	28 63
Id.	— en voliges	9m,00	2 60	23 40
				52 03
	À reporter			83 13

			fr. c.
Report........	....	......	83 13
Total..................			83 13

(1)   Certifié la présente facture s'élevant à la somme de quatre-vingt-trois francs treize centimes.

         A   , le 15 décembre 1900.

             Charles.

Les (2) membres du conseil d'établissement soussignés certifient la réalité de la dépense et déclarent que le service a été bien exécuté.

         A   , le 20 décembre 1900.

     B*...   A*...

Vu bon à payer :

(3) *Le Directeur,*

     A*...

       Pour acquit de la somme ci-dessus.

         A   , le 25 décembre 1900.

             Charles.

Vu et vérifié :

(4) *Le Directeur,*

     A*...

(1) Constatation, lorsqu'il y a lieu, par le service du génie, de l'exécution des travaux et de l'application des prix.
(2) Les membres du conseil d'administration ou l'officier d'administration comptable, etc.
(3) Le chef du service.
(4) Désignation de l'ordonnateur.

			fr. c.
Report........	....	......	83 13
Total..................			83 13

(1)   Certifié la présente facture s'élevant à la somme de quatre-vingt-trois francs treize centimes.

         A   , le 15 décembre 1900,

             Charles.

Les (2) membres du conseil d'établissement soussignés certifient la réalité de la dépense et déclarent que le service a été bien exécuté.

         A   , le 20 décembre 1900.

     B*...   A*...

Vu bon à payer :

(3) *Le Directeur,*

     A*...

       Pour acquit de la somme ci-dessus.

         A   , le 25 décembre 1900.

             Charles.

Vu et vérifié :

(4) *Le Directeur,*

     A*...

           Timbre-
           quittance
              de
         10 centimes.

(1) Constatation, lorsqu'il y a lieu, par le service du génie, de l'exécution des travaux et de l'application des prix.
(2) Les membres du conseil d'administration ou l'officier d'administration comptable, etc.
(3) Le chef du service
(4) Désignation de l'ordonnateur.

Vol. 26 bis.

• CORPS D'ARMÉE.
ou
—
Poudrerie nationale
d (3)
—
N° 75 du livre-journal
des recettes
et des dépenses.

(1) Cette expédition est mise à l'appui du mandat de payement.
Lorsque la dépense n'excède pas 10 francs elle n'est pas établie.
(2) Gouvernement militaire d ou • région ou division d
(3) Désignation de la place ou de l'établissement.
(4) Artillerie, fourrages, génie, etc.
(5) Fournitures ou travaux.
(6) Marché ou convention ou autorisation d

Expédition pour l'ordonnancement (1).

MODÈLE n° 2.
Article 2, § 3, de l'instruction du 17 mars 1904.
—
N° 499
de la nomenclature.

EXERCICE 1901.

2° TRIMESTRE.

ŠERVICE DES (4) POUDRES ET SALPÊTRES.

1re SECTION DU BUDGET.

CHAPITRE 47. — ARTICLE 1er.

Timbre
de dimension
de 0 fr. 60.

Déposé cejourd'hui et inscrit immédiatement sous le n° 80 au registre spécial d'entrée des pièces de comptabilité.
A Versailles, le 4 mai 1901.

Le Directeur,
A...

FACTURE des (5) fournitures exécutées par M. Vallette, demeurant à , rue , n° , du 15 au 30 avril 1901, en exécution de (6) l'autorisation ministérielle du 190 .

DATES des livraisons, des travaux, etc.	DÉSIGNATION DES FOURNITURES, TRAVAUX, ETC. (Inscrire et totaliser les dépenses par rubriques budgétaire.)	QUANTITÉS.	PRIX de l'unité.	DÉCOMPTE.
			fr. c.	fr. c.
1901	*Frais d'exploitation générale.*			
10 avril.	Débitage de bois tendre............	388m,15	0 50	194 07
Id.	— de bois dur..............	32m,63	0 80	26 10
				220 17
	Bâtiments et machines.			
20 avril.	Sapin en planches...............	19m,57	3 57	71 29
Id.	— ....:	7m,36	4 09	30 10
Id.	—	28m,04	5 14	144 13
Id.	Sapin en voliges..............	9m,20	2 64	24 29
				269 81
	A reporter................			489 98

• CORPS D'ARMÉE
ou
—
Poudrerie nationale
d (4)
—
N° 75 du livre-journal
des recettes
et des dépenses.

(1) Lorsque la dépense n'excède pas 10 francs, il n'est établi qu'une seule expédition de la facture pour être mise à l'appui de la liquidation (art. 179 du règlement du 3 avril 1869).
(2) Numéro d'inscription sur le bordereau trimestriel des dépenses payées sur mandats directs.
(3) Gouvernement militaire d ou • région ou division d
(4) Désignation de la place ou de l'établissement.

Expédition pour la liquidation (1).

N° (2)

MODÈLE N° 2.
Article 2, § 3, de l'instruction du 17 mars 1904.
—
N° 499
de la nomenclature.

Déposé cejourd'hui et inscrit immédiatement sous le n° 80 au registre spécial d'entrée des pièces de comptabilité.
A Versailles, le 4 mai 1901.

Le Directeur,
A...

ŠERVICE DES (5) POUDRES ET SALPÊTRES.

1re SECTION DU BUDGET.

CHAPITRE 47. — ARTICLE 1er.

(5) Artillerie, fourrages, génie, etc.
(6) Fournitures ou travaux.
(7) Marché, convention ou autorisation d

FACTURE des (6) fournitures exécutées par M. Vallette, demeurant à , rue , n° , du 15 au 30 avril 1901, en exécution de (7) l'autorisation ministérielle du 190 .

DATES des livraisons, des travaux, etc.	DÉSIGNATION DES FOURNITURES, TRAVAUX, ETC. (Inscrire et totaliser les dépenses par rubrique budgétaire.)	QUANTITÉS.	PRIX de l'unité.	DÉCOMPTE.
			fr. c.	fr. c.
1901	*Frais d'exploitation générale.*			
10 avril.	Débitage de bois tendre...........	388m,15	0 50	194 07
Id.	— de bois dur..............	32m,63	0 80	26 10
				220 17
	Bâtiments et machines.			
20 avril.	Sapin en planches...............	19m,57	3 57	71 29
Id.	—	7m,36	4 09	30 10
Id.	—	28m,04	5 14	144 13
Id.	Sapin en voliges	9m,20	2 64	24 29
				269 81
	A reporter................			489 98

DATES des livraisons, des travaux, etc.	DÉSIGNATION DES FOURNITURES, TRAVAUX, ETC. (Inscrire et totaliser les dépenses par rubrique budgétaire.)	QUANTI- TÉS.	PRIX de l'unité.	DÉ- COMPTE.
				fr. c.
	Report........	....	.....	489 98
	TOTAL..............			489 98

(1)

CERTIFIÉ la présente facture à la somme de quatre cent quatre-vingt-neuf francs quatre-vingt-dix-huit centimes.

A , le 3 mai 1901.

VALLETTE.

Les (2) membres du conseil d'établissement certifient que le service a été bien exécuté.

A , le 5 mai 1901.

A... B...

PAYEMENT ET IMPUTATIONS.

		fr. c.
La facture s'élève à la somme de.............................		489 98
Il a été payé par acomptes, suivant les mandats dont le détail suit :		
A , le n°		»
A , le n°		
Reste à ordonnancer pour solde.............		489 98

A DÉDUIRE :

Les imputations dé-\
taillées dans l'ordre de\
reversement annexé à } Recettes accidentelles à différents titres.
la 1re expédition de la (Récépissé n° du (3).
facture et dont le mon- } Reversements de fonds sur les dépenses
tant a été versé au Tré- des ministères..................
sor au titre des......) (Récépissé n° du (3).

		fr. c.
		»
SOMME nette à payer........		489 98

(1) Constatation, lorsqu'il y a lieu, par le service du génie, de l'exécution des travaux et de l'application des prix.

(2) Les membres du conseil d'administration ou l'officier d'administration comptable, etc.

(3) Cette indication sera portée lorsque le récépissé de versement sera parvenu à l'ordonnateur.

(4) Désignation de l'ordonnateur.

VU ET VÉRIFIÉ la présente facture s'élevant à la somme de quatre cent quatre-vingt-neuf francs quatre-vingt-dix-huit centimes, de laquelle, déduisant les acomptes détaillés ci-dessus, il reste à ordonnancer la somme de quatre cent quatre-vingt-neuf francs quatre-vingt-dix-huit centimes, laquelle a été mandatée ce jour sous le n° 205.

A , le 10 mai 1901.

Le (4) Directeur,

A...

DATES des livraisons, des travaux, etc.	DÉSIGNATION DES FOURNITURES, TRAVAUX, ETC. (Inscrire et totaliser les dépenses par rubrique budgétaire.)	QUANTI- TÉS.	PRIX de l'unité.	DÉ- COMPTE.
				fr. c.
	Report........	....	.....	489 98
	TOTAL..............			489 98

(1)

CERTIFIÉ la présente facture à la somme de quatre cent quatre-vingt-neuf francs quatre-vingt-dix-huit centimes.

A , le 3 mai 1901.

VALLETTE.

Les (2) membres du conseil d'établissement certifient que le service a été bien exécuté.

A , le 5 mai 1901.

A... B...

PAYEMENT ET IMPUTATIONS.

		fr. c.
La facture s'élève à la somme de.............................		489 98
Il a été payé par acomptes, suivant les mandats dont le détail suit :		
A , le n°		»
A , le n°		
Reste à ordonnancer pour solde.............		489 98

A DÉDUIRE :

Les imputations dé-\
taillées dans l'ordre de\
reversement ci-annexé } Recettes accidentelles à différents titres.
et dont le montant est } Reversements de fonds sur les dépenses
versé au Trésor au des ministères..................
titre des...........)

		fr. c.
SOMME nette à payer........		489 98

(1) Constatation, lorsqu'il y a lieu, par le service du génie, de l'exécution des travaux et de l'application des prix.

(2) Les membres du conseil d'administration ou l'officier d'administration comptable, etc.

(3) Désignation de l'ordonnateur.

VU ET VÉRIFIÉ la présente facture s'élevant à la somme de quatre cent quatre-vingt-neuf francs quatre-vingt-dix-huit centimes, de laquelle, déduisant les acomptes détaillés ci-dessus, il reste à ordonnancer la somme de quatre cent quatre-vingt-neuf francs quatre-vingt-dix-huit centimes, laquelle a été mandatée ce jour sous le n° 205.

A , le 10 mai 1901.

Le (3) Directeur,

A...

LEFT FORM

* CORPS D'ARMÉE.

ou
—
Direction d'artillerie
à (2)
—

N° 152 du livre-journal
des recettes
et des dépenses.

MODÈLE N° 3.
—
Article 2, § 4, de l'instruction du 17 mars 1904.
—

N° 496
de la nomenclature.

Expédition pour l'ordonnancement.

EXERCICE 1901.
—

SERVICE DE (3) L'ARTILLERIE

1re SECTION DU BUDGET.

CHAPITRE 44. — ARTICLE 1er.

(5) M. X., officier
d'administration comptable.

(5) M. GEORGES, blanchisseur.

(1) Gouvernement militaire de ou *région ou division d
(2) Désignation de la place ou de l'établissement.
(3) Artillerie, fourrages. génie. etc.
(4) Nom et qualité du gestionnaire.
(5) Désignation du créancier.
(6) Fournitures ou travaux.

QUITTANCE.

Reçu pour le payement de (6) fournitures effectuées pour le compte du ministère de la guerre, la somme de cinq francs soixante centimes.

A , le 30 avril 1901.

GEORGES.

CERTIFIÉ le payement
Le Gestionnaire,
G...

Détail des fournitures ou travaux.

RIGHT FORM

* CORPS D'ARMÉE.

ou
—
Direction d'artillerie
à (3)
—

N° 152 du livre-journal
des recettes
et des dépenses.

MODÈLE N° 3.
—
Article 2, § 4, de l'instruction du 17 mars 1904.
—

N° 496
de la nomenclature.

Expédition pour la liquidation.

N° (1)

EXERCICE 1901.
—

SERVICE DE (4) L'ARTILLERIE

1re SECTION DU BUDGET.

CHAPITRE 44. — ARTICLE 1er.

(5) M. X., officier
d'administration comptable.

(6) M. GEORGES, blanchisseur.

(1) Numéro d'inscription sur le bordereau trimestriel des dépenses payées sur mandats directs.
(2) Gouvernement militaire d ou *région ou division d
(3) Désignation de la place ou de l'établissement.
(4) Artillerie, fourrages. génie, etc.
(5) Nom et qualité du gestionnaire.
(6) Désignation du créancier.
(7) Fournitures ou travaux.

QUITTANCE.

Reçu pour le payement de (7) fournitures effectuées pour le compte du ministère de la guerre, la somme de cinq francs soixante centimes.

A , le 30 avril 1901.

GEORGES.

CERTIFIÉ le payement :
Le Gestionnaire,
G...

Détail des fournitures ou travaux.

NATURE DES DÉPENSES.	QUANTI-TÉS.	PRIX de L'UNITÉ.	DÉCOMPTE.
		fr. c.	fr. c.
Blanchissage et raccommodage des effets de travail.			
Vestes bleues....................	28	0 20	5 60
TOTAL.....................			5 60

Le soussigné certifie la réalité de la dépense et déclare que le service a été bien exécuté.

A , le 30 avril 1901.

Le Gestionnaire,

G...

VU ET VÉRIFIÉ :

Le (1) Directeur,

A...

(1) Désignation de l'ordonnateur.

NATURE DES DÉPENSES.	QUANTI-TÉS.	PRIX de L'UNITÉ.	DÉCOMPTE
		fr. c.	fr. c.
Blanchissage et raccommodage des effets de travail.			
Vestes bleues....................	28	0 20	5 60
TOTAL.....................			5 60

Le soussigné certifie la réalité de la dépense et déclare que le service a été bien exécuté.

A , le 30 avril 1901

Le Gestionnaire,

G...

VU ET VÉRIFIÉ :

Le (1) Directeur,

A...

(1) Désignation de l'ordonnateur.

*** CORPS D'ARMÉE**
en
(1)

SERVICE COURANT
ou
RÉSERVE DE GUERRE.

MODÈLE N° 3-1
de l'instruction du
17 mars 1904.

MODÈLE N° 2
de l'instruction du
30 décembre 1902.
(Article 48, § III.)

PLACE d

SERVICE

N° d'enregistrement d
au journal
des comptes-matières.

Désignation
de
l'établissement.

N° 362
de la nomenclature.

NOTA. — Le présent talon, ayant uniquement pour objet de faciliter le contrôle administratif, n'est point soumis à la formalité du timbre.

* SECTION DU BUDGET.

(1) Gouvernement militaire d ou * région ou division d
(2) De son marché en date du ou de l'ordre du en date du

CHAPITRE , ARTICLE

ENTRÉE.

TALON de la facture des fournitures faites par
M. *demeurant à*
rue n° du au
en exécution de (2)

NUMÉROS de la classification		NATURE DE LA DÉPENSE et dénomination des matières et objets.	UNITÉ réglementaire.	QUANTI-TÉS.	PRIX de l'unité.	MONTANT en argent.	OBSERVATIONS.
sommaire.	détaillée.						
		A reporter.......	....	....	....		

COMPTABILITÉ-MATIÈRES DE LA GUERRE

*** CORPS D'ARMÉE**
en
(1)

SERVICE COURANT
ou
RÉSERVE DE GUERRE.

MODÈLE N° 3-1
de l'instruction du
17 mars 1904.

MODÈLE N° 2
de l'instruction du
30 décembre 1902.
(Article 48, § III.)

PLACE d

SERVICE

N° d'enregistrement d
au journal
des comptes-matières.

Désignation
de
l'établissement.

N° 362
de la nomenclature.

(1) Gouvernement militaire d ou * région ou division d
(2) Cette formule n'est employée que pour des dépenses qui font l'objet de mandats directs.
Pour les fournitures acquittées sur mandats d'avances, il est fait usage des formules modèles n° 2 A et 2 B de l'instruction du 30 décembre 1902.
(3) De son marché en date du ou de l'ordre du en date du
(4) Grade et qualité de l'ordonnateur.

* SECTION DU BUDGET.

CHAPITRE , ARTICLE

ENTRÉE.

Déposé cejourd'hui et inscrit immédiatement, sous le n° , au registre spécial d'entrée des pièces de comptabilité.

A , le 19 .

Le (4)

FACTURE (2) des fournitures faites par
M. *demeurant à*
rue n° du au
en exécution de (3)

NUMÉROS de la classification		NATURE DE LA DÉPENSE et dénomination des matières et objets.	UNITÉ réglementaire.	QUANTI-TÉS.	PRIX de l'unité.	MONTANT en argent.	OBSERVATIONS.
sommaire.	détaillée.						
		A reporter.......	....	....	....		

Formulaire (gauche)

classification		DE LA DÉPENSE et dénomination des matières et objets.	UNITÉ réglement	QUANTI-TÉS.	PRIX de l'unit	MONTANT en argent.	OBSERVAT
sommaire.	détaillée.						
		Report......					
		Montant total de la facture......					

Vu :

Le (1)

La présente facture, montant à la somme totale de
certifiée véritable par le fournisseur soussigné.

A , le 19

Reçu et pris en charge les quantités ci-dessus.

A , le 19

L comptable,

AYEMENTS ET IMPUTATIONS.

	fr.	c.
La facture s'élève à la somme de......................		
Il a été payé par acompte, suivant les mandats dont le détail suit :		
A , le n°		
A , le n°		
A , le n°		
A , le n°		
RESTE à ordonnancer pour solde...........		
A déduire les imputations détaillées dans l'ordre de reversement ci-annexé, dont le montant doit être versé au Trésor au titre des { recettes accidentelles à différents titres, reversements de fonds sur lesdépenses des ministères.		
SOMME NETTE à payer........		

(1) Sous-intendant militaire, Sous-directeur, Commandant de l'artillerie, Chef de l'établissement, Chef du génie *ou* le Médecin-chef.

(2) Grade et qualité de l'ordonnateur secondaire.

Vu et VÉRIFIÉ la présente facture s'élevant à la somme totale de
de laquelle, déduisant les acomptes détaillés ci-dessus, il reste a ordonnancer la somme
de , laquelle mandatee
ce jour sous le n°

A , le 19

Le (2)

Formulaire (droite)

classification		DE LA DÉPENSE et dénomination des matières et objets.	UNITÉ réglement	QUANTI-TÉS.	PRIX de l'unit	MONTANT en argent.	OBSERVAT
sommaire.	détaillée.						
		Report......					
		Montant total de la facture......					

Vu :

Le (2)

Le soussigné certifie que le présent talon est conforme à
la facture dont il a été détaché et qui s'élève à la somme de

A , le 19

(1)

Reçu et pris en charge les quantités ci-dessus.

A , le 19

L comptable;

PAYEMENTS ET IMPUTATIONS.

	fr.	c.
La facture s'élève à la somme de......................		
Il a été payé par acompte, suivant les mandats dont le détail suit :		
A , le n°		
A , le n°		
A , le n°		
A , le n°		
RESTE à ordonnancer pour solde....		
Les imputations dont le détail est joint à la facture s'élèvent à la somme de....		
SOMME NETTE à payer....		

(1) Signature du fournisseur.

(2) Sous-intendant militaire, Sous-directeur, Commandant de l'artillerie, Chef de l'établissement. Chef du génie *ou* le Médecin-chef.

(3) Grade et qualité de l'ordonnateur secondaire.

MODE DE PAYEMENT DU SOLDE.

Sur mandat n° , délivré par le soussigné le , conformement à la
facture inscrite sous le numéro du registre spécial d'entrée des pièces de comptabilité
de l'ordonnateur.

Le (3)

° CORPS D'ARMÉE
ou

(1)
—

PLACE

d

Copie.

N° d'enregistrement
au journal
des comptes-matières.

(1) Gouvernement militaire d   ou ° région
ou division d
(2) De son marché en
date du
ou de l'ordre de
en date du

SERVICE COURANT

ou

RÉSERVE DE GUERRE.

SERVICE

d
—

Désignation
de
l'établissement. {

° SECTION DU BUDGET.

CHAPITRE   , ARTICLE   .

ENTRÉE.

MODÈLE N° 3-2
de l'instruction
du 17 mars 1904.
—

MODÈLE N° 2 *bis*
de l'instruction
du 30 décembre 1902,
(Article 48, § III.)
—

N° 362 *bis*
de la nomenclature.

Déposé ce jourd'hui et
inscrit immédiatement,
sous le n°   , au registre spécial d'entrée
des pièces de comptabilité.

A   le   19   .

FACTURE

des fournitures faites par M.
demeurant à
du   au   , en exécution de (2)

NUMÉROS de la classification		NATURE DE LA DÉPENSE et dénomination DES MATIÈRES ET OBJETS.	UNITÉ réglementaire.	QUANTITÉS.	PRIX de l'unité.	MONTANT en argent.	OBSERVATIONS.
sommaire.	détaillée.						

A reporter..........................

NUMÉROS de la classification		NATURE DE LA DÉPENSE et dénomination DES MATIÈRES ET OBJETS.	UNITÉ réglementaire.	QUANTITÉS.	PRIX de l'unité.	MONTANT en argent.	OBSERVATIONS.
sommaire.	détaillée.						
		Report....................					
		MONTANT TOTAL de la facture...........					

La présente facture, montant à la somme totale de   , certifiée véritable par le fournisseur soussigné.

A   , le   19   .

Vu :   Signé :

Le   Reçu et pris en charge les quantités ci-dessus.

A   , le   19

Signé :   L   comptable,

Signé :

PAYEMENTS ET IMPUTATIONS.

	fr.	c.

La facture s'élève à la somme de.................................

Il a été payé par acompte, suivant les mandats dont le détail suit :

A   , le   n°   ..... .
A   , le   n°   ... . .
A   , le   n°   .. . . .
A   , le   n°   .. . ..

Reste à ordonnancer pour solde.........   ....

A DÉDUIRE : Les imputations détaillées dans l'ordre de reversement ci-annexé, dont le montant doit être versé au Trésor au titre des........... { recettes accidentelles à différents titres........... reversements de fonds sur les dépenses des ministères.. }

Somme NETTE à payer.............................

Vu et VÉRIFIÉ la présente facture s'élevant à la somme totale de   de laquelle, déduisant les acomptes détaillés ci-dessus, il reste à ordonnancer la somme de   , laquelle a été mandatée ce jour sous le n°   .

A   , le   .   19   .

Le

Pour copie conforme :   Signé :

Le (1)

(1) Grade et qualité de l'ordonnateur secondaire

^e CORPS D'ARMÉE

ou

(1)

—

PLACE

d

N°   d'enregistrement au journal des recettes et des dépenses.

NOTA. — Cette formule ne doit être employée que pour les dépenses de 10 francs et au-dessous payées par les gestionnaires à l'aide des avances mises à leur disposition.

Lorsque ces dépenses sont mandatées directement au profit du créancier, il est fait application des dispositions de l'article 179 du règlement du 3 avril 1869 et de l'article 2 de l'instruction du 14 août 1900.

(1) Gouvernement militaire d   ou ^e région ou division d

SERVICE

D

Désignation de l'établissement.

^e SECTION DU BUDGET.

CHAPITRE   , ARTICLE   .

QUITTANCE.

MODÈLE N° 3-3
de l'instruction
du 17 mars 1904.

MODÈLE N° 2 A
de l'instruction
du 30 décembre 1902.
(Article 48, § IX.)

—

N° 496
de la nomenclature.

REÇU, pour le payement de fournitures effectuées pour le compte du Département de la guerre, la somme de

A   , le   19   .

CERTIFIÉ le payement :

L   Comptable,

ENTRÉE.

Détail des fournitures.

NUMÉROS de la NOMENCLATURE par unité		NATURE DE LA DÉPENSE et dénomination DES MATIÈRES ET OBJETS.	UNITÉ réglementaire.	QUANTITÉS.	PRIX de l'unité.	DÉCOMPTE.
sommaire.	détaillée.					
				TOTAL ÉGAL............		

Le soussigné certifie la réalité de la dépense et déclare avoir pris en charge les matières et objets détaillés ci-dessus, suivant bordereau récapitulatif n°

A   , le   19 .

L   *comptable,*

VU ET VÉRIFIÉ :

L (1)

(1) Désignation de l'ordonnateur

CORPS D'ARMÉE
ou
(1)

PLACE
d

N° d'enregistrement
au journal des recettes
et des dépenses.

(1) Gouvernement militaire d ou région
ou division d

SERVICE
D

Désignation
de
l'établissement.

SECTION DU BUDGET.

CHAPITRE , ARTICLE

ENTRÉE.

MODÈLE N° 3-4
de l'instruction
du 17 mars 1904.

MODÈLE N° 2 B
de l'instruction
du 30 décembre 1902.
(Article 48, § IX.)

N° 498 de la nomenclature.

NOTA. — Cette formule
est employée pour les
dépenses au-dessus de
10 francs payées par les
gestionnaires à l'aide des
sommes mises à leur dis-
position.

FACTURE des fournitures faites par M.
demeurant à , rue , n° , du
au , en exécution de l'autorisation d
en date d

NUMÉROS de la CLASSIFICATION		NATURE DE LA DÉPENSE et dénomination DES MATIÈRES ET OBJETS.	UNITÉ réglementaire.	QUANTITÉS.	PRIX de l'unité.	MONTANT en ARGENT.
sommaire.	détaillée.					

A reporter.............

NUMÉROS de la CLASSIFICATION		NATURE DE LA DÉPENSE et dénomination DES MATIÈRES ET OBJETS.	UNITÉ réglementaire.	QUANTITÉS.	PRIX de l'unité.	MONTANT en ARGENT.
sommaire.	détaillée.					
		Report..........................				
		MONTANT TOTAL de la facture...				

La présente facture montant à la somme totale de
certifiée véritable par le fournisseur soussigné.

A   , le   19 .

  L   comptable soussigné certifie la réalité de la dépen
et déclare avoir pris en charge les matières et objets détaillés ci-dessu
suivant bordereau récapitulatif n°   .

A   , le   19 .

Vu bon à payer :

L (1)

POUR ACQUIT de la somme ci-dessus.

A   , le   19 .

(1) Sous-intendant mili-
taire, Sous-directeur, Commandant de l'artillerie,
Chef de l'établissement,
Chef du génie ou Médecin-
chef.
(2) Grade et qualité de
l'ordonnateur.

Vu et VÉRIFIÉ :

L (2)

COMPTABILITÉ-MATIÈRES DE LA GUERRE

Left form

* CORPS D'ARMÉE

ou

(1) —

PLACE

d

SERVICE COURANT

ou

RÉSERVE DE GUERRE.

SERVICE

d

Désignation de l'établissement.

MODÈLE N° 3 5 de l'instruction du 17 mars 1904.

MODÈLE N° 4 de l'instruction du 30 décembre 1902. (Article 48, § IX.)

N° 363 de la nomenclature.

N° d'enregistrement au journal des comptes-matières.

(1) Gouvernement militaire d ou * région ou Division d

* SECTION DU BUDGET.

CHAPITRE , ARTICLE .

ENTRÉE.

TALON du bordereau récapitulatif des matières et objets achetés sans marché du au 19 , et des payements effectués.

NUMÉROS de la classification		DÉNOMINATION des MATIÈRES ET OBJETS.	UNITÉ réglementaire.	QUANTI-TÉS.	PRIX de l'unité.	MONTANT en argent.	OBSERVATIONS.
som-maire.	détail-léo.						
		TOTAL..................					

A , le 19 .

Le Comptable,

Right form

* CORPS D'ARMÉE

ou

(1) —

PLACE

d

SERVICE COURANT

ou

RÉSERVE DE GUERRE.

SERVICE

d

Désignation de l'établissement.

MODÈLE N° 3 5 de l'instruction du 17 mars 1904.

MODÈLE N° 4 de l'instruction du 30 décembre 1902. (Article 48, § IX.)

N° 363 de la nomenclature.

N° d'enregistrement au journal des comptes-matières.

(1) Gouvernement militaire d ou * région ou Division d

* SECTION DU BUDGET.

CHAPITRE , ARTICLE .

ENTRÉE.

BORDEREAU RÉCAPITULATIF des matières et objets achetés sans marché du au 19 , et des payements effectués.

NUMÉROS de la classification		DÉNOMINATION des MATIÈRES ET OBJETS.	UNITÉ réglementaire.	QUANTI-TÉS.	PRIX de l'unité.	MONTANT en argent.	OBSERVATIONS.
som-maire.	détail-léo.						
		TOTAL..................					

A , le 19 .

Le Comptable

DATES des PAYEMENTS.	NOM ET QUALITÉ des CRÉANCIERS.	MONTANT des PAYEMENTS.	OBSERVATIONS.
	TOTAL égal...		

Le présent bordereau, montant à la somme de   , certifié sincère et véritable.

Vu et VÉRIFIÉ :

Le (1)

A   , le   19 .

Le (2)

Reçu et pris en charge les quantités portées d'autre part.

A   . le   19 .

L   Comptable,

Vu et VÉRIFIÉ le présent bordereau s'élevant à la somme de   , laquelle a été payée par le comptable au moyen des avances qui lui ont été délivrées.

A   , le   19 .

Le (3)

(1) Sous-intendant militaire, Sous-directeur, Commandant de l'artillerie, Chef de l'établissement, Chef du génie *ou* Médecin-chef.
(2) Dans les services de l'artillerie et les poudres, l'agent spécial; dans le service du génie, le gérant; dans les autres, le comptable.
(3) Grade et qualité de l'ordonnateur.

COMPTABILITÉ-MATIÈRES❋DE❋LA❋GUERRE

DATES des PAYEMENTS.	NOM ET QUALITÉ des CRÉANCIERS.	MONTANT des PAYEMENTS.	OBSERVATIONS.
	TOTAL égal...		

Le soussigné certifie que le présent talon est conforme au bordereau dont il a été détaché et qui s'élève à la somme de

A   , le   19 .

(1)

Reçu et pris en charge les quantités portées d'autre part.

A   , le   19

L   Comptable.

MODE DE PAYEMENT.

Vu et VÉRIFIÉ :

Le (1)

Sur mandats d'avances délivrés par le soussigné. Le bordereau, dont le présent talon est détaché, a été mis à l'appui du bordereau n° des pièces et quittances remises au payeur.

Le (2)

(1) Sous-intendant militaire, Sous-directeur, Commandant de l'artillerie, Chef de l'établissement *ou* Chef du génie.
(2) Grade et qualité de l'ordonnateur.

° CORPS D'ARMÉE
ou
(1)

— PLACE —

d

N° d'enregistrement
au journal
des comptes-matières.

(1) Gouvernement militaire d   ou ° région ou division d
(2) De cession, de livraison *ou* d'expédition.
(3) Cédés, délivrés *ou* expédiés à
(4) Cession, livraison *ou* expédition.
(5) Les colonnes « réception » ne seront remplies que lorsque les différences constatées à l'arrivée seront mises à la charge de l'expéditeur, et lorsque le matériel, passant d'un service à un autre, change de numéro.

SERVICE COURANT
ou
RÉSERVE DE GUERRE.

SERVICE

d

Désignation de l'établissement. {

FACTURE (2)

ENTRÉE.

FACTURE des matières et objets (3)
en exécution de l'ordre d

MODÈLE N° 3-6
de l'instruction
du 17 mars 1904.

MODÈLE N°
de l'instruction
du 30 décembre 1902.
(Article 48.)

N° 365
de la nomenclature.

Nota. — Dans le cas d'entrée sans dépenses en deniers, les colonnes du décompte ne doivent pas être remplies, et ce qui est relatif au remboursement est bâtonné.

(4)							RÉCEPTION (5)			
NUMÉROS de la classification		DÉSIGNATION des matières et objets.	UNITÉ réglementaire.	QUANTITÉS.	PRIX de l'unité.	MONTANT en argent.	NUMÉROS de la classification		QUANTITÉS.	OBSERVATIONS.
sommaire.	détaillée.						sommaire.	détaillée.		
TOTAL............										

Les factures portant la mention *service courant* sont blanches, celles portant la mention *réserve de guerre* sont jaunes.

NUMÉROS.	NATURE.	POIDS.	NUMÉROS de la classification		DÉSIGNATION des MATIÈRES ET OBJETS.	UNITÉ réglementaire.	QUANTITÉS.	OBSERVATIONS.
			sommaire.	détaillée.				

NATURE ET POIDS
DES COLIS (1).

La présente facture certifiée véritable par
comptable expéditeur.

A   , le   19 .

Vu :

Le (4)

MATÉRIAUX D'EMBALLAGE.
(Caisses, toile, ficelle, paille, clous, etc.)

La vérification des matières et objets expédiés faite à l'arrivée dans la forme réglementaire (2)

l   comptable
déclare prendre en charge les quantités indiquées d'autre part (3)

A   , le   19 .

Vu :

Le (4)

PAYEMENT (5).

* SECTION DU BUDGET, CHAPITRE , ARTICLE .

La somme de
montant de la présente facture, a été payée
par versement au Trésor, fait à
le   19 , suivant récépissé n°
(ou) par (6)

A   , le   19 .

Le (7)

(1) Ces colonnes ne seront remplies
que dans le cas où l'expédition n'aura
pas lieu par la voie des transports
généraux.

(2) N'ayant fait ressortir aucune
différence à mettre à la charge de
l'expéditeur *ou* ayant fait ressortir
les différences détaillées, dans le pro-
cès-verbal de réception dont extrait
est ci-joint, différences à mettre à la
charge du comptable expéditeur.

(3) On ajoutera « à la réception »
lorsque les colonnes comprises sous
ce titre seront remplies.

(4) Sous-intendant militaire, Sous-
directeur, Commandant de l'artillerie, Chef de l'établissement, Chef du
génie *ou* Médecin-chef.

(5) Indiquer la section et le chapitre du budget sur lesquels a été imputé le versement au Trésor, l'ordonnance de virement ou l'état de
changement d'imputation.

(6) Ordonnance de virement (*ou*)
état de changement d'imputation
n°   en date du

(7) Grade ou qualité de l'ordonnateur.

^e CORPS D'ARMÉE.
ou
(1)

ATELIER DE CONSTRUCTION
de l'artillerie
d (2)

(1) Gouvernement militaire
ou ^e région ou division d

(2) Désignation de la place
ou de l'établissement.

(3) Artillerie, fourrages, etc.

(4) Désignation du créancier.

(5) Désignation de l'ordonnateur.

(6) Si la dépense n'excède pas
10 francs, il est fait application
des dispositions du § 4 de l'article 2 de l'instruction et il est
produit, s'il y a lieu, une quittance, modèle n° 3, du créancier réel.

(7) Les ordonnances sont
classées nominativement afin
de donner la dépense par employé ou ouvrier.

EXERCICE 19 .

^e TRIMESTRE.

SERVICE DE (3) L'ARTILLERIE.

1re SECTION.
TROUPES MÉTROPOLITAINES.

CHAPITRE 43. — ARTICLE 1er.

(4) M. DUBOIS, pharmacien.

MODÈLE N° 4.

Article 2, § 6, de
l'instruction
du 17 mars 1904.

Déposé aujourd'hui et inscrit immédiatement, sous
le n° 23, au registre spécial d'entrée des pièces de
comptabilité.

A , le 15 février 19 .

Le (5) *Directeur*,

A...

Timbre
de
dimension.

FACTURE (6) *des médicaments et appareils fournis
pendant le* ^e *trimestre 19 au personnel civil d'exploitation*
(Application de l'article 19 du décret du 26 février 1897.)

NUMÉROS du regis're-contrôle.	NOMS DES EMPLOYÉS ET OUVRIERS CIVILS traités pendant le trimestre.	NUMÉROS des ORDONNANCES médicales (7).	MONTANT TOTAL des décomptes de chaque ordonnance.	MONTANT DE LA DÉPENSE par employé ou ouvrier.
1	2	3	4	5
324	CLAUDE........	12524 / 12610	5 00 / 8 00	13 00
330	EUGÈNE........	12504	6 00	6 00
331	ALBERT	12320	4 00	4 00
....	....		....	....
	A reporter....		320 75	320 75

NUMÉROS du registre-contrôle.	NOMS DES EMPLOYÉS ET OUVRIERS CIVILS traités pendant le trimestre.	NUMÉROS des ORDONNANCES médicales (7).	MONTANT DE LA DÉPENSE par employé ou ouvrier.	MONTANT TOTAL des déc... de cha... ordonn...
1	2	3	4	5
	Report....................		320 75	320
	Totaux................		320 75	320

(1) Le fournisseur.
(2) Pour les dépenses au-dessus de 10 francs et n'excédant pas 100 francs qui sont payées par le gestionnaire à l'aide des avances qui lui sont faites, l'arrêté de la facture est complété par l'autorisation de payement et par la quittance du fournisseur (voir modèle n° 1).
(3) Désignation de l'ordonnateur secondaire.

Certifié véritable la présente facture, montan
somme de trois cent vingt francs soixante-quinze cer

A   , le 20 février 19   .

(1) Dubois.

L'ordonnateur soussigné certifie que les somm
figurent sur la présente facture ont été, après vérif
des ordonnances médicales, reconnues représenter
exact, au tarif réglementaire, des médicaments q
été fournis (2).

A   , le 28 février 19   .

Le (3) Directeur,

A...

^e CORPS D'ARMÉE.

ou

(2)

—

ATELIER DE CONSTRUCTION
de l'artillerie
d (3)

(1) Numéro d'inscription sur le bordereau trimestriel des dépenses payées sur mandats directs.
(2) Gouvernement militaire d ou région ou division d.
(3) Désignation de la place ou de l'établissement.
(4) Artillerie, fourrages, etc.
(5) Désignation du créancier.
(6) Si la dépense n'excède pas 10 francs, il est fait application des dispositions du § 4 de l'article 2 de l'instruction et il est produit, s'il y a lieu, une quittance modèle n° 3 du créancier réel.
(7) Désignation de l'ordonnateur.

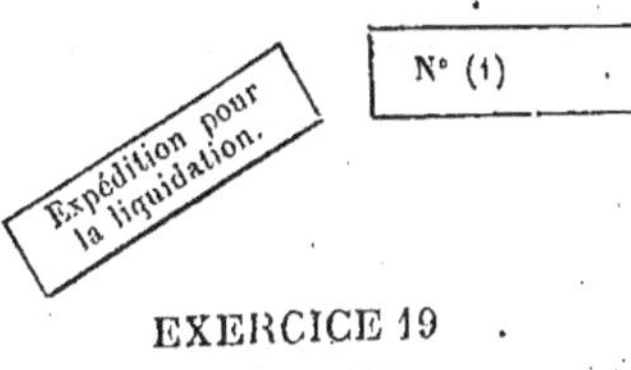

N° (1)

EXERCICE 19

^e TRIMESTRE.

SERVICE DE (4) L'ARTILLERIE.

1re SECTION.
TROUPES MÉTROPOLITAINES.

CHAPITRE 43. — ARTICLE 1er.

(5) M. DUBOIS, pharmacien.

MODÈLE N° 4.

Article 2, § 6, de l'instruction
du 17 mars 1904.

Déposé aujourd'hui et inscrit immédiatement, sous le n° 23, au registre spécial d'entrée des pièces de comptabilité.

A le, 25 février 19

Le (7) Directeur,

A...

(8) Résultats figurant dans la colonne 5 de la facture mise à l'appui de l'ordonnancement.

FACTURE (6) *des médicaments et appareils fournis,*
pendant le ^e *trimestre 19, au personnel civil d'exploitation.*
(Application de l'article 19 du décret du 26 février 1897.)

NUMÉROS du registre-contrôle.	NOMS DES EMPLOYÉS ET OUVRIERS CIVILS traités pendant le trimestre.	MONTANT DE LA DÉPENSE par employé et ouvrier (8).	OBSERVATIONS.
1	2	3	4
324	CLAUDE.........................	13 00	
330	EUGÈNE.........................	6 00	
331	ALBERT.........................	4 00	
....	....		
....	....		
	A reporter............	320 75	

NUMÉROS du registre-contrôle.	NOMS DES EMPLOYÉS ET OUVRIERS CIVILS traités péndant le trimestre.	MONTANT DE LA DÉPENSE par employé et ouvrier (8).	OBSERVATIONS.
1	2		4
	Report...............	320 75	
	Total..............	320 75	

(1) Le fournisseur.
(2) Pour les dépenses supérieures à 10 francs et n'excédant pas 100 francs qui sont payées par les gestionnaires à l'aide des avances qui leur sont faites, l'arrêté de la facture est complété par l'autorisation de payement et par la quittance du fournisseur (voir le modèle n° 1).
(3) Désignation de l'ordonnateur secondaire.

CERTIFIÉ véritable la présente facture montant à somme de trois cent vingt francs soixante-quinze centir

A   , le 20 février 19 .

(1) DUBOIS.

L'ordonnateur soussigné certifie que les sommes ci-de (col. 3), représentant le montant de la dépense par emp et par ouvrier, sont les mêmes que celles qui figurent la facture mise à l'appui du mandat n°   émis ce jour

A   , le   19 .

Le (3) *Directeur*,

A...

MINISTÈRE
DE LA GUERRE.

PLACE D

MODÈLE N° 5.

Art. 3 de l'instruction
du 17 mars 1904.

N° 497
de la Nomenclature.

COMPTABILITÉ-DENIERS.

SERVICE D

CARNET

DES DROITS DE TIMBRE ET D'ENREGISTREMENT

AVANCÉS PAR L'ADMINISTRATION DE LA GUERRE.

1re PARTIE.

Numéros d'inscription sur le présent carnet.	NATURE des ADJUDICATIONS.	DATES.	MONTANT des droits de timbre et d'enregistrement.	RÉPARTITION ENTRE LES FOURNISSEURS.		REMBOURSEMENT.
				Noms.	Montant.	NUMÉROS des reçus.
			fr. c.		fr. c.	
1	Blé.	25 janv. 1900	87 60	Pierre.......	24 »	1
				Louis	22 75	2
				Victor.......	40 75	3
2	Sel.	3 février.	25 60	Charles	14 50	
				Jules........	11 10	4
....	....	....	....	....	....	....
	A reporter.......		350 60			

2ᵉ Partie.

N°
DROITS DE TIMBRE
ET D'ENREGISTREMENT.
SERVICE
d
Adjudication n°
Fournisseur : M.
Reçu la somme de
L'officier d'administration comptable,
Ce
19

N°
DROITS DE TIMBRE
ET D'ENREGISTREMENT.
SERVICE
d
Adjudication n°
Fournisseur : M.
Reçu la somme de :
L'officier d'administration comptable,
Ce
19

N°
DROITS DE TIMBRE
ET D'ENREGISTREMENT.
SERVICE
d
Adjudication n°
Fournisseur : M.
Reçu la somme de
L'officier d'administration comptable,
Ce
19

N°
DROITS DE TIMBRE
ET D'ENREGISTREMENT.
SERVICE
d
Adjudication n°
Fournisseur : M.
Reçu la sommé de
L'officier d'administration comptable,
Ce
19

N°
DROITS DE TIMBRE
ET D'ENREGISTREMENT.
SERVICE
d
Adjudication n°
Fournisseur : M.
Reçu la somme de
L'officier d'administration comptable,
Ce
19

N°
DROITS DE TIMBRE
ET D'ENREGISTREMENT.
SERVICE
d
Adjudication n°
Fournisseur : M.
Reçu la somme de
L'officier d'administration comptable,
Ce
19

À reporter..............

PLACE
DROITS DE TIMBRE
ET D'ENREGISTREMENT.
N°
d
SERVICE
d
Adjudication n°
Fournisseur : M.
Reçu la somme de
L'officier d'administration comptable,
Ce
19

PLACE
DROITS DE TIMBRE
ET D'ENREGISTREMENT.
N°
d
SERVICE
d
Adjudication n°
Fournisseur : M.
Reçu la somme de
L'officier d'administration comptable,
Ce
19

PLACE
DROITS DE TIMBRE
ET D'ENREGISTREMENT.
N°
d
SERVICE
d
Adjudication n°
Fournisseur : M.
Reçu la somme de
L'officier d'administration comptable,
Ce
19

PLACE
DROITS DE TIMBRE
ET D'ENREGISTREMENT
N°
d
SERVICE
d
Adjudication n°
Fournisseur : M.
Reçu la somme de
L'officier d'administration comptable,
Ce
19

PLACE
DROITS DE TIMBRE
ET D'ENREGISTREMENT.
N°
d
SERVICE
d
Adjudication n°
Fournisseur : M.
Reçu la somme de
L'officier d'administration comptable,
Ce
19

PLACE
DROITS DE TIMBRE
ET D'ENREGISTREMENT.
N°
d
SERVICE
d
Adjudication n°
Fournisseur : M.
Reçu la somme de
L'officier d'administration comptable,
Ce
19

<table>
<tr><td>

MINISTÈRE
DE LA GUERRE.

(1) De l'artillerie, les poudres et salpêtres, du génie, etc.
(2) Gouvernement militaire d
(3) Désignation de l'établissement.
(4) Inscrire le service budgétaire en se conformant exactement à la nomenclature.

Nombre de pièces : 24.

</td><td>

SERVICE
des (1)
POUDRES ET SALPÊTRES.

○ CORPS D'ARMÉE

OU

(2)

(3)

EXERCICE 1900.

3° TRIMESTRE.

</td><td>

MODÈLE N° 6.

Art. 4 de l'instruction du 17 mars 1904.

</td></tr>
</table>

1re SECTION. — TROUPES MÉTROPOLITAINES.

CHAPITRE 47, ARTICLE 1er.

(4) POUDRES ET SALPÊTRES (MATÉRIEL).

DÉPENSES ACQUITTÉES SUR MANDATS DIRECTS.

BORDEREAU TRIMESTRIEL

des dépenses faites pour le compte de l'établissement désigné ci-dessus pendant le 3e trimestre.

NUMÉROS D'INSCRIPTION sur le présent bordereau.	DÉSIGNATION DES CRÉANCIERS. Indiquer le nom, la raison sociale, etc., du créancier réel. Lorsque la pièce de dépense est collective (états récapitulatifs de salaires, états d'émargement, etc.) elle figure avec la mention « Divers créanciers ».	APPROVISIONNE-MENT. principaux.	APPROVISIO.NE-MENTS pour emballage.	APPROVISION MENTS divers.
1	2	3	4	5
		fr. c.	fr. c.	fr. c.
1	Balcourt................	»	»	»
2	Charles................	»	»	»
3	Le receveur des contributions indirectes................	332 64	»	»
4	Guichard................	»	»	8.625 00
5	Bauvin................	»	134 40	»
»	....	»	»	»
»	....	»	»	»
»	....	»	»	»
»	....	»	»	»
»	....	»	»	»
14	Duval................	419 50	»	
15	Schneider et Cie................	2.790 25	»	»
»	....	»	»	»
»	....	»	»	»
»	....	»	»	»
16	Marant................	»		
	Totaux......	4.504 30	325 40	10.387 65

(1) Les sommes à virer sont inscrites à l'encre rouge.

FRAIS D'EXPLOITATION générale.	BATIMENTS et MACHINES.	MONTANT TOTAL de la dépense.	MONTANT DES SOMMES acquittées.	DIFFÉRENCE ENTRE LES COLONNES 10 ET 13. Sommes acquittées. En plus : Reversées ou à reverser au Trésor ou à virer à d'autres services (1)	En moins : A ordonnancer ou à virer d'autres services (1)	NOMBRE de PIÈCES.
6	7	8	9	10	11	12
fr. c.	fr. c.	fr. c.	fr. c.	fr. c.		
»	1.000 00	1.000 00	1.000 00	»	»	1
325 00	»	325 00	325 00	»	»	1
»	»	332 64	332 64	»	»	2
»	»	8.625 00	8.625 00	»	»	1
»	»	134 40	134 40	»	»	1
»	»	»	»	»	»	»
»	»	»	»	»	»	»
»	»	»	»	»	»	»
»	»	»	»	»	»	»
»	»	419 50	419 50	»	»	1
»	»	2.790 25	2.970 25	180 00	»	3
»	»	»	»	»	»	»
»	»	»	»	»	»	»
»	»	»	»	»	»	»
275 00	»	275 00	275 00	»	»	1
719 14	1.751 94	17 688 43	17.868 43	180 00	»	24

RÉCAPITULATION.

NATURE DES DÉPENSES PAR RUBRIQUE BUDGÉTAIRE.	MONTANT pour LE TRIMESTRE.
	fr. c.
Approvisionnements principaux..................	4.504 30
Approvisionnements pour emballage..................	325 40
Approvisionnements divers..................	10.387 65
Frais d'exploitation générale..................	719 14
Bâtiments et machines..................	1.751 94
Totaux..................	17.688 43

ARRÊTÉ le présent bordereau à la somme de (1) dix-sept mille six cent quatre-vingt-huit francs quarante-trois centimes.

A   , le 4 octobre 1900.

Les Membres du conseil d'administration,

Vu :

Le Directeur d (2)

(1) En toutes lettres.
(2) Désignation de l'ordonnateur.

MINISTÈRE
DE LA GUERRE.

Minute.

(1) Des fourrages, de l'habillement et du campement, du harnachement, etc.

(2) Gouvernement militaire d   ou division d   , etc.

Nombre de pièces : 30.

(2)

(3)

SERVICE
DES (1) FOURRAGES.

ᵉ CORPS D'ARMÉE

OU

MODÈLE N° 7.

Art. 4, § 3, de l'instruction du 17 mars 1904.

(3) Désignation de l'établissement.

(4) Inscrire l'indication du service budgétaire en se conformant exactement à la nomenclature des dépenses.

EXERCICE 19 .

4ᵉ TRIMESTRE

1ʳᵉ SECTION. — TROUPES MÉTROPOLITAINES.

CHAPITRE   , ARTICLE   .

(4) FOURRAGES (MATÉRIEL D'EXPLOITATION).

DÉPENSES DIVERSES.

DÉPENSES ACQUITTÉES SUR MANDATS D'AVANCES.

BORDEREAU TRIMESTRIEL
des dépenses faites pour le compte de l'établissement désigné ci-dessus pendant le   ᵉ trimestre.

§ 3. — DÉPENSES D'EXPLOITATION.

NUMÉROS d'inscription sur le présent bordereau.	DÉSIGNATION DES CRÉANCIERS. (Indiquer le nom, la raison sociale, etc., du créancier réel. Lorsque la pièce de dépense est collective (états récapitulatifs de salaires, états d'émargement, etc.) elle figure avec la mention : « Divers créanciers ».)	FRAIS de monture.	TRANSPORTS à l'intérieur des places.	FOURNITURE de gaz aux parcs, fourrages. Entretien des compteurs.	FRAIS d'adjudication, d'insertion et d'affichage.	DROITS d'octroi et de douane.	VACATIONS, honoraires, frais d'expertise.	ACHAT de menus objets de consommation.	FOURNITURE d'eau potable.	RÉPARATION du matériel.	MONTANT TOTAL de la dépense.	MONTANT DES DÉPENSES acquittées.	DIFFÉRENCE entre les colonnes 12 et 13, Sommes payées. — En plus : Reversées ou à reverser au Trésor ou à virer à d'autres services. (1)	En moins : À ordonnancer ou à virer d'autres services. (2)	NOMBRE DE PIÈCES.
1	2	3	4	5	6	7	8	9	10	11	12	13	14	15	16
		fr. c.	fr. c.	fr. c.	fr. c.	fr. c.	fr. c.	fr. c.	fr. c.	fr. c.	fr. c.	fr. c.	fr. c.	fr. c.	
1	La compagnie P.-L.-M.....	»	»	»	»	»	»	»	»	25 00	25 00	25 00	»	»	1
2	Le receveur municipal d .	»	»	»	»	85 76	»	»	»	»	85 76	85 76	»	»	2
3	Traitements et salaires (divers) (A).............	»	»	»	»	~~215 61~~	»	»	»	»	~~215 61~~	~~215 61~~	»	»	~~4~~
4	Mouret .	»	»	»	»	»	»	»	»	98 75	98 75	98 75	»	»	1
5	La compagnie du gaz......	»	»	98 72	»	»	»	»	»	»	98 72	98 72	»	»	2
6	Renaut .	»	»	»	»	»	48 00	»	»	»	48 00	48 00	»	»	1
...	...														
21	Le journal *Le Petit Lyonnais*.	»	»	»	15 00	»	»	»	»	»	15 00	15 00	»	»	2
22	Laperrière.............	»	»	»	»	»	»	95 00	»	»	95 00	95 00	»	»	1
23	La compagnie des eaux ...	»	»	»	»	»	»	»	77 85	»	77 85	77 85	»	»	2
	Totaux pour le 4ᵉ trimestre..	545 00	205 00	295 50	28 44	425 30	225 00	192 25	77 85	294 34	2.288 68	2.288 68	»	»	30

(1) Les sommes à virer sont inscrites à l'encre rouge.
(A) Dépense du « personnel » d'exploitation inscrite à tort sur le bordereau afférent aux dépenses du « Matériel d'exploitation ».

RÉCAPITULATION.

MANDATS D'AVANCES.			NATURE DES DÉPENSES par RUBRIQUE BUDGÉTAIRE.	MON- TANT. des DÉPENSES pour le trimestre.	REPORT des ANTÉ- RIEURS.	TOTAUX GÉNÉRAUX.
NUMÉROS des mandats.	DATES d'émission des mandats.	MONTANT.				
1	2	3	4	5	6	7
		fr. c.		fr. c.	fr. c.	fr. c.
	19 .		§ 3.			
273	15 octobre.	800 00	Frais de mouture....	545 00	»	545 00
326	13 novemb.	700 00	Transports à l'intérieur des places....	205 00	»	205 00
345	2 novemb.	700 00	Fourniture de gaz aux parcs à fourrages, entretien des compteurs	295 50	735 00	1.030 50
415	19 . anvier.	88 68	Frais d'adjudication, d'insertion et d'affichage.............	28 44	102 50	130 94
TOTAL des mandats d'avances		2.288 68	Droits d'octroi et de douane	425 30	1.133 25	1.558 55
A déduire			Vacations, honoraires, frais d'expertise...............	225 00	624 00	849 00
Somme reversée au Trésor suivant récépissé n° du .		»	Achat d'objets de menue consommation..	192 25	537 75	730 00
			Fourniture d'eau potable...............	77 85	247 75	325 60
Reste en payements effectifs..........		2.288	Réparation du matériel...............	294 34	827 30	1.121 64
			TOTAUX GÉNÉRAUX.	2.288 68 (1)	4.207 55	6.496 23

ARRÊTÉ le présent bordereau à la somme de (2) deux mille deux cent quatre-vingt-huit francs soixante-huit centimes.

A , le 7 janvier 19 .

Le Gestionnaire,

VU ET VÉRIFIÉ

Le Sous-Intendant militaire,

(1) Somme à laquelle le bordereau doit être arrêté.
(2) En toutes lettres.

MINISTÈRE
DE LA GUERRE

Expédition.

MODÈLE N° 7.

Art. 4, § 3, de l'instruction du 17 mars 1904.

(1) Des fourrages, de l'habillement et du campement, du harnachement, etc.

(2) Gouvernement militaire d   'u division d   , etc.

(3) Désignation de l'établissement.

Nombre de pièces : 30.

SERVICE
DES (1) FOURRAGES.

ᵉ CORPS D'ARMÉE
OU
(2)

(3)

(4) Inscrire l'indication du service budgétaire en se conformant exactement à la nomenclature des dépenses.

EXERCICE 19 .

4ᵉ TRIMESTRE.

1ʳᵉ SECTION. — TROUPES MÉTROPOLITAINES.

CHAPITRE 27, ARTICLE 2.

(4) FOURRAGES (MATÉRIEL D'EXPLOITATION).

DÉPENSES DIVERSES.

DÉPENSES ACQUITTÉES SUR MANDATS D'AVANCES.

BORDEREAU TRIMESTRIEL
des dépenses faites pour le compte de l'établissement désigné ci-dessus pendant le 4ᵉ trimestre.

§ 3. — DÉPENSES D'EXPLOITATION.

NUMÉROS D'INSCRIPTION sur le présent bordereau.	DÉSIGNATION DES CRÉANCIERS. (Indiquer le nom, la raison sociale, etc., du créancier réel. Lorsque la pièce de dépense est collective (états récapitulatifs de salaires, états d'émargement, etc.), elle figure avec la mention : « Divers créanciers ».	FRAIS de mouture.	TRANSPORTS à l'intérieur	FOURNITURE de gaz aux parcs à fourrages. Entretien des compteurs.	FRAIS d'adjudication, d'insertion et d'affichage.	DROITS d'octroi et de douane.	VACATIONS, honoraires, frais d'expertise.	ACHAT de menus objets de consommation, etc.	FOURNITURE d'eau potable.	RÉPARATION du matériel.	MONTANT TOTAL de la dépense.	MONTANT DES DÉPENSES acquittées.	DIFFÉRENCE entre les colonnes 12 et 13. Sommes payées. En plus : Reversées ou à reverser au Trésor ou à virer à d'autres services (1).	En moins : A ordonnancer ou à virer d'autres services (1).	NOMBRE DE PIÈCES.
1	2	3	4	5	6	7	8	9	10	11	12	13	14	15	16
		fr. c.	fr. c.	fr. c.	fr. c.	fr. c.	fr. c.	fr. c.	fr. c.	fr. c.	fr. c.	fr. c.	fr. c.		
1	La compagnie P.-L.-M...	»	»	»	»	»	»	»	»	25 00	25 00	25 00	»	»	1
2	Le receveur municipal d .	»	»	»	»	85 76	»	»	»	»	85 76	85 76	»	»	2
4	Mouret...	»	»	»	»	»	»	»	»	98 75	98 75	98 75	»	»	1
5	La compagnie du gaz...	»	»	98 72	»	»	»	»	»	»	98 72	98 72	»	»	2
6	Renaut...	»	»	»	»	»	48 00	»	»	»	48 00	48 00	»	»	1
.	.	.	.	.	.	.	.	.	.	.	.	.	.	.	.
21	Le journal *Le Petit Lyonnais*	»	»	»	15 00	»	»	»	»	»	15 09	15 00	»	»	2
22	M. Laperrière...	»	»	»	»	»	»	95 00	»	»	95 00	95 00	»	»	1
23	La compagnie des eaux...	»	»	»	»	»	»	»	77 85	»	77 85	77 85	»	»	2
	TOTAUX pour le 4e trimestre..	545 00	205 00	295 50	28 44	425 30	225 00	192 25	77 85	294 34	2.238 68	2.288 68	»	»	30

(1) Les sommes à virer sont inscrites à l'encre rouge.

RÉCAPITULATION.

MANDATS D'AVANCES.			NATURE DES DÉPENSES par RUBRIQUE BUDGÉTAIRE.	MONTANT des DÉPENSES pour le trimestre.	REPORT des ANTÉRIEURS.	TOTAUX GÉNÉRAUX.
NUMÉROS des mandats.	DATES d'émission des mandats.	MONTANT.				
1	2	3	4	5	6	7
		fr. c.		fr. c.	fr. c.	fr. c.
	19 .		§ 3.			
273	15 octobre.	800 00	Frais de mouture…	545 00	»	545 00
326	13 novemb.	700 00	Transports à l'intérieur des places….	205 00	»	205 00
345	25 novemb.	700 00	Fourniture de gaz aux parcs à fourrages, entretien des compteurs,………	295 50	735 00	1.030 50
	19 .					
415	5 janvier.	88 68	Frais d'adjudication, d'insertion et d'affichage…………	28 44	102 50	130 94
TOTAL des mandats d'avances		2.288 68	Droits d'octroi et de douane…………	425 30	1.133 25	1.558 55
A déduire :			Vacations, honoraires, frais d'expertise…………	225 00	624 00	849 00
Somme reversée au Trésor suivant récépissé n° du 19 .		»	Achat d'objets de menue consommation.	192 25	537 75	730 00
			Fourniture d'eau potable…………	77 85	247 75	325 60
Reste en payements effectifs………		2.288 68	Réparation du matériel…………	294 34	827 30	1.121 64
			TOTAUX GÉNÉRAUX.	2.288 68 (1)	4.207 55	6.496 23

ARRÊTÉ le présent bordereau à la somme de (2) deux mille deux cent quatre-vingt-huit francs soixante-huit centimes.

A   , le 7 janvier 19 .

Le Gestionnaire,

Vu et vérifié :

Le Sous-Intendant militaire,

(1) Somme à laquelle le bordereau doit être arrêté.
(2) En toutes lettres.

MODÈLE N° 8.

Art. 5 de l'instruction
du 17 mars 1904.

MINISTÈRE
DE LA GUERRE.

(1) Gouvernement mili-
taire d   ou division
d   , etc.
(2) Désignation de l'éta-
blissement.
(3) Personnel ou maté-
riel.
(4) Hôpitaux militaires
ou magasins d'approvi-
sionnements et dépôts de
matériel.

Nombre de pièces : 151.

SERVICE DE SANTE

e CORPS D'ARMÉE

OU

(1)

(2) HÔPITAL MILITAIRE DE N.

EXERCICE 19 .

4° TRIMESTRE.

1ʳᵉ SECTION. — TROUPES MÉTROPOLITAINES.

CHAPITRE 29, ARTICLE UNIQUE, § 1 A 7.

SERVICE DE SANTE (3) (MATÉRIEL D'EXPLOITATION).

(4) HOPITAUX MILITAIRES.

Compte trimestriel en deniers pour le 4° trimestre 19 .

Sommes manulatées — en plus	reversées au Trésor	»
	à verser au Trésor	»
	à virer à d'autres services	»
	TOTAL (col. 18)	»
Sommes manulatées — en moins	à ordonnancer au titre des exercices clos	»
	à virer d'autres services	»
	TOTAL (col. 19)	»

DÉPENSES SUIVIES PAR LES SERVICES EXTÉRIEURS.

NATURE des opérations.	Dépenses engagées et suivies par l'administration centrale : Loyer des bâtiments, etc.	§ 1er. Frais de traitement dans les hôpitaux militaires. Alimentation.	Chauffage et éclairage.	Blanchissage.	Entretien et réparation du matériel de propreté.	Objets de bureau de consommation.	§ 3. Frais de sépulture et frais de dépêches. Sépulture de militaires décédés en activité de service, etc.	Frais de dépêche, etc.	§ 4. Achats sur place de médicaments, etc.	Frais d'adjudication.	§ 5. Dépenses diverses. Renouvellement et entretien du matériel de réserve.	Frais de confection et de transformation.	Frais d'expertise et vacations.		MONTANT total de la dépense.	MONTANT des sommes mandatées.	DIFFÉRENCE entre les colonnes 16 et 17. Sommes mandatées. En plus : reversées ou à reverser au Trésor ou à virer à d'autres services (1).	En moins : à ordonnancer ou à virer d'autres services (1).	NOMBRE DE PIÈCES.
1	2	3	4	5	6	7	8	9	10	11	12	13	14	15	16	17	18	19	20
	fr. c.	fr. c.	fr. c.	fr. c.	fr. c.	fr. c.	fr. c.	fr. c.	fr. c.	fr. c.	fr. c.	fr. c.	fr. c.	f. c.	fr. c.	fr. c.	fr. c.	fr. c.	
Dépenses acquittées sur mandats d'avances	»	176 37	187 41	53 39	559 02	39 45	56 50	20 85	51 00	168 30	272 93	4 65	40 00	»	1.632 80	1.632 80	»	»	103
Dépenses acquittées sur mandats directs...	257 51	4.194 04	3.032 87	61 45	617 53	36 85	4 00	»	650 14	226 50	12 50	»	»	»	9.161 89	9.161 89	»	»	48
Totaux pour le trimestre.....	257 51	4.370 41	3.280 28	116 84	1.177 45	75 80	60 50	20 85	710 14	394 80	285 46	4 65	40 00	»	(x) 10.794 69	10.794 69	»	»	151
Report des antérieurs	646 44	26.077 93	6.170 75	56 84	2.860 26	276 68	210 00	104 80	1.147 67	55 00	110 60	12 35	120 00	»	37.849 32	37.849 32	»	»	...
Totaux généraux.......	903 95	30.448 34	9.451 03	173 68	4.037 71	352 48	270 50	125 65	1.857 81	449 80	396 06	17 00	160 00	»	48.644 01	48.644 01	»	»	...

(1) Les sommes à virer sont inscrites à l'encre rouge.
(2) Somme à laquelle le compte trimestriel doit être arrêté.
(3) En toutes lettres.

Le soussigné certifie véritable le présent compte trimestriel s'élevant à la somme de (3) dix mille sept cent quatre-vingt-quatorze francs soixante-neuf centimes conformément aux pièces justificatives ci-jointes.

A   , le 15 mars 19

Le Gestionnaire,

Vu :   Vu :

Le Médecin-chef,   Le Directeur d

<table>
<tr><td>

MINISTÈRE
DE LA GUERRE.

(1) Gouvernement militaire d
(2) Désignation de l'établissement.
(3) Inscrire le titre de l'article d'après la nomenclature des dépenses.

Nombre de pièces : 169.

</td><td>

SERVICE
des
ÉCOLES MILITAIRES.

c CORPS D'ARMÉE
OU
(1)

(2) ÉCOLE MILITAIRE DE N...

</td><td>

MODÈLE N° 9.

Art. 5 de l'instruction
du 17 mars 1904.

</td></tr>
</table>

EXERCICE 19 .

2e TRIMESTRE.

1re SECTION. — TROUPES MÉTROPOLITAINES.

CHAPITRE 14, ARTICLE .

ÉCOLES MILITAIRES (MATÉRIEL).

(3) ÉCOLE MILITAIRE DE...

Compte trimestriel en deniers pour le 2e trimestre 19   .

Sommes mandatées	en plus	reversées au Trésor.................................	»
		à verser au Trésor.................................	»
		à virer à d'autres services......................	»
		TOTAL (col. 15)..........	»
	en moins	à ordonnancer au titre des exercices clos	»
		à virer d'autres services......................	»
		TOTAL (col. 16)..........	»

NATURE des OPÉRATIONS	§ 1er. — ACHAT DE MATÉRIEL d'instruction.		§ 2.	§ 3. — ACHAT DE MATÉRIEL pour les exercices.		§ 5. — FRAIS	
	Achat d'objets pour les bibliothèques.	Achat d'objets de collections ou de types scientifiques	Achat d'objets de manège, d'escrime, de gymnase, etc.	Achat d'objets pour la suite, l'ameublement général, etc.	Achat d'objets pour l'exploitation des services généraux.	Frais d'instruction, frais universitaires, etc.	Frais d'entretien du matériel d'exercices, etc.
1	2	3	4	5	6	7	8
	fr. c.	fr. c.	fr. c.	fr. c.	fr. c.	fr. c.	fr. c.
Dépenses acquittées sur mandats d'avances	»	»	»	»	»	325 15	226 15
Dépenses acquittées sur mandats directs...	100 54	074 75	586 00	131 00	4.930 23	1.184 94	1.288 01
Totaux pour le trimestre.....	100 54	074 75	586 00	131 00	4.930 23	1.510 09	1.464 16
Report des arriérés........	200 03	525 10	974 60	18 00	3.874 00	4.862 60	1.626 93
Totaux généraux...........,	300 62	1.199 85	1.560 60	149 80	8.604 23	6.372 69	3.091 09

(1) Les sommes à virer sont inscrites à l'encre rouge.
(2) Somme à laquelle le compte trimestriel doit être arrêté.
(3) En toutes lettres.

D'INSTRUCTION, D'ENTRETIEN, ETC.

NATURE des OPÉRATIONS	Frais d'entretien du matériel du culte, etc.	Chauffage et éclairage.	Dépenses d'infirmerie (achats de médicaments, etc.)	Dépenses d'administration.	MONTANT TOTAL de la dépense.	MONTANT des sommes mandatées.	DIFFÉRENCE entre les colonnes 13 et 14. Sommes mandatées — En plus : reversées ou à reverser au Trésor ou à virer à d'autres serv. (1)	En moins : à ordonnancer ou à virer d'autres serv. (1)	NOMBRE DE PIÈCES.
	9	10	11	12	13	14	15	16	17
	fr. c.	fr. c.	fr. c.	fr. c.	fr. c.	fr. c.			
Dépenses acquittées sur mandats d'avances	5.841 80	732 74	791 30	12.385 72	20 302 86	20 302 86	»	»	90
Dépenses acquittées sur mandats directs...	4.705 25	5.330 75	136 11	4.277 31	23.284 89	23.284 89	»	»	79
Totaux pour le trimestre.....	10 547 05	6.053 49	927 41	16.663 03	43.587 75 (2)	43.587 75	»	»	169
Report des arriérés........	14.035 49	30.000 22	1 281 41	14.010 30	71.476 53	71.476 53	»	»	...
Totaux généraux...........,	24.612 54	36.030 71	2.208 82	30.673 33	115.064 28	115.064 28	»	»	...

Les soussignés certifient véritable le présent compte trimestriel s'élevant à la somme de (3) quarante trois mille cinq cent quatre-vingt-sept francs soixante-quinze centimes, conformément aux pièces justificatives mises à l'appui des bordereaux trimestriels ci-joints.

A   , le 20 mars 19

Les Membres du Conseil d'administration,

LIQUIDATION.

Le Sous-Intendant militaire, après examen des pièces justificatives jointes au présent compte trimestriel, propose de modifier ainsi qu'il suit les créances indiquées ci-après.

NUMÉROS		NOMS	MONTANT		DIFFÉRENCES		MOTIFS
des BORDEREAUX trimestriels.	des PIÈCES.	des CRÉANCIERS.	des CRÉANCES d'après les pièces.	des SOMMES à admettre en liquidation.	en AUGMENTATION.	en DIMINUTION.	des AUGMENTATIONS et des diminutions.
1	2	3	4	5	6	7	8
		TOTAUX			»	»	
		Différence finale en (1) »			»		
		Le montant des titres de créances étant de.			43.587 75		
		La somme totale à admettre en liquidation est de			43.587 75		

En conséquence, le Sous-Intendant militaire liquide le montant des créances objet du présent compte trimestriel à la somme de quarante-trois mille cinq cent quatre-vingt-sept francs soixante-quinze centimes.

(1) Augmentation ou diminution.

(2) La liquidation ne peut être arrêtée à une date postérieure au 31 mars de l'année qui suit celle qui a donné son millésime à l'exercice.

A   , le (2) 21 mars 19

Le Sous-Intendant militaire,

MINISTÈRE
DE LA GUERRE.

Nombre de pièces à l'appui : 70.

Date de l'arrivée à la direction de l'Intendance le   19 .

ÉTAT DE LIQUIDATION

Minute.

SERVICE
DES (1) FOURRAGES.

e CORPS D'ARMÉE
ou
(2)

SOUS-INTENDANCE MILITAIRE
de A***

EXERCICE 19 .

4e TRIMESTRE.

MODÈLE N° 10.

Art. 6, § 2, de l'instruction du 17 mars 1904.

(1) Des fourrages, de l'habillement et du campement, du harnachement, etc.

(2) Gouvernement militaire d   ou division d   , etc.

(3) Inscrire l'indication du service budgétaire en se conformant exactement à la nomenclature des dépenses.

1re SECTION. — TROUPES MÉTROPOLITAINES.

CHAPITRE 27, ARTICLE 2.

(3) FOURRAGES (MATÉRIEL D'EXPLOITATION).

DÉPENSES DIVERSES.

MONTANT TOTAL des dépenses d'après les pièces.	MONTANT des créances admises en liquidation.
17.696 fr. 73	17.645 fr. 73

Sommes mandatées	en plus...	reversées au Trésor............	100 00
		à reverser au Trésor............	51 10
		à virer à d'autres services (chap. 25)........	374 50
		Remboursement des sommes reversées en trop	82 00
		TOTAL (col. 16)............	507 50
	en moins...	à ordonnancer au titre des exercices clos.....	»
		à virer d'autres services (chap. 25)...........	250 25
		TOTAL (col. 17)............	250 25

LIQUIDATION.

Le sous-intendant militaire, après examen et vérification des pièces justificatives des créances indiquées ci-après, liquide ainsi qu'il suit le montant desdites créances.

Numéros d'ordre d'inscription sur le présent état de liquidation.	DÉSIGNATION des créanciers et des gestionnaires.	MONTANT DES DÉPENSES d'après les pièces.	DÉPENSES engagées et suivies par l'administration centrale. — Frais de location.	DÉPENSES SUIVIES PAR § 3 DÉPENSES — Frais de mouture.	Transports à l'intérieur des places.	Fourniture de gaz aux parcs à fourrages; entretien des comptoirs.	Frais d'adjudication d'inscription et d'affichage.	LES SERVICES EXTÉRIEURS. L'EXPLOITATION — Droits d'octroi et de douane.	Vacations, honoraires, frais d'expertise.	Achat de menus objets de consommation.	Fourniture d'eau potable.	Réparation du matériel.	MONTANT des créances admises en liquidation ou droits constatés.	MONTANT des sommes mandatées.	DIFFÉRENCE entre le montant des droits constatés (col. 14) et l'ordonnancement (col. 15). Sommes mandatées. — En plus : reversées au Trésor ou à virer à d'autres services (1).	En moins : à ordonnancer ou à virer d'autres services (1).	NOMBRE DE PIÈCES.
1	2	3	4	5	6	7	8	9	10	11	12	13	14	15	16	17	18
		fr. c.	fr. c.	fr. c.	fr. c.	fr. c.	fr. c.	fr. c.	fr. c.	fr. c.	fr. c.	fr. c.	fr. c.	fr. c.	fr. c.	fr. c.	
1	Petit	205 00	»	»	205 00	»	»	»	»	»	»	»	205 00	305 00	100 00	»	4
2	Lemoine	438 00	»	»	»	»	»	»	»	387 00	»	»	387 00	438 00	51 00	»	3
3	Léon (A)	»	»	»	»	»	»	»	»	»	»	»	»	32 00	32 00	»	»
4	Sébastien	3.085 00	»	3 085 00	»	»	»	»	»	»	»	»	3 085 00	3,085 00	»	»	8
5	Duval	385 00	»	»	»	»	»	»	»	»	»	385 00	385 00	385 00	»	»	2
6	Lavallée	750 00	750 00	»	»	»	»	»	»	»	»	»	750 00	750 00	»	»	1
7	Durand (B)	250 25	»	»	»	»	»	»	»	250 25	»	»	250 25	»	»	250 25	1
8	Giraud (c)	~~324 50~~	»	~~324 50~~	»	»	»	»	»	»	»	»	~~324 50~~	324 50	324 50	»	~~1~~
9	Michel	450 25	»	450 25	»	»	»	»	»	»	»	»	450 25	450 25	»	»	3
10	Antoine (D)	~~152 50~~	»	»	»	»	»	112 50	»	»	»	»	~~152 50~~	~~152 50~~	»	»	3
. . .	. . .	. . .	. . .	. . .	. . .	. . .	. . .	. . .	. . .	. . .	. . .	. . .	. . .	. . .	. . .	. . .	. . .
28	M. N.., *gestionnaire*	2.288 68	»	545 00	205 00	295 50	28 44	425 30	225 00	192 25	77 85	294 31	2.288 50	2.238 68	»	»	30
Totaux pour le trimestre.		17.693 73	1,500 00	5.870 25	410 00	205 50	28 44	7.729 45	225 00	820 50	77 85	679 31	17.645 73	17.902 98	507 50	250 25	70
Report des antérieurs.			1.500 00	2.300 00	715 25	723 30	315 25	23.525 10	785 00	2.780 00	315 80	2 830 40	36 040 40	36.865 70	825 30	»	»
Totaux généraux.			3.000 00	8.170 25	1.125 25	1.018 80	343 69	31.554 05	900 00	3 010 10	303 35	3.509 74	53.686 13	54.768 68	1.332 80	250 25	70

(1) Les sommes à virer sont inscrites à l'encre rouge.
(A) La somme de 32 francs représente une somme versée en trop au Trésor et dont le récépissé a été rétabli au crédit du service. (Art. 15. b.)
(B) La créance Durand (250 fr. 25), mandatée par erreur au titre du chapitre 25, n'a pu être réimputée au chapitre 27, l'erreur n'ayant été reconnue qu'après le 31 décembre.
(C) La créance Giraud (324 fr. 50) aurait dû être mandatée sur les crédits du chapitre 25. La rectification, pour le même motif que ci-dessus, n'a pu être faite en temps utile.
(D) La créance Antoine, mandatée à tort au titre du chapitre 27, a pu être réimputée au chapitre 23 qu'elle concerne.

RÉSULTATS DE LA LIQUIDATION.

	fr.	c.
Le montant total des titres de créances est de..............	17.696	73
Le Sous-Intendant militaire propose de liquider à..........	17.645	73
Différence en diminution.............	51	00

Explication de cette différence.

DÉSIGNATION des CRÉANCIERS.	MONTANT		DIFFÉRENCES		MOTIFS DES AUGMENTATIONS et des diminutions.
	des TITRES de créances.	DES SOMMES admises en liquidation.	en AUGMENTA-TION.	en DIMINUTION.	
	fr. c.	fr. c.	fr. c.	fr. c.	
Lemoine......	438 00	387 00	»	51 00	Erreur dans le décompte de la facture.
Totaux..........			»	51 00	
Différence finale comme ci-dessus.				51 00	

En conséquence, le Sous-Intendant militaire liquide le montant des créances portées au présent état à la somme totale de dix-sept mille six cent quarante-cinq francs soixante-treize centimes.

(1) La liquidation ne peut être arrêtée à une date postérieure au 31 mars de l'année qui suit celle qui a donné son millésime à l'exercice.

A   , le (1) 25 mars 19 .

Le Sous-Intendant militaire,

MINISTÈRE
DE LA GUERRE.

Nombre de pièces à l'appui : 70.

—

Date de l'arrivée à la direction de l'intendance le   19   .

ÉTAT DE LIQUIDATION.

Expédition.

SERVICE
DES (1) FOURRAGES.

 ͤ CORPS D'ARMÉE.
ou

(1)

SOUS-INTENDANCE MILITAIRE
de A***

EXERCICE 19 .

4ᵉ TRIMESTRE.

1ʳᵉ SECTION. — TROUPES MÉTROPOLITAINES.

CHAPITRE 27, ARTICLE 2.

(3) FOURRAGES (MATÉRIEL D'EXPLOITATION).

MODÈLE Nº 10.

Art. 6, § 2, de l'instruction du 17 mars 1904.

(1) Des fourrages, de l'habillement et du campement, du harnachement, etc.
(2) Gouvernement militaire d   ou division d   , etc.
(3) Inscrire l'indication du service budgétaire en se conformant exactement à la nomenclature des dépenses.

DÉPENSES DIVERSES

MONTANT TOTAL des dépenses d'après les pièces.	MONTANT des créances admises en liquidation.
17.696 fr. 73	17.645 fr. 73

Sommes mandatées.	en plus.. { reversées au Trésor...........................	100 00
	à reverser au Trésor...........................	51 00
	à virer à d'autres services (chap. 25)...........	325 50
	Remboursement de sommes reversées en trop.	32 00
	TOTAL (col. 16).................	507 50
	en moins. { à ordonnancer au titre des exercices clos.....	»
	à virer d'autres services (chap. 25)...........	250 25
	TOTAL (col. 17)..................	250 25

Le Sous-Intendant militaire, après examen et vérification des pièces justificatives des

créances indiquées ci-après, liquide ainsi qu'il suit le montant desdites créances.

Numéro d'ordre d'inscription sur le présent état de liquidation (1)	DÉSIGNATION des créanciers et des gestionnaires (2)	MONTANT DES DÉPENSES d'après les pièces (3)	DÉPENSES engagées et suivies par l'administration centrale. Frais de location (4)	Frais de mouture (5)	Transports à l'intérieur des places (6)	Fourniture de gaz aux parcs à fourrages; entretien des compteurs (7)	Frais d'adjudication d'insertion et d'affichage (8)
		fr. c.	fr. c.	fr. c.	fr. c.	fr. c.	fr. c.
1	Petit	205 00	»	»	205 00	»	»
2	Lemoine	438 00	»	»	»	»	»
3	Léon (A)	»	»	»	»	»	»
4	Sébastien	3.085 00	»	3.085 00	»	»	»
5	Duval	385 00	»	»	»	»	»
6	Lavollée	750 00	750 00	»	»	»	»
7	Durand (B)	250 25	»	»	»	»	»
8	Giraud (C)	»	»	»	»	»	»
9	Michel	450 25	»	450 25	»	»	»
23	M. N... gestionnaire	2.288 68	»	545 00	205 00	295 50	28 45
	Totaux pour le trimestre.	17.696 73	1.500 00	5.870 25	410 00	295 50	28 45
	Report des antérieurs		1.500 00	2 300 00	715 25	723 30	315 25
	Totaux généraux		3 000 00	8.170 25	1.125 25	1.018 80	343 60

LES SERVICES EXTÉRIEURS. D'EXPLOITATION. — § 3. DÉPENSES.

Numéro d'ordre (1)	DÉSIGNATION des créanciers et des gestionnaires (2)	Droits d'octroi et de douane (9)	Vacations, honoraires, frais d'expertise (10)	Achat de menus objets de consommation (11)	Fourniture d'eau potable (12)	Réparation du matériel (13)	MONTANT des créances admises en liquidation ou droits constatés (14)	MONTANT des sommes mandatées (15)	DIFFÉRENCE — En plus: reversés à reverser au Trésor ou à virer à d'autres services (16)	En moins: à ordonnancer ou à virer d'autres services (17)	NOMBRE DE PIÈCES (18)
		fr. c.	fr. c.	fr. c.	fr. c.	fr. c.	fr. c.	fr. c.	fr. c.	fr. c.	
1	Petit	»	»	»	»	»	205 00	305 00	100 00	»	4
2	Lemoine	»	»	387 00	»	»	387 00	438 00	51 00	»	3
3	Léon (A)	»	»	»	»	»	»	32 00	32 00	»	»
4	Sébastien	»	»	»	»	»	3 055 00	3.085 00	»	»	8
5	Duval	»	»	»	»	385 00	3-5 00	385 00	»	»	2
6	Lavollée	»	»	»	»	»	750 00	750 00	»	»	1
7	Durand (B)	»	»	250 25	»	»	250 25	»	»	250 25	1
8	Giraud (C)	»	»	»	»	»	»	324 50	324 50	»	»
9	Michel	»	»	»	»	»	450 25	450 25	»	»	3
23	M. N... gestionnaire	425 30	225 00	192 25	77 85	294 34	2 288 68	2.288 68	»	»	30
	Totaux pour le trimestre.	7 729 85	225 00	829 50	77 85	679 34	17.645 73	17.902 98	507 50	250 25	70
	Report des antérieurs	23.825 10	735 00	2.780 60	315 50	2.630 40	36.040 40	36.805 70	825 30	»	»
	Totaux généraux	31.554 95	960 00	3.010 10	393 35	3.509 74	53.636 13	54.763 68	1.332 80	250 25	»

(1) Les sommes à virer sont inscrites à l'encre rouge.
(A) La somme de 32 francs représente une somme versée en trop au Trésor et dont le récépissé a été rétabli au crédit du service. (Art. 15 §.)
(B) La créance Durand (250 fr. 25), mandatée par erreur au titre du chapitre 25, n'a pas été réimputée au chapitre 27, l'erreur n'ayant été reconnue qu'après le 31 décembre.
(C) La créance Giraud (324 fr. 50) aurait dû être mandatée sur les crédits du chapitre 25; pour le même motif que ci-dessus, la rectification n'a pu être effectuée en temps utile.

RESULTATS DE LA LIQUIDATION

	fr.	c.
Le montant total des titres de créances est de...............	17.696	73
Le Sous-Intendant militaire propose de liquider à...........	17.645	73
Différence en diminution...............	51	00

Explication de cette différence.

DÉSIGNATION des CRÉANCIERS.	MONTANT		DIFFÉRENCES		MOTIFS des AUGMENTATIONS et des diminutions.
	des TITRES de créances.	DES SOMMES admises en liquidation.	en AUGMENTA- TION.	en DIMINUTION.	
	fr. c.	fr. c.	fr. c.	fr. c.	
Lemoine......	438 00	387 00	»	51 00	Erreur dans le décompte de la facture.
TOTAUX...........			»	51 00	
Différence finale comme ci-dessus.			51 00		

En conséquence, le Sous-Intendant militaire liquide le montant des créances portées au présent état à la somme totale de dix-sept mille six cent quarante-cinq francs soixante-treize centimes.

(1) La liquidation ne peut être arrêtée à une date postérieure au 31 mars de l'année qui suit celle qui a donné son millésime à l'exercice.

A   , le (1) 25 mars 19 ...

Le Sous-Intendant militaire,

MINISTÈRE
DE LA GUERRE.

DIRECTION
DES POUDRES ET SALPÊTRES

BUREAU
DES POUDRES ET SALPÊTRES.

Nombre de pièces à l'appui : 49.

Numéro d'enregistrement.
{ Au bureau du directeur :
Au bureau d :
A la direction du contrôle :

Dates....
{ De l'arrivée des pièces au bureau d :
Le 19 .
De la remise à la Direction du contrôle :
Le 19
Du renvoi au bureau d :
Le 19 .

RAPPORT DE LIQUIDATION

SERVICE
des (1)
POUDRES ET SALPÊTRES

CORPS D'ARMÉE.
ou

(2)

(3)

EXERCICE 19 .

3° TRIMESTRE.

1re section. Troupes métropolitaines

CHAPITRE 47, ARTICLE 1er.

MODÈLE N° 11.

Art. 7, § 2, de l'instruction du 17 mars 1904.

(1) De l'artillerie, des poudres et salpêtres, du génie, de santé, etc.
(2) Gouvernement militaire.
(3) Désignation de l'établissement.
(4) Inscrire l'indication du service budgétaire en se conformant exactement à la nomenclature des dépenses.

POUDRES ET SALPÊTRES (MATÉRIEL).

MONTANT TOTAL des créances admises en liquidation.	PROPOSITIONS	
	DU BUREAU des poudres et salpêtres.	de LA DIRECTION du contrôle.
22.132 fr. 03		

Sommes mandatées	en plus...	versées au Trésor.............	180 00
		à verser au Trésor.............	»
		à virer à d'autres services.............	»
		TOTAL (col. 9).............	180 00
	en moins.	à ordonnancer au titre des exercices clos......	»
		à virer d'autres services.............	»
		TOTAL (col. 10).............	»

LIQU…

Le Directeur, après examen et vérification des pièces justificatives des créances mises à …

NATURE DES OPÉRATIONS.	APPROVI-SIONNEMENTS principaux.	APPROVI-SIONNEMENTS pour emballages.	APPROVI-SIONNEMENT divers.
1	2	3	4
	fr. c.	fr. d.	fr. c.
Dépenses acquittées sur mandats d'avances..	»	655 60	1.157 2…
Dépenses acquittées sur mandats directs	4.504 30	325 40	10.387 6…
Totaux pour le trimestre,.........	4.504 30	981 00	11.544 9…
Report des antérieurs	7.425 10	1.963 25	25.435 1…
Totaux généraux.........	11.929 40	2.944 25	36.980 0…

Résultats de la vérification du directeur (5).

NUMÉROS des bordereaux trimestriels.	des pièces de dépenses.	NOMS des CRÉANCIERS.	MONTANT des créances d'après les pièces produites par les créanciers.	MONTANT des sommes admises en liquidation.	DIFFÉRENCES en augmentation	DIFFÉRENCES en diminution.	MOTIFS DES AUGMENTATION et des diminutions.
		Totaux............			»	»	
		Différence finale »	»				

DATION.

...ul des bordereaux trimestriels ci-joints, liquide ainsi qu'il suit le montant desdites créances

FRAIS D'EXPLOITATION générale.	BATIMENTS et MACHINES.	MONTANT DES CRÉANCES admises en liquidation ou droits constatés	MONTANT DES SOMMES mandatées.	DIFFÉRENCE entre le MONTANT DES DROITS CONSTATÉS (col. 7) et l'ordonnancement (col. 8). Sommes mandatées		NOMBRE DE PIÈCES.
				en plus : reversées ou à reverser au Trésor ou à virer à d'autres services (1).	en moins : à ordonnancer ou à virer d'autres services (1).	
5	6	7	8	9	10	11
fr. c.	fr. c.	fr. c.	fr. c.	fr. c.	fr. c.	
2.630 75	»	4.443 60	4.443 60	»	»	25
719 14	1.751 94	17.688 43	17.868 43	180 00	»	24
3.349 89	1.751 94	22.132 03 (2)	22.312 03	180 00	»	49
5.639 27	2.725 45	43.188 22	43 233 50	45 28	»	...
8.989 16	4.477 39	65.320 25	65.545 53	225 28	»	...

En conséquence, le montant des créances comprises dans le présent rapport est liquidé à la somme de (3) vingt-deux mille cent trente-deux francs trois centimes.

A   , le (4)   19   .

Le Directeur de la poudrerie,

(1) Les sommes à virer sont inscrites à l'encre rouge.
(2) Somme à laquelle le rapport est arrêté.
(3) En toutes lettres.
(4) La liquidation ne peut être arrêtée à une date postérieure au 31 mars de l'année qui suit celle qui a donné son millésime à l'exercice.
(5) Ne faire figurer sur ce tableau que les créances dont le montant a été modifié par le directeur liquidateur.

RÉVISION MINISTÉRIELLE.

EXAMEN ET PROPOSITIONS DU BUREAU DES POUDRES ET SALPÊTRES

	fr.	c.
Le directeur a admis en liquidation la somme totale de.......	22.132	03
Le bureau propose de liquider à...........................		
Différence en		

Explication de cette différence :

AUGMENTA-TIONS.	DIMINUTIONS.

TOTAUX.....................

Différence finale comme ci-dessus ......

En conséquence, le bureau propose d'arrêter le présent rapport de liquidation à la somme totale de

A Paris, le   19

Le Chef du bureau,

Vu :
Le Directeur,

RÉSULTAT DE LA VÉRIFICATION opérée par la direction du contrôle.	DÉCISION DU MINISTRE	OBSERVATIONS
Le Chef du bureau des comptes, Vu : *L'Adjoint au directeur,*	Le Ministre a approuvé le	

MINISTÈRE
DE LA GUERRE.

RAPPORT DE LIQUIDATION

MODÈLE N° 12.

Art. 7, § 2, de l'instruction du 17 mars 1906.

DIRECTION
d

BUREAU
d

SERVICE
DE (1) L'ARTILLERIE.

CORPS D'ARMÉE
ou

(2)

(3) DIRECTION D'ARTILLERIE D

EXERCICE 19

4ᵉ TRIMESTRE.

1ʳᵉ section. Troupes métropolitaines.

CHAP. 45. ART. UNIQUE.

Nombre de pièces à l'appui : 160.

Numéro d'enregistrement.
Au bureau du directeur :
Au bureau d
A la direction du contrôle :
De l'arrivée des pièces au bureau d
Le   19
De la remise à la direction du contrôle :
Le   19
Du renvoi au bureau d
Le   19

(1) De l'artillerie, des poudres et salpêtres, du génie, de santé, etc.
(2) Gouvernement militaire.
(3) Désignation de l'établissement.
(4) Inscrire l'indication du service budgétaire en se conformant exactement à la nomenclature des dépenses.

Dates.

(4) ÉTABLISSEMENTS DE L'ARTILLERIE (MATÉRIEL D'EXPLOITATION).

ACHAT ET FABRICATION DE MATÉRIEL, MUNITIONS, ETC.

MONTANT TOTAL des créances admises en liquidation	PROPOSITIONS	
	DU BUREAU du matériel de l'artillerie.	de LA DIRECTION du contrôle.
141,788 fr. 61		

Sommes mandatées en plus...	reversées au Trésor.	
	à verser au Trésor.	
	à virer à d'autres services.	
	TOTAL (col. 17)	
en moins.	à ordonnancer au titre des exercices clos	
	à virer d'autres services.	
	TOTAL (col. 18)	

LIQUIDATION.

Le Directeur, après examen et vérification des pièces justificatives des créances mises à l'appui des bordereaux trimestriels ci-joints, liquide ainsi qu'il suit le montant desdites créances :

NATURE des OPÉRATIONS. (1)	MONTANT des bordereaux trimestriels. (2)	§1er — Salaires des ouvriers civils (chauffeurs, mécaniciens, ouvriers d'art, ouvrières et manœuvres). (3)	§1er — Achat de matières et projectiles. (4)	§2 — Salaires des ouvriers civils. (5)	§2 — Achat d'objets et de matières. (6)	§3 — Salaires des ouvriers civils. (7)	§3 — Achat de matières (cuivre, laiton, etc.). (8)	§4 — Fabrication des armes (cuirasses exceptées), des pièces d'armes, etc. (9)
	fr. c.	fr. c.	fr. c.	fr. c.	fr. c.	fr. c.	fr. c.	fr. c.
Dépenses acquittées sur mandats d'avances..	25.794 30	153 50	»	23.433 08	»	207 72	»	»
Dépenses acquittées sur mandats directs....	115.994 01	»	352 47	»	106.484 00	»	5.042 87	4.117 97
Totaux pour le trimestre........	141.788 31	153 50	352 47	25.433 08	106.484 00	207 72	5.042 87	1.117 67
Report des antérieurs.	»	»	3.001 13	20.714 91	24.536 44	»	9.089 13	·
Totaux généraux..	»	153 50	3.935 09	40.147 99	133.020 44	207 72	14.132 00	1.117 67

NATURE des OPÉRATIONS.	§5 — Achat et confection du matériel d'essai. Expériences. Indemnités aux membres civils de la Commission des inventions intéressant l'armée. (10)	MONTANT des dépenses admises en liquidation ou droits constatés. (11)	MONTANT des sommes mandatées. (12)	À AJOUTER : valeur des vieilles matières cédées aux entrepreneurs pour être transformées — §1er. (13)	§2. (14)	§3. (15)	TOTAL des colonnes 12 à 15. (16)	DIFFÉRENCE en plus : reversées ou à reverser au Trésor ou à virer à d'autres services (1). (17)	DIFFÉRENCE en moins : à ordonnancer au titre des exercices clos ou à virer d'autres services (1). (18)	NOMBRE DE PIÈCES. (19)
	fr. c.	fr. c.	fr. c.	fr. c.	fr. c.	fr. c.	fr. c.	fr. c.	fr. c.	
Dépenses acquittées sur mandats d'avances..	»	25.794 30	25.794 30	»		»	25.794 30	»	»	3
Dépenses acquittées sur mandats directs....	957 10	115.994 01	93.726 74	1.521 35	13.405 07	1.837 25	115.994 01	»	»	157
Totaux pour le trimestre........	957 10 (2)	141.788 31	119.521 04	1.521 35	13.405 07	1.837 25	141.788 31	»	»	160
Report des antérieurs.	189 17	38.132 78	44.654 36	»	3.404 42	»	38.132 78	»	»	·
Totaux généraux..	1.146 27	179.921 00	179.645 40	1.524 33	16.876 03	1.837 25	193.921 03	·	·	·

En conséquence, le montant des créances comprises dans le présent rapport est liquidé à la somme de (3) cent quarante et un mille sept cent quatre-vingt-huit francs trente et un centimes.

A   , le (4)   19

Le Directeur d'artillerie,

(1) Les sommes à virer sont inscrites à l'encre rouge.
(2) Somme à laquelle le rapport est arrêté.
(3) En toutes lettres.
(4) La liquidation ne peut être arrêtée à une date postérieure au 31 mars de l'année qui suit celle qui a donné son millésime à l'exercice.
(5) Ne faire figurer sur ce tableau que les créances dont le montant a été modifié par le directeur liquidateur.

Résultats de la vérification du directeur (5).

NUMÉROS des bordereaux trimestriels.	des pièces de dépenses.	NOMS des créanciers.	MONTANT — des créances d'après les bordereaux trimestriels.	des sommes admises en liquidation.	DIFFÉRENCES — en augmentation.	en diminution.	MOTIFS des augmentations et des diminutions.
		Totaux....					
		Différence finale »					

REVISION MINISTÉRIELLE

EXAMEN ET PROPOSITIONS DU BUREAU DU MATÉRIEL DE L'ARTILLERIE
ET DES ÉQUIPAGES MILITAIRES.

	fr.	c.
Le directeur a admis en liquidation la somme totale de......	141.788	31
Le bureau propose de liquider à.............................		
Différence en		

Explication de cette différence :

	AUGMENTA-TIONS.	DIMINUTIONS.
Totaux..................		
Différence finale comme ci-dessus........		

En conséquence, le bureau propose d'arrêter le présent rapport de liquidation à la somme totale de .

A Paris, le   19   .

Le Chef du bureau.

Vu :
Le Directeur,

RÉSULTAT DE LA VÉRIFICATION opérée par la direction du contrôle.	DÉCISION DU MINISTRE.	OBSERVATIONS.
Le Chef du bureau des comptes, Vu : *L'Adjoint au directeur,*	Le Ministre a approuvé le	

MINISTÈRE DE LA GUERRE.	RAPPORT DE LIQUIDATION	MODÈLE N° 13.

MINISTÈRE
DE LA GUERRE.

DIRECTION
DE L'INTENDANCE.

BUREAU
DES FOURRAGES, ETC.

Nombre de pièces à l'appui : 168.

Numéro d'enregistrement.

{ Au bureau du directeur :
Au bureau d :
A la direction du contrôle :

Dates.

De l'arrivée des pièces au bureau d :
Le   19 .
De la remise à la direction du contrôle :
Le   19 .
Du renvoi au bureau d :
Le   19 .

SERVICE
DES (1) FOURRAGES.

° CORPS D'ARMÉE
ou
(2)

EXERCICE 19 .

° TRIMESTRE.

1re Section. Troupes métropolitaines

CHAPITRE 27, ARTICLE 2.

(3) FOURRAGES (MATÉRIEL D'EXPLOITATION).

MODÈLE N° 13.

Art. 7. § 3. de l'instruction du 17 mars 1904.

(1) Des fourrages, de l'habillement et du campement, du harnachement, etc.
(2) Gouvernement militaire de   ou division d   , etc
(3) Indiquer la section budgétaire et bâtonner en conséquence l'un des indices en accolade.
(4) Inscrire l'indication du service budgétaire en se conformant exactement à la nomenclature des dépenses.

DÉPENSES DIVERSES.

MONTANT TOTAL des créances admises en liquidation.	PROPOSITIONS		
	DU DIRECTEUR de l'intendance.	DU BUREAU des fourrages, etc.	de LA DIRECTION du contrôle.
55.171 fr. 54	55.616 fr. 39		

Sommes mandatées	en plus... { reversées au Trésor......................	100 00
	à reverser au Trésor.....................	206 15
	à virer à d'autres services (chap. 25)..........	324 50
	Remboursement des sommes reversées en trop.	32 00
	TOTAL (col. 16)............	662 65
	en moins... { à ordonnancer au titre des exercices clos.....	»
	à virer d'autres services (chap. 25)..........	250 25
	TOTAL (col. 17)............	250 25

Le Directeur de l'Intendance, après examen et vérification des pièces justificatives jointes aux

DÉSIGNATION des SOUS-INTENDANCES.	MONTANT des DÉPENSES d'après les états de liquidation.	DÉPENSES ENGAGÉES et suivies par l'administration centrale. Frais de location.	DÉPENSES SUIVIES PAR § 3. — DÉPENSES				
			Frais de mouture.	Transports à l'intérieur des places.	Fournitures de gaz aux parcs à fourrages, entretien des compteurs.	Frais d'adjudication, d'insertion et d'affichage.	Droits d'octroi et de douane.
1	2	3	4	5	6	7	8
	fr. c.	fr. c.	fr. c.	fr. c.	fr. c.	fr. c.	fr. c.
A.	17.645 73	1.500 00	5.715 10	410 00	295 50	28 44	7.729 85
B.	5.891 95	300 00	»	»	»	20 80	»
C.	1.313 00	750 00	»	»	»	»	»
D.	30.320 85	»	»	37 20	»	125 45	»
Totaux du trimestre.	55.171 54	2.550 00	5.715 10	447 20	295 50	174 69	7.729 85
Report des antérieurs.		5.400 00	2.835 40	545 30	735 25	326 10	14.210 15
Totaux généraux.		7.950 00	8.550 50	992 50	1.030 75	500 75	21.940 00

Résultats de la vérification du Directeur de l'Intendance.

Le montant total des créances admises en liquidation est de 55.171 54
Le Directeur propose d'arrêter le montant desdites créances à la somme de 55.016 39
Différence en moins 155 15

Explication de cette différence.

DÉSIGNATION des SOUS-INTENDANCES.	NOMS des CRÉANCIERS.	SOMMES		DIFFÉRENCES		MOTIFS DES AUGMENTATIONS et des diminutions.
		admises en liquidation.	à admettre en liquidation.	en augmentation.	en diminution.	
		fr. c.	fr. c.	fr. c.	fr. c.	
Sous - intendance militaire d.	St-Sébastien.	3.085 00	2.929 85	»	155 15	Erreur dans l'application des prix du marché (Voir la feuille de vérification ci-jointe).
Totaux.				»	155 15	
Différence finale comme ci-dessus.					155 15	

états de liquidation indiqués ci-après, arrête ainsi qu'il suit lesdits états de liquidation :

LES SERVICES EXTÉRIEURS. D'EXPLOITATION.				§ 4. Approvisionnements de réserve.	MONTANT des CRÉANCES admises en liquidation ou droits constatés.	MONTANT des SOMMES mandatées.	DIFFÉRENCE entre le MONTANT DES DROITS constatés (col. 14) et l ordonnancement (col. 15). Sommes mandatées		NOMBRE DE PIÈCES.
Vacations, honoraires, frais d'expertises.	Achats de menus objets de consommation.	Fourniture d'eau potable.	Réparation du matériel.	Entretien des approvisionnements régionaux.			En plus : reversés ou à reverser au Trésor ou à virer à d'autres service (1).	En moins : à ordonnancer ou à virer d'autres services (1).	
9	10	11	12	13	14	15	16	17	18
fr. c.	fr. c.	fr. c.	fr. c.	fr. c.	fr. c.	fr. c.	fr. c.	fr. c.	
225 00	829 70	77 85	679 34	»	17.490 68	17.902 98	652 65	250 2	70
»	7 20	»	133 63	5.430 32	5.891 95	5.891 95	»	»	28
»	»	»	563 00	»	1.313 00	1.313 00	»	»	13
»	»	»	70 83	30.087 38	30.320 86	38 320 86	»	»	37
225 00	836 70	77 85	1.446 80	35.517 70	55.016 39 (2)	55.428 7.	662 65	250 25	148
705 00	1.150 15	228 60	8.532 34	172.487 6	207.155 94	208.237 95	1.082 01	»	....
930 00	1.986 85	306 45	9.979 14	208.005 35	262.172 33	263,666 74	1.744 66	250 25	....

En conséquence, le montant des créances comprises dans les états de liquidation qui font l'objet du présent rapport est arrêté à la somme totale de (3) cinquante-cinq mille seize francs trente-neuf centimes.

A   , le   .   19 .

Le Directeur de l'Intendance,

(1) Les sommes à virer sont inscrites à l'encre rouge.
(2) Somme à laquelle le rapport doit être arrêté.
(3) En toutes lettres.

REVISION MINISTÉRIELLE.

EXAMEN ET PROPOSITIONS DU BUREAU DES FOURRAGES.

	fr.	c.
Le directeur a admis les dépenses pour la somme totale de...	55.016	30
Le bureau propose de liquider à............................		
Différence en		

Explication de cette différence :

	AUGMENTATIONS.	DIMINUTIONS.
Totaux....................		
Différence finale comme ci-dessus.....		

En conséquence, le bureau propose d'arrêter le présent rapport de liqui-dation à la somme totale de

A Paris, le   19 .

Le Chef du bureau,

Vu :
Le Sous-Directeur,

RÉSULTAT DE LA VÉRIFICATION OPÉRÉE par la direction du contrôle.	DÉCISION DU MINISTRE.	OBSERVATIONS.
Le Chef du bureau des comptes, Vu: *L'adjoint au directeur,*	Le Ministre a approuvé le	

MINISTÈRE
DE LA GUERRE.

MODÈLE Nº 13.

Art. 7, §7, de l'instruc-
tion du 17 mars 1904.

ᵉ CORPS D'ARMÉE.

SOUS-INTENDANCE MILITAIRE DE R....

ou

DIRECTION DU SERVICE D

CARNET

D'INSCRIPTION DES LIQUIDATIONS

1ʳᵉ SECTION. TROUPES MÉTROPOLITAINES.

EXER-CICE.	DATE de L'ENVOI à la direction de l'intendance (1).	Numéros d'enregistrement (2).	TRIMESTRE.	Chap. 24. — Vivres (Personnel d'exploitation).	Chapitre 25. — Article 2. Vivres (Matériel d'exploitation).				Chapitre 27. — Fourrages. Article 1ᵉʳ Personnel d'exploitation.	Article 2. — Matériel d'exploitation.				2ᵉ SECTION. TROUPES coloniales. Chap.	Chap.	3ᵉ SECTION. DÉPENSES extraordinaires. Chap.	Chap.
					Achats.	Fournitures à la ration.	Dépenses diverses	TOTAL (col. 6 à 8).		Achats.	Fournitures à la ration.	Dépenses diverses.	TOTAL (Col. 11 à 13.)				
1	2	3	4	5	6	7	8	9	10	11	12	13	14	15	16	17	18
				fr. c.	fr. c.	fr. c.	fr. c.	fr. c.	fr. c.	fr. c.	fr. c.	fr. c.	fr. c.				
1902	22 avril 1902..	1	1ᵉʳ.	»	»	2.927 00	»	2.027 00	»	»	»	»	»	»	»	»	»
	Id........	2	id.	»	»	»	»	»	»	3.072 00	»	»	3.972 00	»	»	»	»
	Id........	3	id.	»	»	»	2.678 00	2 078 00	»	»	»	»	»	»	»	»	»
	Id........	4	id.	»	»	»	»	»	1.820 00	»	»	»	»	»	»	»	»
	Id........	5	id.	»	»	7.315 00	88 00	7.403 00	»	»	»	»	»	»	»	»	»
	Id........	6	id.	»	»	»	»	»	»	»	235.015 00	»	225.015 00	»	»	»	»
	30 avril 1902..	7	id.	2.027 00	»	»	»	»	»	»	»	»	»	»	»	»	»
	Id........	8	id.	»	»	»	»	»	»	»	»	11.805 00	11.805 00	»	»	»	»
	Id........	9	id.	»	»	»	»	»	»	»	106.707 00	95 00	106.802 00	»	»	»	»
	Id........	10	id.	»	82.798 00	»	»	82.798 00	»	»	»	»	»	»	»	»	»
	25 juillet 1902	11	2ᵉ.	»	»	»	»	»	1.542 00	»	»	»	»	»	»	»	»
	Id........	12	id.	1.925 00	»	»	»	»	»	»	»	»	»	»	»	»	»
	Id........	13	id.	»	»	»	2.724 00	2.724 00	»	»	»	»	»	»	»	»	»
	30 juillet 1902	14	id.	»	»	»	»	»	»	»	160.074 00	55 00	160.129 00	»	»	»	»
	Id........	15	id.	»	»	7.005 00	86 00	7.001 00	»	»	»	»	»	»	»	»	»
	Id........	16	id.	»	31.613 00	»	»	31.613 00	»	»	»	»	»	»	»	»	»
	Id........	17	id.	»	»	»	»	»	»	»	»	12.200 00	12.200 00	»	»	»	»
	....	..	...	....	....	....	....	....	....	....	....	....	....	...	...	...	...
	Totaux			7.885 00	227.525 00	31.547 00	7.655 00	266.727 00	6.723 00	14.585 00	1.245.358 00	47.285 00	1.307.228 00	»	»	»	»

(1) On date de l'envoi au Ministre pour les rapports de liquidation établis par les directeurs ordonnateurs.
(2) Il n'y a qu'une série de numéros par exercice.

SOLDES DÉBITEURS ET SOLDES CRÉANCIERS.

Détail des sommes restant à reverser au Trésor ou à ordonnancer au titre des exercices clos.

EXER-CICE.	SECTION.	NUMÉROS des CHAPITRES.	des ARTICLES.	des subdivisions d'articles.	NUMÉROS des liquidations.	DÉSIGNATION DES DÉBITEURS ou des créanciers.	SOLDES DÉBITEURS. MONTANT des sommes restant à reverser.	DATES des reversements au Trésor.	DATES d'envoi des récépissés.	SOLDES CRÉANCIERS. MONTANT des sommes restant à ordonnancer.	DATES et numéros des mandats de payement.	DATES de transmission des mandats de payement aux intéressés.
1	2	3	4	5	6	7	8	9	10	11	12	13
							fr. c.			fr. c.		
1902	1re	25	1er	»	26	Robert………………	»	»	»	214 50	15 janv. 1901	20 janv. 1901
»	Id.	Id.	Id.	»	Id.	Martin……………	»	»	»	225 00	Id……	Id……
»	Id.	Id.	Id.	»	Id.	Claude……………	»	»	»	47 00	»	»
»	Id.	Id.	Id.	»	Id.	Jérôme……………	»	»	»	2.025 00	30 mars 1901	4 avril 1901
						TOTAUX……	»			8.935 00		

MODÈLE Nº 15.

Art. 9 (I, § 1er) de l'instruction du 17 mars 1904.

(1)

ᵉ CORPS D'ARMÉE
ou
(2)
—

Nº   du livre-journal des recettes et des dépenses.

(1) Région *ou* gouvernement militaire
miiitaire d

EXERCICE 19 .

ᵉ TRIMESTRE.

SERVICE D (3)

(4) ᵉ SECTION. — (5)

CHAPITRE , ARTICLE

(2) Désignation de la place *ou* de l'établissement.
(3) Artillerie, génie, habillement, etc.
(4) Indiquer la section budgétaire.
(5) Troupes métropolitaines *ou* troupes coloniales *ou* dépenses extraordinaires.

ÉTAT

pour servir au payement du traitement du personnel civil d'exploitation régi par la loi du 8 juin 1853, sur les pensions civiles, pendant le mois de mai 19 .

NOTA. — L'état d'émargement est établi en double expédition dont l'une destinée au payeur, est revêtue du timbre de quittance; l'autre expédition appuie la liquidation.

NUMÉROS D'ORDRE.	NOMS.	EMPLOIS.	MUTATIONS.	TRAITEMENTS par an.	à payer pendant le mois.	Retenues de 5 p. 100 sur le traitement brut.	Retenue du premier mois d'appointement et du premier douzième des augmentations.	Retenues pour congé par mesure disciplinaire, etc.	TOTAL.	SOMME NETTE à payer aux parties prenantes.	ÉMARGEMENT portant quittance. — Les soussignés déclarent s'être conformés aux prescriptions des lois et décrets sur le cumul.
1	2	3	4	5	6	7	8	9	10	11	12
				fr. c.	fr. c.	fr. c.	fr. c.	fr. c.	fr. c.	fr. c.	
1	Prosper......	Commis principal de 1re cl.	Sans mutation............	3.000 00	250 00	12 50	»	»	12 50	237 50	Prosper.
»	....	»	»	»	»	»	»	»	»	»	
4	Pascal..........	Commis principal de 2e cl.	Nommé commis principal de 2e classe à partir du 1er mai.	2.700 00	225 00	11 25	23 75	»	35 00	190 00	Pascal.
»	....	....	....								
»	....	....	....								
»	....	....	....								
5	Amédée........	Commis ordinaire de 1re cl.	Sans mutation............	2.400 00	200 00	10 00	»	»	10 00	190 00	Amédée.
»	....	....	....								
»	....	....	....								
8	Auguste........	Commis ordinaire de 2e cl.	Sans mutation............	2.100 00	175 00	8 75	»	»	8 75	166 25	Auguste.
»	....	....	....								
»	....	....	....								
12	Charles........	Commis ordinaire de 3e cl.	Nommé commis ordinaire de 3e classe à partir du 1er mai. Subit la retenue du premier quart du premier mois d'appointement (1)............	1.800 00	150 00	7 50	35 64	»	43 14	106 86	Charles.
13	Robert........	Id................	Nommé commis ordinaire de 3e classe à partir du 16 mai. Ne subira la retenue du premier mois d'appointement qu'à partir du mois de juin (1).	1.800 00	75 00	3 75	»	»	3 75	71 25	Robert.
			TOTAUX............	29.400 00	2.375 00 (a)	118 75	59 39	190 00	368 14 (b)	2.006 86 (c)	

(1) Pour l'application de l'article 28 de la loi de finances du 29 mars 1897, relatif au prélèvement par quart de la retenue du douzième de premier traitement, pour le service des pensions civiles, voir l'article 89 de l'instruction pour l'application du règlement du 3 avril 1869 (É. M., vol. 24, page 157).

Certifié le présent état s'élevant à la somme de (1) deux mille trois cent soixante-quinze francs qui se décompose ainsi qu'il suit :

1° Montant des retenues à exercer en exécution de la loi du 9 juin 1853 sur les pensions civiles. (Somme indiquée au renvoi (B) d'autre part, col. 10.)............................	368 14
2° Somme nette payée aux parties prenantes (renvoi (c) d'autre part, col. 11)...........................	2.006 86
Total égal..................	2.375 00

(1) Arrêter l'état à la somme indiquée au renvoi A d'autre part (col. 6).
(2) Le conseil d'administration, le gestionnaire, etc.
(3) Désignation du chef du service.

A   , le   19 .

L (2)

Vu :

L (3)

DÉCLARATION DE VERSEMENT AU TRÉSOR(1).

La somme de trois cent soixante-huit francs quatorze centimes a été versée au Trésor suivant récépissé n°   en date du
19 .

A   , le   19 .

L (3)

---

(1) Mention ajoutée (notification du 9 décembre 1904).

CORPS D'ARMÉE
ou

(1)

(2)

L'état récapitulatif émargé est joint à l'état de payement du chapitre article (3).

(1) Gouvernement militaire d   ou   • Région *ou* Division militaire d

(2) Désignation de la place *ou* de l'Etablissement.
(3) Cette mention n'est pas à compléter lorsque l'état de payement est émargé par les intéressés (voir le renvoi (2) d'autre part.
(4) Inscrire l'indication du service budgétaire en se conformant exactement à la nomenclature des dépenses
(5) Troupes métropolitaines,
   ou
Troupes coloniales.
   ou
Constructions et matériels neufs. — Approvisionnements de réserve.

EXERCICE 19 .

e Section (5)

CHAPITRE . — ARTICLE ,

MODÈLE N° 16 (A).

N° 453 de la Nomenclature générale.

Art. 9 (I. § 2) de l'instruction du 17 mars 1904.

ÉTAT

DE PAYEMENT

DU TRAITEMENT ET DU SALAIRE DU PERSONNEL

CIVIL D'EXPLOITATION

du mois d   19   .

(A) Circulaire du 13 mai 1913 *B. O.*, p. 649.

NOMS.	GRADES ou PROFESSIONS.	TRAVAIL A L'HEURE OU A LA TACHE.			MONTANT BRUT DES SALAIRES				PRÉLÈVEMENTS SUR LE MONTANT — Retenues pour la Caisse de la vieillesse.		
		Nombre d'heures.	Sommes à payer.	Prix de revient de l'heure (1).	Soumis à la retenue de 4 0/0.	Non passibles de la retenue.	Montant de la contribution patronale à la charge de l'État (loi du 5 avril 1910).	TOTAL général (col. 6, 7 et 7 bis).	4 0/0.	Retenues pour malfaçons et versements volontaires.	TOTAL (col. 9 et 10).
1	2	3	4	5	6	7	7 bis (A)	8	9	10	11

Retenues pour malfaçons à verser au Trésor.	TOTAL des colonnes 11 et 12.	DIFFÉRENCE ENTRE les colonnes 8 et 13.	CENTIMES nécessaires p[our] rendre multiple de cinq le chiffre des centimes du salaire net à payer aux ouvriers soumis à la retenue de 4 p. 0/0.	MONTANT du SALAIRE net à payer aux ouvriers.	A DÉDUIRE: salaires revenant aux ouvriers décédés ou retraités.	RESTE.	ÉMARGEMENT (2).	MONTANT DES PRÉLÈVEMENTS et des parts contributives allouées par l'État, déduction faite des centimes de la colonne 15 (3).	
								Prélèvements sur les salaires. (Différence entre les colonnes 11 et 15.)	Majoration complémentaire par l'État. (Différence entre les col. 9 et 15.)
12	13	14	15	16	17	18	19	20	21

(1) Pour les travaux à la tâche, le prix de l'heure est le résultat de la division de la somme à payer par le nombre d'heures employées effectivement au travail. Ce renseignement étant donné pour mémoire, le décompte du prix de l'heure est fait en centimes.

(2) L'état de payement n'est émargé par les intéressés que lorsque les traitements et salaires du personnel civil d'exploitation sont payés sur une seule subdivision budgétaire; dans ce cas, il n'est pas établi d'état récapitulatif (art. 9, 1. § 2 de l'instruction du 17 mars 1904). Si le salaire d'un ouvrier figurant sur un état de payement émargé affecte diverses rubriques budgétaires, il n'est donné, afin d'éviter à l'intéressé le payement de plusieurs timbres-quittances, qu'un seul acquit pour le montant total des sommes portées sur l'état et en regard de la rubrique comportant la plus grosse partie du salaire. Une référence de cette quittance est mise vis-à-vis de chacune des autres sommes dans la colonne d'émargement. (Notification du 9 décembre 1901.)

(3) La colonne 20 ne reçoit d'inscriptions que lorsque les traitements et salaires du personnel civil d'exploitation sont payés sur une subdivision budgétaire. Il en est de même pour la colonne 21 quand la majoration de 4 p. 0/0 est payée sur la même subdivision budgétaire que les traitements et salaires.

(A) La colonne 7 doit servir, notamment, à l'inscription des salaires:
1° Des agents placés sous le régime de la loi sur les retraites ouvrières et paysannes;
2° Des ouvriers ou employés en instance de retraite, qui peuvent être maintenus en service, non seulement jusqu'à la date d'entrée en jouissance de leur pension, mais encore, s'ils le demandent, jusqu'au paiement des premiers arrérages (dernier alinéa de l'instruction du 18 novembre 1895);
3° Des ouvriers immatriculés qui, par exemple dans le service de l'artillerie, sont l'objet d'une réglementation spéciale et ne sont pas soumis au décret du 26 février 1897.

RÉCAPITULATION PAR RUBRIQUE BUDGÉTAIRE.

DÉSIGNATION des RUBRIQUES budgétaires.	MONTANT BRUT DES SALAIRES				PRÉLÈVEMENTS EFFECTUÉS SUR LE MONTANT des salaires.										MONTANT des PRÉLÈVEMENTS et des part. contribution allouée par l'État déduction fée des centimes de la col. 11 (1)	
	Soumis à la retenue de 4 %.	Non passibles de la retenue.	Montant de la contribution patronale à la charge de l'État.	TOTAL.	Retenues pour la caisse de la vieillesse. 4 %.	Retenues pour malfaçons et versements volontaires.	Total des col. 5 et 6.	Retenues pour malfaçons à verser au Trésor.	Total des colonnes 7 et 8.	Différence entre les colonnes 4 et 9.	Centimes nécessaires pour rendre multiple de 5 le chiffre des centimes du salaire net à payer aux ouvriers soumis à la retenue de 4 %.	Montant du salaire net à payer aux ouvriers	A déduire : Salaires revenant aux ouvriers décédés ou retraités.	RESTE.	Prélèvements sur les salaires. (Différences entre les col. 7 et 11.)	Majoration consentie par l'État. (Différence entre …
1	2	3	3 bis	4	5	6	7	8	9	10	11	12	13	14	15	16
TOTAUX GÉNÉRAUX égaux aux résultats d'autre part......																

Le présent état s'élève à la somme de (col. 8)

dont

aux dénommés d'autre part (col. 18)

à par

; à retenir :

1° Pour la Caisse nationale des retraites (col. 20) (1)
2° Au profit du Trésor (col. 12 (1)

A   , le   19   .

L (2)

L (3)

'CORPS D'ARMÉE

ou

(1)

———

(2)

———

N° (3)

———

(1) Gouvernement militaire d   ou *Région ou Division militaire d .

(2) Désignation de la place ou de l'établissement.

(3) Il y a une série de numéros par exercice.

(4) De l'habillement, du génie, des vivres, etc.

MODÈLE N° 17 (A).

———

N° 452 de la Nomenclature générale.

Art. 9 (I, § 3) de l'instruction du 17 mars 1904.

SERVICE D (4)

———

EXERCICE 19 .

———

ÉTAT RÉCAPITULATIF

DU TRAITEMENT ET DU SALAIRE DU PERSONNEL

CIVIL D'EXPLOITATION

du   *au*   *19* .

———

(A) Circulaire du 13 mai 1913, B. O., page 609.

NOMS.	GRADES ou professions	RÉPARTITION DES SALAIRES par section, chapitre et article du budget			MONTANT BRUT DES SALAIRES.				PRÉLÈVEMENTS EFFE[CTUÉS] SUR LE MONTANT DES SAL[AIRES] — Retenues pour la Caisse de la vieillesse.			
					Soumis à la retenue de 4 0/0	Non passibles de la retenue.	Montant de la contribution patronale à la charge de l'État (Loi du 5 avril 1910.)	TOTAL GÉNÉRAL (Col. 6, 7 et 7 bis.)	4 0/0	Résultant de l'application de la loi du 5 avril 1910.	Retenues pour malfaçons et versements volontaires.	TOTAL. (Col. 9, 9 bis et 10.)
1	2	3	4	5	6	7	7 bis	8	9	9 bis	10 et	11

TUÉS. RE[N].	DIFFÉRENCE entre les colonnes 8 et 13.	CENTIMES NÉCESSAIRES POUR RENDRE MULTIPLE (fidèle à la chiffre des centimes du salaire net à payer aux ouvriers soumis à la retenue de 4 p. 0/0)	MONTANT du SALAIRE net à payer aux ouvriers	À DÉDUIRE : Salaires revenant aux ouvriers décédés ou retraités.	RESTE.	ÉMARGEMENT.	MONTANT DES PRÉLÈVEMENTS et des parts contributives allouées par l'État, déduction faite des centimes de la colonne 15.	
Retenues pour malfaçons à verser au Trésor.	Total des colonnes 11 et 12.						Prélèvements sur les salaires. (Différence entre les colonnes 11 et 15.)	Majoration consentie par l'État (Différence entre les colonnes 9 et 15.)
12	13	14	15	16	17	18	19	20	21

Les dénommés d'autre part au nombre de (1)   qui ont apposé une croix en face de leur nom faute par eux de pouvoir *ou* de savoir signer, ont été payés en présence des deux témoins soussignés.

Le *Gestionnaire*,

1ᵉʳ *Témoin*,

2ᵉ *Témoin*,

Le présent état récapitulatif montant à (col. 8)

à payer aux dénommés ci-dessus (col. 18)

à retenir : 1° pour la Caisse des retraites (col. 20)

2° au profit du Trésor (col. 12) est certifié conforme aux états partiels (nᵒˢ   soussigné ;

En outre, et d'après les états partiels précités, les résultats d'autre part se décomposent ainsi qu'il suit, par section, chapitre, article et rubrique budgétaire :

SECTION DU BUDGET.	NUMÉROS			DÉSIGNATION des RUBRIQUES BUDGÉTAIRES.	MONTANT BRUT DES SALAIRES.				PRÉLÈVEMENTS EFFECTUÉS SUR LE MONTANT DES SALAIRES.						DIFFÉRENCE entre les colonnes 8 et 13.	Centimes nécessaires pour rendre multiple de 5 le chiffre des centimes du salaire net à payer aux ouvriers soumis à la retenue de 4 p. 0/0.	MONTANT DU SALAIRE NET à payer aux ouvriers.	A DÉDUIRE : Salaires revenant aux ouvriers décédés ou retraités.	RESTE.	MONTANT des prélèvements et des parts contributives allouées par l'État déduction faite des centimes de la col. 15.	
	des chapitres.	des articles.	des subdivisions d'article.		Soumis a la retenue de 4 pour 100.	Non passibles de la retenue.	Montant de la contribution patronale à la charge de l'État.	TOTAL.	4 pour 100.	Résultant de l'application de la loi du 3 avril 1910.	Retenues pour malfaçons et versements volontaires.	Total des colonnes 9, 9 bis et 10.	Retenues pour malfaçons à verser au Trésor.	Total des colonnes 11 et 12.						Prélèvements sur les salaires. (Différence entre les colonnes 11 et 15.)	Majoration consentie par l'État. (Différence entre les colonnes 9 et 15.)
1	2	3	4	5	6	7	7 bis	8	9	9 bis.	10	11	12	13	14	15	16	17	18	19	20
				Totaux généraux égaux aux résultats d'autre part.......																	

dont

) par

(1) En toutes lettres.
(2) Les Membres du Conseil d'administration ou le Gestionnaire.
(3) Le Directeur ou le Sous-

A   , le   19

L (2)

Vu :

CORPS D'ARMÉE

PLACE

d

N°   DU JOURNAL.

RÉPUBLIQUE FRANÇAISE

EXERCICE 19 .

· TRIMESTRE

· SECTION DU BUDGET

MODÈLE n° 17 *bis* (A)

N° 452 *ter*
de la Nomenclature
générale.

Article 9 (I § 3)
de l'instruction
du 17 mars 1904.

(1) Indiquer l'établissement

Chapitre   . — Article

SERVICE D

(1)

Personnel civil d'exploitation.

MOIS D

DÉCOMPTE DU TRAITEMENT OU SALAIRE
PAYÉ AUX EMPLOYÉS ET OUVRIERS PENDANT LEDIT MOIS

	SALAIRES SOUMIS à la retenue de 4 p. 0/0.	SALAIRES NON PASSIBLES de cette retenue.
mois à fr. c..............................		
mois à fr. c..............................		
mois à fr. c..............................		
....		
heures à		
heures à		
heures à		
....		
....		
A reporter.............		

(A) Circulaire du 13 mai 1913, B. O., p. 609.

	SALAIRES SOUMIS à la retenue de 4/°₀.	SALAIRES NON PASSIBLES de cette retenue.
Report...............		
Montant de la contribution patronale à la charge de l'État (loi du 5 avril 1910)...............	»	
TOTAL...............		
Retenue au titre de la Caisse nationale des retraites pour la vieillesse........... { de 4 p. %...... à titre de malfaçons........		»
Retenues pour malfaçons, acquises au Trésor.		
RESTE en dépense...............		
MONTANT de la dépense du mois..		
L'acompte payé et qui a fait l'objet du mandat n° émis le s'est élevé à		
Le payement pour solde est, par suite, de		

Le (1) certifie que les employés et ouvriers ont été payés jusqu'à concurrence de la somme de (2) à titre d'acompte et de payement pour solde et que les émargements individuels figurent sur la feuille de paye conservée par l'établissement.

A , le 19 .

Vu :

Le (3)

(1) Les membres du Conseil d'administration *ou* le Directeur *ou* le Gestionnaire.
(2) Chiffre de la dépense du mois.
(3) Le Directeur *ou* le Sous-Intendant militaire.

« CORPS D'ARMEE
ou
(1)

(2)

(1) * région ou Gouvernement militaire d   ou Division militaire d   , etc.
(2) Désignation de la place ou de l'établissement.
(3) Indiquer la section budgétaire.
(4) Inscrire l'indication du service budgétaire en se conformant exactement à la nomenclature des dépenses.
(5) Ce relevé est établi à la fin de *février*, pour les versements afférents aux mois de janvier et de février; à la fin du mois de *mai*, pour les verse-

1er exemple.

EXERCICE 19   .

(3) 1re SECTION. — TROUPES MÉTROPOLITAINES.

CHAPITRE 32. — ARTICLE UNIQUE.

(4) HABILLEMENT ET CAMPEMENT.

(PERSONNEL D'EXPLOITATION.)

MODÈLE N° 18.

Article 9 (I, § 5-a de l'instruction du 17 mars 1904.

N° 453 D de la nomenclature.

ments qui se rapportent aux mois de mars, d'avril et de mai; à la fin du mois d'août, pour ceux de juin, juillet et août; à la fin du mois de novembre, pour ceux de septembre, octobre et novembre; à la fin du mois de décembre, pour les versements afférents à ce mois.
(6) Les membres du Conseil d'administration ou le gestionnaire.
(7) Le directeur ou le sous-intendant militaire.

RELEVÉ TRIMESTRIEL joint au mandat des prélèvements sur les salaires des chapitre et article designés ci dessus à verser dans la première quinzaine du (5) mois de décembre 19   .

INDICATION DES ÉTATS RÉCAPITULATIFS	MONTANT DES PRÉLÈVEMENTS SUR LES SALAIRES.		
SUR LESQUELS FIGURENT LES PRÉLÈVEMENTS.	Retenues pour la Caisse des retraites (4 p. 100, amendes et versements volontaires).	Amendes acquises au Trésor.	TOTAL.
1	2	3	4
	fr. c.	fr. c.	fr. c.
État récapitulatif n° 9 du mois de septembre..................	279 49	»	279 49
— n° 10 du mois d'octobre..................	281 08	»	281 08
— n° 11 du mois de novembre..................	289 74	0 50	290 24
A DÉDUIRE			
Montant des prélèvements se rapportant aux salaires des employés et ouvriers décédés ou admis à la retraite.................. État individuel joint au mandat spécial........ { n° 295.......... 15 50 / n° 320.......... 18 93 / n° 353.......... 19 50 / n° .... » / n° .... » }	53 93	»	53 93
Reste à ordonnancer au titre des prélèvements sur les salaires des chapitre et article indiqués ci-dessus..................	796 38	0 50	796 88

Certifié le présent relevé s'élevant à la somme de sept cent quatre-vingt-seize francs quatre-vingt-huit centimes.

A   , le 30 novembre 19   .

Le (6) *Gestionndire,*

Vu :

Le (7) *Sous-Intendant militaire.*

• CORPS D'ARMÉE
ou

(2)
—
(3)

(1) Numéro d'inscription sur le bordereau trimestriel.
(2) • région ou Gouvernement militaire d   ou Division taire d
(3) Désignation de la place ou de l'établissement.
(4) Indiquer la section budgétaire.
(5) Inscrire l'indication du service budgétaire en se conformant exactement à la nomenclature des dépenses.
(6) Ce relevé est établi à la fin de février, pour les versements afférents aux mois de janvier et de février; à la fin du mois de mai, pour les versements qui se rapportent aux mois de mars, d'avril et de mai; à la fin du mois d'août, pour ceux de juin, juillet et août; à

N° (1)

1er exemple.

EXERCICE 19 .

(4) 1re SECTION. — TROUPES METROPOLITAINES.

CHAPITRE 32. — ARTICLE UNIQUE.

(5) HABILLEMENT ET CAMPEMENT.

(PERSONNEL D'EXPLOITATION.)

MODÈLE N° 13.

Article 9 (I, § 5-a de l'instruction du 17 mars 1904.)

N° 43 de la nomenclature.

la fin du mois de novembre, pour ceux de septembre, octobre et novembre; à la fin du mois de décembre, pour les versements afférents à ce mois.
(7) Les membres du Conseil d'administration ou le gestionnaire.
(8) La mention, sur le talon du relevé de décembre, du versement à la Caisse nationale des retraites, est mise par les soins de l'administration centrale à la réception de la comptabilité comprenant les reversements faits en mars. (Art. 9, I, § 5-a, de l'instruction du 11 août 1900.)
(9) Le directeur ou le sous-intendant militaire.

TALON *du relevé trimestriel joint au mandat des prélèvements sur les salaires des chapitre et article indiqués ci-dessus, à verser dans la première quinzaine (6) du mois de décembre 19* .

INDICATION DES ÉTATS RÉCAPITULATIFS PUR LESQUELS FIGURENT LES PRÉLÈVEMENTS.	MONTANT DES PRÉLÈVEMENTS FAITS SUR LES SALAIRES.			RÉPARTITION DE LA DÉPENSE PAR RUBRIQUE BUDGÉTAIRE.					
	Retenues pour la Caisse des retraites (4 p. 100, amendes et versements volontaires).	Amendes acquises au Trésor.	TOTAL.	Employés civils		Ouvriers civils		Journaliers.	Avantages divers concédés au personnel civil d'exploitation, etc.
				commissionnés.	auxiliaires.	commissionnés.	auxiliaires.		
	2	3	4	5	6	7	8	9	10
	fr. c.	fr. c.	fr. c.	fr. c.	fr. c.	fr. c.	fr. c.	fr. c.	fr. c.
État récapit. n° 9 du mois de septembre.	279 49	»	279 42	75 51	5 79	146 38	51 81	»	»
— n° 10 du mois d'octobre.....	281 08	»	281 08	74 31	5 99	148 06	52 72	»	»
— n° 11 du mois de novembre..	289 74	0 50	290 24	67 90	6 20	155 15	54 49	0 50	6 00
À DÉDUIRE : Totaux............	850 31	0 50	850 81	217 72	17 98	449 59	159 02	0 50	6 00
Montant des prélèvements se rapportant aux salaires des employés et ouvriers décédés ou admis à la retraite.... État individuel joint au mandat spécial (n° 295. 15 50 / n° 320. 19 30 / n° 353. 18 93 / n° . » / n° . »)	53 93	»	53 93	35 00	»	18 83	»	»	»
RESTE à ordonnancer au titre des prélèvements sur les salaires des chapitre et article indiqués ci-dessus..............	795 38	0 50	796 88	182 72	17 98	430 66	159 02	0 50	6 00

Le   soussigné   certifie   que le présent talon est conforme au relevé dont il a été détaché et qui s'élève à la somme de sept cent quatre-vingt-seize francs quatre-vingt-huit centimes.

A   , le 30 novembre 19

Le (7) *Gestionnaire*,

Ladite somme, mandatée le 30 novembre sous le n° 355, a été versée le (8) 10 décembre 19

SAVOIR :

Au titre de la Caisse nationale des retraites pour la vieillesse (col. 2), sept cent quatre-vingt-seize francs trente-huit centimes   (récépissé n° 30756) (8);
Au titre des recettes accidentelles à différents titres (col. 3), cinquante centimes (récépissé n° 30757) (8).

A   , le 15 décembre 19 .

Le (9) *Sous-Intendant militaire*,

MODÈLE N° 18.

° CORPS D'ARMÉE
OU

(1)

(2)

2° exemple.

EXERCICE 19 .

(3) 1re SECTION. — TROUPES MÉTROPOLITAINES.

CHAPITRE 32. — ARTICLE UNIQUE.

(4) HABILLEMENT ET CAMPEMENT.

(PERSONNEL D'EXPLOITATION.)

Article 9:T. §5-a de l'instruction du 17 mars 1904.

N° 453 D de la nomenclature.

(1) °région ou Gouvernement militaire d   ou Division militaire d   , etc.
(2) Désignation de la place ou de l'établissement.
(3) Indiquer la section budgétaire.
(4) Inscrire l'indication du service budgétaire en se conformant exactement à la nomenclature des dépenses.
(5) Ce relevé est établi à la fin de *février*, pour les versements afférents aux mois de janvier et de février; à la fin du mois de *mai*, pour les versements qui se rapportent aux mois de mars, d'avril et de mai; à la fin du mois d'août, pour ceux de juin, juillet et août; à la fin du mois de novembre, pour ceux de septembre, octobre et novembre; à la fin du mois de décembre, pour les versements afférents à ce mois..
(6) Les membres du Conseil d'administration ou le gestionnaire.
(7) Le directeur ou le sous-intendant militaire.

RELEVÉ TRIMESTRIEL joint au mandat des prélèvements sur les salaires des chapitre et article désignés ci-dessus, à verser dans la première quinzaine du (5) mois de mars 19 .

INDICATION DES ÉTATS RÉCAPITULATIFS SUR LESQUELS FIGURENT LES PRÉLÈVEMENTS.	MONTANT DES PRÉLÈVEMENTS SUR LES SALAIRES.		
	Retenues pour la Caisse des retraites (4 p. 100, amendes et versements volontaires). 2	Amendes acquises au Trésor. 3	TOTAL. 4
	fr. c.	fr. c.	fr. c.
État récapitulatif n° 12 du mois de décembre 19	290 78	»	290 78
— n° du mois de	»	»	»
— n° du mois de	»	»	»
A DÉDUIRE :			
Montant des prélèvements se rapportant aux salaires des employés et ouvriers décédés ou admis à la retraite................ État individuel joint au mandat spécial....... { n° .... » / n° .... » / n° .... » / n° .... » / n° .... »	»	»	»
RESTE à ordonnancer au titre des prélèvements sur les salaires des chapitre et article indiqués ci-dessus................	290 78	»	290 78

CERTIFIÉ le présent relevé s'élevant à la somme de deux cent quatre-vingt-dix francs soixante dix-huit centimes.

A   , le 31 décembre 19 .

Le (6) *Gestionnaire.*

VU :

Le (7) *Sous-Intendant militaire.*

° CORPS D'ARMEE
ou
(2)

(3)

N° [1] 16.

EXERCICE 19 .

(4) 1re section. — TROUPES METROPOLITAINES.

Chapitre 32. — Article unique.

(5) HABILLEMENT ET CAMPEMENT.

(PERSONNEL D'EXPLOITATION.)

Modèle n° 18.

Article 10 (I, § 5-a) de l'instruction du 17 mars 1904.

N° 453 D de la nomenclature.

(1) Numéro d'inscription sur le bordereau trimestriel.
(2) * région ou Gouvernement militaire d   ou Division militaire d
(3) Désignation de l'établissement.
(4) Indiquer la section budgétaire.
(5) Inscrire l'indication du service budgétaire en se conformant exactement à la nomenclature des dépenses.
(6) Ce relevé est établi à la fin de *février*, pour les versements afférents aux mois de janvier et de février; à la fin du mois de *mai*, pour les versements qui se rapportent aux mois de mars, d'avril et de mai; à la fin du mois d'*août*, pour ceux de juin, juillet et août; à la fin du mois de *novembre*, pour ceux de septembre, octobre et novembre; à la fin du mois de décembre, pour les versements afférents à ce mois.
(7) Les membres du Conseil d'administration ou le gestionnaire.
(8) La mention, sur le talon du relevé de décembre, du versement à la Caisse nationale des retraites, est mise par les soins de l'administration centrale a la réception de la comptabilité, comprenant les reversements faits en mars. (Art. 9, I, § 5-a, de l'instruction du 14 août 1900.)
(9) Le directeur ou le sous-intendant militaire.

TALON du relevé trimestriel joint au mandat des prélèvements sur les salaires des chapitre et article désignés ci-dessus, à verser dans la première quinzaine (6) du mois de mars 19 .

INDICATION DES ÉTATS RÉCAPITULATIFS SUR LESQUELS FIGURENT LES PRÉLÈVEMENTS.	MONTANT DES PRÉLÈVEMENTS FAITS SUR LES SALAIRES.			RÉPARTITION DE LA DÉPENSE. PAR RUBRIQUE BUDGÉTAIRE.					
	Retenues pour la Caisse des retraites (4 p. 100, amendes et versements volontaires).	Amendes Acquises au Trésor.	TOTAL.	Employés civils		Ouvriers civils		Journaliers.	Avantages divers concédés au personnel civil d'exploitation.
				commissionnés.	auxiliaires.	commissionnés.	auxiliaires.		
	2	3	4	5	6	7	8	9	10
	fr. c.	fr. c.	fr. c.	fr. c.	fr. c.	fr. c.	fr. c.	fr. c.	fr. c.
État récapit. n° 12 du mois de décembre...	290 78	»	290 78	74 74	6 31	152 55	57 18	»	»
— n° du mois d ...	»	»	»	»	»	»	»	»	»
— n° du mois d ...	»	»	»	»	»	»	»	»	»
Totaux ...	290 78	»	290 78	74 74	6 31	152 55	57 18	»	»
A DÉDUIRE : Montant des prélèvements se rapportant aux salaires des employés et ouvriers décédés ou admis à la retraite.... État individuel joint au mandat spécial (n° . » / n° . » / n° . » / n° . » / n° . »)	»	»	»	»	»	»	»	»	»
Reste à ordonnancer au titre des prélèvements sur les salaires des chapitre et article indiqués ci-dessus............	290 78	»	290 78	74 74	6 31	152 55	57 18	»	»

Le   soussigné   certifie   que le présent talon est conforme au relevé dont il a été détaché et qui s'élève à la somme de deux cent quatre-vingt-dix francs soixante-dix-huit centimes.

A   , le 31 décembre 19 .

Le (7) Gestionnaire,

Ladite somme, mandatée le 31 décembre sous le n° 365, a été versée le (8)   19 .

Savoir :

Au titre de la Caisse nationale des retraites pour la vieillesse (col. 2) deux cent quatre-vingt-dix francs soixante-dix-huit centimes   (récépissé n°   ) (8);
Au titre des recettes accidentelles à différents titres (col. 3)
(Récépissé n°   ) (8)

A   , le 10 janvier 19 .

Le (9) Sous-Intendant militaire,

° CORPS D'ARMÉE
ou

(1) ——

(2) ——

(1) ° région ou Gouvernement militaire de Paris ou Division militaire d

(2) Désignation de l'établissement.

(3) Indiquer la section budgétaire.

(4) Inscrire l'indication du service budgétaire en se conformant exactement à la nomenclature des dépenses.

(5) Ce relevé est établi à la fin de *février*, pour les versements afférents aux mois de janvier et de février; à la fin du mois de *mai*, pour les versements qui se rapportent

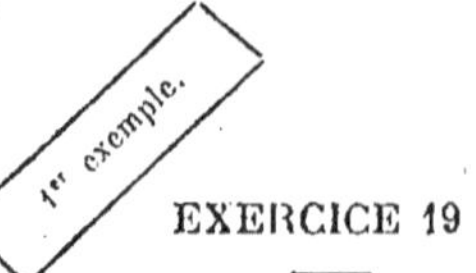

EXERCICE 19 .

(3) 1re SECTION.

TROUPES MÉTROPOLITAINES.

CHAPITRE 32. — ARTICLE UNIQUE.

(4) HABILLEMENT ET CAMPEMENT

(PERSONNEL D'EXPLOITATION).

MODÈLE N° 19.

Art. 9 (I, § 5 *a*) de l'instruction du 17 mars 1904.

N° 453 E de la nomenclature.

aux mois de mars, d'avril et de mai; à la fin du mois d'*août*, pour ceux de juin, juillet et août; à la fin du mois de *novembre*, pour ceux de septembre, octobre et novembre; à la fin de décembre, pour les versements afférents à ce mois.

(6) Les membres du Conseil d'administration ou le gestionnaire.

(7) Le directeur ou le sous-intendant militaire.

RELEVÉ TRIMESTRIEL joint au mandat des parts contributives de l'État à verser dans la première quinzaine de (5) décembre 19 .

INDICATION DES ÉTATS RÉCAPITULATIFS SUR LESQUELS FIGURENT LES PARTS CONTRIBUTIVES.	MONTANT des parts contributives.	
	fr.	c.
Sommes réservées d'après le précédent état trimestriel............................	110	80
État récapitulatif n° 9 du mois de septembre.................................	271	50
— n° 10 du mois d'octobre.................................	273	08
— n° 11 du mois de novembre................................	271	79
TOTAL,........................	927	17
À DÉDUIRE :		
1° Le montant du mandat n° 354, émis au nom du comptable de l'établissement pour le rembourser des sommes payées directement sur sa caisse pour reliquats de compte aux employés et ouvriers ayant quitté l'établissement........................... 10 56	65	45
2° Parts contributives acquises aux employés et ouvriers décédés ou admis à la retraite....... — État individuel joint au mandat — n° 295 .... 15 50 / n° 320 .... 19 53 / n° 353 .... 19 86 54 89 / n° .... » / n° .... »		
Montant total des sommes restant à ordonnancer sur les fonds des parts contributives de l'État	861	72
À RÉSERVER :		
La différence entre le total des sommes inscrites au carnet des comptes individuels arrêtés au 30 novembre et le montant du bordereau trimestriel du versement du mois de décembre 19 .... 108 66 de laquelle somme il y a lieu de déduire le montant du mandat n° 354 indiqué ci-dessus concernant les reliquats de compte payés aux employés et ouvriers ayant quitté l'établissement..................... 10 56		
RESTE................... 98 10, ci.	98	10
Montant des sommes à ordonnancer sur les parts contributives pour être versées en décembre.	763	62

CERTIFIÉ le présent relevé s'élevant à la somme de sept cent soixante-trois francs soixante-deux centimes.

A , le 30 novembre 19 .

VU :

Le (7) Sous-Intendant militaire,

Le (6) Gestionnaire,

* CORPS D'ARMÉE
ou

(2)

(3)

(1) Numéro d'inscription sur le bordereau trimestriel.
(2) *région *ou* Gouvernement militaire d   *ou* Division d   .
(3) Désignation de l'établissement.
(4) Indiquer la sect. budgétaire.
(5) Inscrire l'indication du service budgétaire en se conformant exactement à la nomenclature des dépenses.
(6) Ce relevé est établi à la fin de *février*, pour les versements afférents aux mois de janvier et de février ; à la fin du mois de *mai*, pour les versements qui se rapportent aux mois de mars, d'avril et de mai ; à la fin du mois d'*août*, pour ceux de juin, juillet et août ; à la fin du mois de *novembre*,

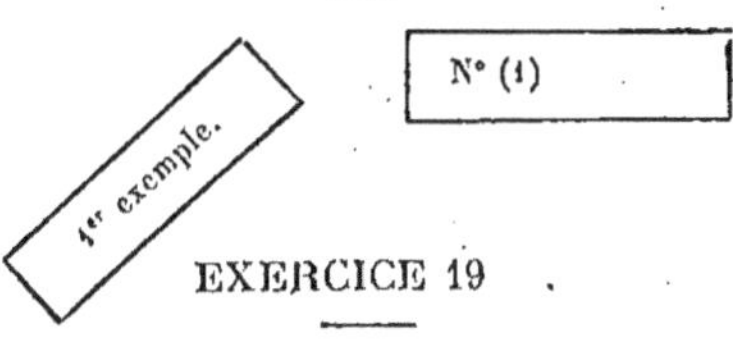

N° (1)

EXERCICE 19 .

(4) 1re SECTION.

TROUPES MÉTROPOLITAINES.

CHAPITRE 32. — ARTICLE UNIQUE.

(4) HABILLEMENT ET CAMPEMENT

(PERSONNEL D'EXPLOITATION).

MODÈLE N° 19.
—
Art. 9 (I. § 5-*a* de l'instruction du 17 mars 1904.
—
N° 453 E de la nomenclature.

pour ceux de septembre, octobre et novembre ; à la fin du mois de *décembre*, pour les versements afférents à ce mois.
(7) Les Membres du Conseil d'administration ou Le Gestionnaire.
(8) La mention, sur le talon du relevé de décembre, du versement à la Caisse nationale des retraites, est mise, par les soins de l'administration centrale, à la réception de la comptabilité comprenant les reversements faits en mars. (Article 9 (I, § 5-*a*) de l'instruction du 14 août 1900.)
(9) Le Directeur ou Le Sous-Intendant militaire.

TALON du relevé trimestriel joint au mandat des parts contributives de l'État à verser dans la première quinzaine de (6) décembre 19   .

INDICATION DES ÉTATS RÉCAPITULATIFS SUR LESQUELS FIGURENT LES PARTS CONTRIBUTIVES.	MONTANT des parts contributives.
	fr. c.
Sommes réservées d'après le précédent état trimestriel...........................	110 80
État récapitulatif n° 9 du mois de septembre...........................	271 50
— n° 10 du mois d'octobre...........................	273 08
— n° 11 du mois de novembre...........................	271 79
TOTAL...........................	927 17
A DÉDUIRE :	
1° Le montant du mandat n° 354, émis au nom du comptable de l'établissement pour le rembourser des sommes payées directement sur sa caisse pour reliquats de compte aux employés et ouvriers ayant quitté l'établissement 10 56	65 45
2° Parts contributives acquises aux employés et ouvriers décédés ou admis à la retraite........ } État individuel joint au mandat { n° 205............ 45 50 / n° 320............ 19 53 / n° 353............ 19 86 } 54 89 / n° .... » / n° .... »	
Montant total des sommes restant à ordonnancer sur les fonds des parts contributives de l'État.	861 72
A RÉSERVER :	
La différence entre le total des sommes inscrites au carnet des comptes individuels arrêtés au 30 novembre et le montant du bordereau trimestriel du versement du mois de décembre 19 .... 108 66 de laquelle somme il y a lieu de déduire le montant du mandat n° 354 indiqué ci-dessus concernant les reliquats de compte payés aux employés et ouvriers ayant quitté l'établissement............ 10 56	
RESTE............ 98 10 ci.	98 10
Montant des sommes à ordonnancer sur les parts contributives pour être versées en décembre 19	763 62

Le soussigné certifie que le présent talon est conforme au relevé dont il a été détaché et qui s'élève à la somme de sept cent soixante-trois francs soixante-deux centimes.

A   , le 30 novembre 19   .

Le (7) Gestionnaire,

Ladite somme, mandatée le 30 novembre sous le n° 356, a été versée le 10 décembre 19 au titre de la Caisse nationale des retraites (récépissé n° 30,756) (8).

A   , le 15 décembre 19   .

Le (9) Sous-Intendant militaire,

* CORPS D'ARMÉE *
ou

(1) ————

(2) ————

(1) * région *ou* Gouver-
nement militaire de
ou Division militaire d

(2) Désignation de la
place *ou* de l'établissement.

(3) Indiquer la section
budgétaire.

(4) Inscrire l'indication
du service budgétaire en
se conformant exactement
à la nomenclature des dé-
penses.

(5) Ce relevé est établi
à la fin de *février*, pour
les versements afférents
aux mois de janvier et de
février; à la fin du mois
de *mai*, pour les verse-

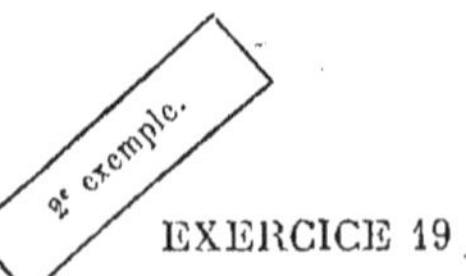

EXERCICE 19 .

————

(3) 1ʳᵉ SECTION.

TROUPES MÉTROPOLITAINES.

————

CHAPITRE 32. — ARTICLE UNIQUE.

————

(4) HABILLEMENT ET CAMPEMENT

(PERSONNEL D'EXPLOITATION).

————

MODÈLE N° 19.

————

Art. 9 (I, § 5-*a*) de l'instruction
du 17 mars 1904.

N° 453 E de la nomenclature.

————

ments qui se rapportent
aux mois de mars, d'avril
et de mai; à la fin du
mois d'*août*, pour ceux de
juin, juillet et août; à la
fin du mois de *novembre*,
pour ceux de septembre,
octobre et novembre; à la
fin du mois de *décembre*,
pour les versements affé-
rents à ce mois.

(6) Les membres du
Conseil d'administration
ou le gestionnaire.

(7) Le directeur *ou* le
sous-intendant militaire.

*RELEVÉ TRIMESTRIEL joint au mandat des parts contributives
de l'État à verser dans la première quinzaine de (5) mars 19 .*

INDICATION DES ÉTATS RÉCAPITULATIFS SUR LESQUELS FIGURENT LES PARTS CONTRIBUTIVES.	MONTANT des parts contri- butives.
	fr. c.
Sommes réservées d'après le précédent état trimestriel...............	98 10
État récapitulatif n° 12 du mois de décembre...............	279 59
— n° du mois d	»
— n° du mois d	»
TOTAL...............	377 69
A DÉDUIRE :	
1° Le montant d mandat n° , émis au nom du comptable de l'établissement pour le rembourser des sommes payées directement sur sa caisse pour reliquats de compte aux employés et ouvriers ayant quitté l établissement............... »	»
2° Parts contributives acquises aux em- ployés et ouvriers décédés ou admis à la retraite........ } État individuel joint au mandat { n° .... » n° .... » n° .... » n° .... » n° .... » } »	
Montant total des sommes restant à ordonnancer sur les fonds des parts contributives de l'État.	377 69
A RÉSERVER :	
La différence entre le total des sommes inscrites au carnet des comptes individuels arrêtés au et le montant du bordereau trimestriel du versement du mois d .... »	
de laquelle somme il y a lieu de déduire le montant d mandat n° indiqué ci-dessus concernant les reliquats de compte payés aux employés et ouvriers ayant quitté l'établissement............... »	
RESTE............... »	»
Montant des sommes à ordonnancer sur les parts contributives pour être versées en mars 190 .	377 69

CERTIFIÉ le présent relevé s'élevant à la somme de trois cent soixante-dix-sept francs
soixante-neuf centimes.

A , le 31 décembre 19 .

Le (6) Gestionnaire,

VU :

Le (7) Sous-Intendant militaire,

* CORPS D'ARMÉE
ou

(2)

(3) —

(1) Numéro d'inscription sur le
bordereau trimestriel.
(2) * région *ou* Gouvernement
militaire d   *ou* Division d   .
(3) Désignation de l'établissement.
(4) Indiquer la sect. budgétaire.
(5) Inscrire l'indication du service budgétaire en se conformant
exactement à la nomenclature des
dépenses.
(6) Ce relevé est établ   la fin de
février, pour les versements afférents aux mois de janvier et de
février ; à la fin du mois de *mai*,
pour les versements qui se rapportent aux mois de mars, d'avril
et de mai ; à la fin du mois d'*août*,
pour ceux de juin, juillet et août ;
à la fin du mois de *novembre*,

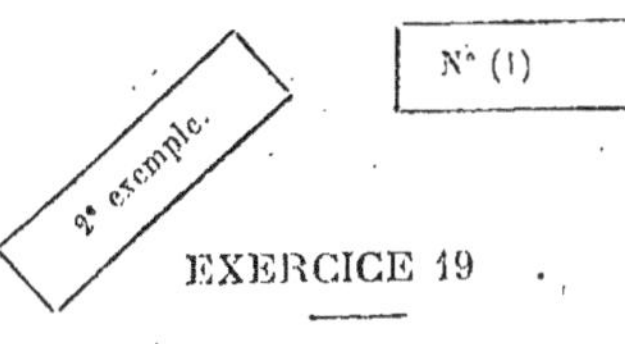

| N° (1) |

EXERCICE 19

(4) 1re SECTION.
DÉPENSES ORDINAIRES.

CHAPITRE 32. — ARTICLE UNIQUE.

(4) HABILLEMENT ET CAMPEMENT
(PERSONNEL D'EXPLOITATION).

MODÈLE N° 19.

Art. 9 (I, §5-a) de l'instruction
du 17 mars 1904.

N° 453 E de la nomenclature.

pour ceux de septembre, octobre,
et novembre ; à la fin du mois de
décembre, pour les versements
afférents à ce mois.
(7) Les Membres du Conseil d'administration *ou* Le Gestionnaire.
(8) La mention, sur le talon du
relevé de décembre, du versement
à la Caisse nationale des retraites,
est mise, par les soins de l'administration centrale, à la réception
de la comptabilité comprenant les
reversements faits en mars. (Article 9 (I, § 5-a) de l'instruction
du 14 août 1900.)
(9) Le Directeur *ou* Le Sous-Intendant militaire.

*TALON du relevé trimestriel joint au mandat des parts contributives
de l'Etat à verser dans la première quinzaine de (6) mars 19 .*

INDICATION DES ÉTATS RÉCAPITULATIFS SUR LESQUELS FIGURENT LES PARTS CONTRIBUTIVES.	MONTANT des parts contri- butives.	
	fr.	c.
Sommes réservées d'après le précédent état trimestriel........................	98	10
État récapitulatif n° 12 du mois de décembre...............................	279	59
— n° du mois d	»	
— n° du mois d	»	
TOTAL...................	377	69
À DÉDUIRE :		
1° Le montant d mandat n° , émis au nom du comptable de l'établissement pour le rembourser des sommes payées directement sur sa caisse pour reliquats de compte aux employés et ouvriers ayant quitté l'établissement..........................		
2° Parts contributives acquises aux em-ployés et ouvriers décédés ou admis à la retraite......... (État individuel joint au mandat n°... n°... n°... n°... n°...)	»	
Montant total des sommes restant à ordonnancer sur les fonds des parts contributives de l'Etat.	377	69
À RÉSERVER :		
La différence entre le total des sommes inscrites au carnet des comptes individuels arrêtés au - et le montant du bordereau trimestriel du versement du mois d		
de laquelle somme il y a lieu de déduire le montant d mandat n° indiqué ci-dessus concernant les reliquats de compte payés aux employés et ouvriers ayant quitté l'établissement.............. »		
RESTE...................	»	»
Montant des sommes à ordonnancer sur les parts contributives pour être versées en mars 19 .	377	69

Le soussigné certifie que le présent talon est conforme au relevé dont il a été détaché
et qui s'élève à la somme de trois cent soixante-dix-sept francs soixante-neuf centimes.

A   , le 31 décembre 19   .

Le (7) *Gestionnaire,*

Ladite somme, mandatée le 31 décembre sous le n° 366, a été versée au titre de la Caisse
nationale des retraites (récépissé n°   ) (8).

A   , le 10 janvier 19   .

Le (9)

· CORPS D'ARMEE
ou
(1)
(2)

(1) · région *ou* Gouvernement militaire d
ou Division militaire d
(2) Désignation de la place *ou* de l'Établissement.
(3) Indiquer la section budgétaire.
(4) Inscrire l'indication du service budg aire, en se conformant exactement à la nomenclature des dépenses.
(5) Admis à la retraite *ou* décédé.
(6) Les Membres du Conseil d'administration *ou* Le Gestionnaire.
(7) Désignation de l'ordonnateur *ou* du chef de service.

MODÈLE Nᵒ 20.

Art. 9 (I, § 5-*b*) de l'instructi
du 17 mars 1904.

Nᵒ 453 B de la nomenclatur

EXERCICE 19 ..

(3) 1ʳᵉ SECTION.

TROUPES METROPOLITAINES.

CHAPITRE 32. — ARTICLE UNIQUE

(4) HABILLEMENT ET CAMPEMENT

(PERSONNEL D'EXPLOITATION).

ÉTAT des sommes revenant au nommé AMÉDÉE, *ouvrier commissionné* (5
décédé *le* 28 novembre 19 ..

NATURE DE LA DÉPENSE.	SOMMES PARTIELLES.	SOMMES TOTALES.
	fr. c.	fr. c.
Portion des salaires du mois de novembre..................	158 40	177 33
Montant des prélèvements. — Mois de septembre.................. 6 03	18 93	
Mois d'octobre.................. 6 30		
Mois de novembre.................. 6 60		
Parts contributives de l'Etat. — Mois de septembre..................	6 03	19 53
Mois d'octobre..................	6 30	
Mois de novembre..................	6 60	
Reliquats non versés du trimestre précédent.	0 60	
TOTAUX........	196 86	196 86

CERTIFIÉ le présent état s'élevant à la somme de cent quatre-vingt-seize fran
quatre-vingt-six centimes.

A , le 29 novembre 19 .

Le (6) *Gestionnaire,*

VU :

Le (7) *Sous-Intendant militaire,*

N° (1)

MODÈLE N° 20.

Art. 9 (1, § 5-*b*) de l'instruction du 17 mars 1904.

N° 453 B de la nomenclature.

1ᵉʳ exemple.

CORPS D'ARMÉE
ou

(1) Numéro d'inscription sur le bordereau trimestriel.
(2) * région *ou* Gouvernement militaire d *ou* Division militaire d
(3) Désignation de la place *ou* de l'établissement.
(4) Indiquer la section budgétaire.
(5) Inscrire l'indication du service budgétaire, en se conformant exactement à la nomenclature des dépenses.
(6) Admis à la retraite *ou* décédé.
(7) Les Membres du Conseil d'administration *ou* Le Gestionnaire.
(8) Désignation de l'ordonnateur *ou* du chef de service.

EXERCICE 19 .

(4) 1ʳᵉ SECTION.

TROUPES MÉTROPOLITAINES.

CHAPITRE 32. — ARTICLE UNIQUE.

(5) HABILLEMENT ET CAMPEMENT

(PERSONNEL D'EXPLOITATION).

TALON de l'état des sommes revenant au nommé AMÉDÉE, *ouvrier commissionné* (6), *décédé le 28 novembre* 19 .

NATURE DE LA DÉPENSE.		SOMMES PARTIELLES.	SOMMES TOTALES.
		fr. c.	fr. c.
Portion des salaires du mois de novembre............		158 40	177 33
Montant des prélèvements.	Mois de septembre............ 6 03	18 93	
	Mois d'octobre................ 6 30		
	Mois de novembre:........... 6 60		
Parts contributives de l'État.	Mois de septembre............	6 03	19 53
	Mois d'octobre...............	6 30	
	Mois de novembre............	6 60	
	Reliquats non versés du trimestre précédent.	0 60	
TOTAL............			196 86

Le soussigné certifie que le présent talon est conforme à l'état dont il a été détaché et qui s'élève à la somme de cent quatre-vingt-seize francs quatre-vingt-six centimes.

A , le 29 novembre 19 .

Le (7) *Gestionnaire,*

Ladite somme a été mandatée, sous le n° 320, le 29 novembre 19 .

Le (8) *Sous-Intendant militaire,*

NOTA. — La partie des salaires revenant à l'employé ou à l'ouvrier et le montant des prélèvements et des parts contributives de l'État se rapportant aux salaires acquis depuis le dernier versement jusqu'au jour de la mise à la retraite ou du décès ainsi que le reliquat non versé du trimestre précédent sont payés à l'employé ou à l'ouvrier retraité ou aux ayants droit du défunt sur les crédits de chacun des chapitres et articles sur lesquels il a travaillé pendant le trimestre et de la subdivision budgétaire qui supporte les parts contributives de l'État.

* CORPS D'ARMÉE
ou

(1)

(2)

(1) * **région** *ou* **Gouvernement militaire d** *ou* **Division militaire d**
(2) Désignation de la place *ou* de l'établissement.
(3) Indiquer la section budgétaire.
(4) Inscrire l'indication du service budgétaire, en se conformant exactement à la nomenclature des dépenses.
(5) Admis à la retraite *ou* décédé.
(6) Les Membres du Conseil d'administration *ou* Le Gestionnaire.
(7) Désignation de l'ordonnateur *ou* du chef de service.

MODÈLE Nº 2

Art. 9 (I, § 5-c) de l'insti
du 17 mars 1904

Nº 453 B de la nomenc

EXERCICE 19 .

(3) 1ʳᵉ SECTION.

TROUPES MÉTROPOLITAINES.

CHAPITRE 32. — ARTICLE UNIQUE.

(4) HABILLEMENT ET CAMPEMENT

(PERSONNEL D'EXPLOITATION).

ÉTAT des sommes revenant au nommé ROGER, *employé commissionné admis à la retraite le 15 novembre 19 , et rayé des contrôles ledit*

NATURE DE LA DÉPENSE.	SOMMES PARTIELLES.		SOMMES TOTALES	
	fr.	c.	fr.	c.
Portion des salaires du mois de novembre	93	60	113	1
Montant des prélèvements. { Mois de septembre	7 80			
Mois d'octobre	7 80	19	50	
Mois de novembre	3 90			
Parts contributives de l'État. { Mois de septembre	7	80		
Mois d'octobre	7	80		
Mois de novembre	3	90	19	8
Reliquats non versés du trimestre précédent.	0	36		
TOTAL.			132	9

CERTIFIÉ le présent état s'élevant à la somme de cent trente-deux francs quatre-v
seize centimes.

A , le 30 novembre 19 .

Vu : Bon à payer,
Le Sous-Intendant militaire,

Le (6) Gestionnaire.

Vu :
Le (7) Sous-Intendant militaire,

Pour acquit :
ROGER.

MODÈLE N° 20.

Art. 9 (J, §5-c) de l'instruction
du 17 mars 1904.

N° 453 B de la nomenclature.

N° (1)

· CORPS D'ARMÉE
ou
(2)
(3)

2° exemple.

(1) Numéro d'inscription sur le bordereau trimestriel.
(2) · région ou Gouvernement militaire d
ou Division militaire d
(3) Désignation de la place ou de l'établissement.
(4) Indiquer la section budgétaire.
(5) Inscrire l'indication du service budgétaire, en se conformant exactement à la nomenclature des dépenses.
(6) Admis à la retraite ou décédé.
(7) Les Membres du Conseil d'administration ou Le Gestionnaire.
(8) Désignation de l'ordonnateur ou du chef de service.

EXERCICE 19

(4) 1re SECTION.

TROUPES MÉTROPOLITAINES.

CHAPITRE 32. — ARTICLE UNIQUE.

(5) **HABILLEMENT ET CAMPEMENT**

(PERSONNEL D'EXPLOITATION).

TALON de l'état des sommes revenant au nommé ROGER, *employé commissionné* (6), *admis à la retraite le 15 novembre 19   et rayé des contrôles ledit jour.*

NATURE DE LA DÉPENSE.	SOMMES PARTIELLES.	SOMMES TOTALES.
	fr. c.	fr. c.
Portion des salaires du mois de novembre......	93 60	
Montant des prélèvements. ⎰ Mois de septembre........ 7 80	19 50	113 10
Mois d'octobre............ 7 80		
Mois de novembre........ 3 90		
Parts contributives de l'Etat. ⎰ Mois de septembre........	7 80	
Mois d'octobre............	7 80	19 86
Mois de novembre........	3 90	
Reliquats non versés du trimestre précédent.	0 36	
TOTAL............		132 96

Le soussigné certifie que le présent talon est conforme à l'état dont il a été détaché et qui s'élève à la somme de cent trente-deux francs quatre-vingt-seize centimes.

A   , le   19

Le (7) *Gestionnaire,*

Vu : Bon à payer,
Le Sous-Intendant militaire,

Pour acquit :
ROGER.

Ladite somme a été mandatée, sous le n° 353, le 30 novembre 19   .

Le (8) *Sous-Intendant militaire,*

NOTA. — La partie des salaires revenant à l'employé ou à l'ouvrier et le montant des prélèvements et des parts contributives de l'Etat se rapportant aux salaires acquis depuis le dernier versement jusqu'au jour de la mise à la retraite ou du décès ainsi que le reliquat non versé du trimestre précédent sont payés à l'employé ou à l'ouvrier retraité ou aux ayants droit du défunt sur les crédits de chacun des chapitres et articles sur lesquels il a travaillé pendant le trimestre et de la subdivision budgétaire qui supporte les parts contributives de l'Etat.

• CORPS D'ARMÉE
ou

(1)

(2)

N•   du journal.

(1) • région *ou* Gouvernement militaire d
ou Division militaire d
(2) Désignation de la place *ou* de l'Établissement.
(3) Indiquer la section budgétaire.
(4) Inscrire l'indication du service budgétaire, en se conformant exactement à la nomenclature des dépenses.
(5) Cet état est établi à la fin de *février*, pour les reliquats payés en janvier et février; à la fin du

EXERCICE 19

(3) 1re SECTION.

TROUPES MÉTROPOLITAINES.

CHAPITRE 32. — ARTICLE UNIQUE.

(4) HABILLEMENT ET CAMPEMENT

(PERSONNEL D'EXPLOITATION).

MODÈLE N° 21.

Art. 9 (I, § 5-*a*) de l'instructi
du 17 mars 1904.

N° 453 C de la nomenclatur

mois de *mai*, pour cet
payés dans les mois
mars, avril et mai; à
fin du mois d'*août*, pou
ceux payés en juin, juill
et août; à la fin du mo
de *novembre*, pour cet
payés en septembre, o
tobre et novembre; à
fin du mois de *décembr*
pour ceux payés en d
cembre.
(6) Les Membres d
Conseil d'administratio
ou Le Gestionnaire.
(7) Le chef de service

ÉTAT des sommes payées directement sur la caisse du comptable, pou reliquats de compte aux dénommés ci-après, qui ont quitté l'établissemen pendant les mois de septembre, octobre et novembre 19 . (5).

NOMS DES EMPLOYÉS ET OUVRIERS.	DATE DU DÉPART.	MONTANT DES RELIQUATS payés.	ÉMARGEMENT.
		fr. c.	
FRANÇOIS........................	6 septembre.	1 10	*François.*
HENRY..........................	Id........	0 90	*Henry.*
MARTIN.........................	Id........	0 76	*Martin.*
GUSTAVE........................	15 octobre....	0 30	*Gustave.*
CLAUDE.........................	Id........	1 40	*Claude.*
RAOUL..........................	Id........	0 20	*Raoul.*
....	....		....
....	....		....
TOTAL.................		10 56	

CERTIFIÉ le présent état à la somme de dix francs cinquante-six centimes.

A   , le (5) 30 novembre 19   .

Le (6) Gestionnaire,

VU :

Le (7) Sous-Intendant militaire,

MODÈLE N° 21.

Art. 9 (I, § 5-*a*) de l'instruction
du 17 mars 1904.

N° 453 C de la nomenclature.

* CORPS D'ARMÉE
ou

(1)

(2)

N°   du journal.

(1) Numéro d'inscription sur le bordereau trimestriel.
(2) * région *ou* Gouvernement militaire d
ou Division militaire d
(3) Désignation de la place ou de l'établissement.
(4) Indiquer la section budgétaire.
(5) Inscrire l'indication du service, en se conformant exactement à la nomenclature des dépenses.
(6) Cet état est établi à la fin de *février*, pour les

N° (4)

EXERCICE 19

(4) 1re SECTION.

TROUPES MÉTROPOLITAINES.

CHAPITRE 32. — ARTICLE UNIQUE.

(4) HABILLEMENT ET CAMPEMENT

(PERSONNEL D'EXPLOITATION).

reliquats payés en janvier et février; à la fin du mois de *mai*, pour ceux payés dans les mois de mars, avril et mai; à la fin du mois d'*août*, pour ceux payés en juin, juillet et août; à la fin du mois de *novembre*, pour ceux payés en septembre, octobre et novembre; à la fin du mois de *décembre*, pour ceux payés en décembre.
(7) Les Membres du Conseil d'administration *ou* Le Gestionnaire.
(8) Le chef du service.

TALON de l'état des sommes payées directement sur la caisse du comptable, pour reliquats de compte aux dénommés ci-après, qui ont quitté l'établissement pendant les mois de septembre, octobre et novembre 19   (6).

NOMS DES EMPLOYÉS ET OUVRIERS.	DATE du départ.	MONTANT DES RELIQUATS payés.	ÉMARGEMENT.
		fr. c.	
FRANÇOIS	6 septembre.	1 10	*François.*
HENRY	Id.	0 90	*Henry.*
MARTIN	Id.	0 76	*Martin.*
GUSTAVE	15 octobre	0 30	*Gustave.*
CLAUDE	Id.	1 40	*Claude.*
RAOUL	Id.	0 20	*Raoul.*
TOTAL		10 56	

Le soussigné certifie que le présent talon est conforme à l'état dont il a été détaché et qui s'élève à la somme de dix francs cinquante-six centimes.

A   , le (6) 30 novembre 19   .

Le (7) *Gestionnaire*,

ladite somme a été mandatée ce jour sous le n° 354.

A   ,   , le 30 novembre 19   .

Le (8) *Sous-Intendant militaire*,

MINISTÈRE
DE LA GUERRE.

(1) Du chauffage et de l'éclairage, des fourrages, de santé, etc.
(2) Gouvernement militaire d
(3) Désignation de l'établissement.
(4) Inscrire l'indication du service budgétaire en se conformant exactement à la nomenclature des dépenses.

SERVICE
DE (1) L'HABILLEMENT
ET DU CAMPEMENT.

e CORPS D'ARMEE
OU

(2)

(3)

EXERCICE 19

e TRIMESTRE.

MODÈLE Nº 22.

Art 9. (1, §§ 6 et 7)
de l'instruction
du 17 mars 1904.

1re SECTION. — SERVICE ORDINAIRE

CHAPITRE 32, ARTICLE UNIQUE.

(4) HABILLEMENT ET CAMPEMENT.

DÉPENSES DU PERSONNEL D'EXPLOITATION.

BORDEREAU TRIMESTRIEL

des dépenses faites pour le compte de l'établissement désigné ci-dessus pendant le 4e trimestre.

Columns 1–8 (page 198). Spanning header over columns 3–7: « TRAITEMENTS ET SALAIRE DES EMPLOYÉS ET OUVRIERS CIVILS (MONTANT NET) et prélèvements versés à la Caisse des retraites de la vieillesse et dans les caisses du Trésor public. » — sub-group « Employés civils » (3–4) et « Ouvriers civils » (5–7).

Numéro d'inscription sur le présent bordereau trimestriel (1)	Désignation des créanciers (2)	Employés civils — commissionnés (3)	Employés civils — auxiliaires (4)	Ouvriers civils — commissionnés (5)	Ouvriers civils — auxiliaires (6)	Ouvriers civils — journaliers (7)	Primes de travail à des ouvriers militaires rengagés ou commissionnés (8)
		fr. c.	fr. c.	fr. c.	fr. c.	fr. c.	fr. c.
1	Divers créanciers (traitements et salaires du mois d'octobre)	1.397 35	143 90	3.553 55	1.205 25	109 85	»
2	Divers créanciers (primes de travail du mois d'octobre)	»	»	»	»	»	51 60
3	Divers créanciers (frais de déplacement)	»	»	»	»	»	»
4	Les héritiers de M. Marius (ouvrier décédé)	»	»	201 50	»	»	»
5	M. Roger, employé retraité	113 10	»	»	»	»	»
6	Divers créanciers (traitements et salaires du mois de novembre)	1.353 00	136 80	3.438 80	1.234 45	105 30	»
9	Les héritiers de M. Amédée (ouvrier décédé)	»	»	177 33	»	»	»
10	Divers créanciers (ouvriers sortants)	»	»	»	»	»	»
11	La Caisse des retraites pour la vieillesse (montant des prélèvements de septembre, octobre et novembre)	182 72	17 98	430 66	159 02	0 50	»
12	Id. (parts contributives id.)	»	»	»	»	»	»
13	Divers créanciers (traitements et salaires du mois de décembre)	1.512 65	151 45	3.660 80	1.372 50	109 85	»
14	M. Clément (médecin civil)	»	»	»	»	»	»
17	La Caisse des retraites pour la vieillesse (montant des prélèvements pour le mois de décembre)	74 74	6 31	152 55	57 18	»	»
18	Id. (parts contributives id.)	»	»	»	»	»	»
	TOTAUX	4.633 56	456 44	11.615 19	4.038 42	326 50	152 60

Columns 9–17 (page 199). Spanning header over columns 10–11: « VERSEMENTS à la CAISSE NATIONALE des retraites pour la vieillesse (participation de l'État) et avantages divers concédés au personnel civil d'exploitation (Décret du 27 févr. 1891) ». Spanning header over columns 13–14: « MONTANT DES DÉPENSES acquittées sur mandats ». Spanning header over columns 15–16: « DIFFÉRENCE ENTRE la colonne 12 et les colonnes 13 ou 14. Sommes payées ».

Numéro (1)	Désignation des créanciers (2)	Frais de déplacement aux membres des commissions de réception (9)	Versements — Majorations (10)	Versements — Autres dépenses (soins médicaux, indemnités de licenciement, etc.) (11)	Montant total des dépenses (12)	Dépenses acquittées — d'avances (13)	Dépenses acquittées — directs (14)	Différence en plus : reversées ou à reverser au Trésor ou à virer à d'autres services (15)	Différence en moins : à ordonnancer ou à virer d'autres services (16)	Nombre de pièces (17)
		fr. c.	fr. c.	fr. c.	fr. c.	fr. c.	fr. c.			
1	Divers créanciers (traitements et salaires du mois d'octobre)	»	»	»	6.409 90	6.469 90	»	»	»	1
2	Divers créanciers (primes de travail du mois d'octobre)	»	»	»	51 60	51 60	»	»	»	1
3	Divers créanciers (frais de déplacement)	94 00	»	»	94 00	94 00	»	»	»	1
4	Les héritiers de M. Marius (ouvrier décédé)	»	15 50	»	217 00	»	217 00	»	»	1
5	M. Roger, employé retraité	»	19 86	»	182 96	132 96	»	»	»	1
6	Divers créanciers (traitements et salaires du mois de novembre)	»	»	201 60	6 470 95	6 470 95	»	»	»	1
9	Les héritiers de M. Amédée (ouvrier décédé)	»	19 53	»	196 86	»	196 86	»	»	1
10	Divers créanciers (ouvriers sortants)	»	10 56	»	10 56	10 56	»	»	»	1
11	La Caisse des retraites pour la vieillesse (montant des prélèvements de septembre, octobre et novembre)	»	»	6 00	796 88	»	796 88	»	»	1
12	Id. (parts contributives id.)	»	763 62	»	763 62	»	763 62	»	»	1
13	Divers créanciers (traitements et salaires du mois de décembre)	»	»	»	6.807 25	6.807 25	»	»	»	1
14	M. Clément (médecin civil)	»	»	300 00	300 00	»	300 00	»	»	1
17	La Caisse des retraites pour la vieillesse (montant des prélèvements pour le mois de décembre)	»	»	»	290 78	»	210 78	»	»	1
18	Id. (parts contributives id.)	»	377 69	»	377 69	»	377 69	»	»	1
	TOTAUX	246 00	1.206 76	1.031 41	23.756 88	20.455 10	3.301 78	»	»	18

(Accolade sous les colonnes 13–14 des totaux : 23.756 88)

TABLEAU I.

RÉCAPITULATION.

DÉTAIL DES MANDATS D'AVANCES
ET MONTANT TOTAL DES MANDATS DIRECTS (colonne 14 d'autre part).

Numéros. 1	Dates. 2	Montant. 3
		fr. c.
312	24 octobre.....	6.600 00
346	24 novembre...	6.800 00
354	30 novembre...	10 55
360	24 décembre...	7.100 00
TOTAL des mandats d'avances..............		20 510 55
A DÉDUIRE :		
Somme reversée au Trésor suivant récépissé n° 35425 du 5 janvier 19		55 45
Reste en payements effectués sur mandats d'avances...............		20.455 10
A AJOUTER :		
Mandats spéciaux émis au nom du comptable (prélèvements sur les salaires, parts contributives, etc.) (col. 14 du bordereau trimestriel)...............		3.301 78
TOTAL comme ci-contre.		23.756 88

NATURE DES DÉPENSES PAR RUBRIQUE BUDGÉTAIRE.

NATURE DES DÉPENSES PAR RUBRIQUE BUDGÉTAIRE. 4	MONTANT des DÉPENSES du présent trimestre. 5	REPORT des ANTÉRIEURS 6	TOTAUX GÉNÉRAUX. 7
	fr. c.	fr. ç.	fr. c.
Traitement et salaires des employés et ouvriers civils (montant net) et prélèvements versés à la Caisse des retraites, etc......... — Employés civils — commissionnés.	4.633 56	13.810 00	18.443 56
— auxiliaires.....	456 44	1.428 35	1.884 79
— Ouvriers civils — commissionnés.	11.615 19	33.015 17	44.630 36
— auxiliaires.....	4.088 42	12.795 25	16.883 67
— journaliers.....	326 50	1.015 23	1.341 73
Primes de travail à des ouvriers militaires, rengagés, etc.	152 60	420 75	573 35
Frais de déplacement aux membres des commissions de réception..................	246 00	752 60	998 60
Versements à la Caisse nationale des retraites pour la vieillesse (participation de l'Etat) et avantages divers concédés au personnel civil d'exploitation. (Décret du 26 février 1897)........... — Majorations...............	1.206 76	2 072 93	3 279 69
— Autres dépenses (soins médicaux, indemnités de licenciement, etc.)........	1.031 41	2.328 79	3 360 20
TOTAUX GÉNÉRAUX............	23.756 88 (1)	67.639 07	91.395 95

TABLEAU II. — *Renseignements concernant les salaires du personnel civil d'exploitation.*
(Application du décret du 26 février 1897.)

MOIS que les opérations concernent.	TRAITEMENTS ET SALAIRES BRUTS D'APRÈS LES ÉTATS RÉCAPITULATIFS des traitements et salaires.			SOMMES PAYÉES AU PERSONNEL CIVIL D'EXPLOITATION. PRÉLÈVEMENTS VERSÉS à la Caisse des retraites et amendes versées au Trésor.					
	Soumis à la retenue de 4 p. 100.	Non passibles de la retenue de 4 p. 100.	Total.	Traitements et salaires payés sur mandats d'avances.	Prélèvements effectués sur les salaires et versés trimestriellement à la caisse des retraites.	Amendes acquises au Trésor et versées trimestriellement au Trésor (journaliers)	Sommes revenant aux ouvriers décédés ou retraités.		Total des colonnes 5 à 9 (2).
							Salaires nets.	Prélèvements.	
1	2	3	4	5	6	7	8	9	10
	fr. c.	fr. c.	fr. c.	fr. c.	fr. c.	fr. c.	fr. c.	fr. c.	fr. c.
Mois d'octobre............	6.827 14	109 84	6.936 98	6 469 90	»	»	186 00	15 50	6.671 40
Mois de novembre.........	6.848 79	164 40	7 013 19	6 470 95	796 38	0 50	252 00	38 43	7.558 26
Mois de décembre.........	6.988 20	109 84	7 098 04	6.807 25	290 78	»	»	»	7.098 03
Totaux pour le trimestre.	20.664 13	304 03	21.048 21	19.748 10	1.087 16	0 50	438 00	53 93	21.327 99
Report des antérieurs....	61 328 25	1.015 25	62.343 50	59.599 45	2 331 24	»	128 00	5 33	62 064 02
Totaux généraux....	81.992 38	1.399 33	83.391 71	79.347 55	3.418 40	0 50	566 00	59 26	83.391 71

(1) Somme à laquelle le bordereau doit être arrêté.
(2) En fin d'exercice, le total général de la colonne 4 doit être égal à celui de la colonne 11.
(3) En toutes lettres.

ARRÊTÉ le présent bordereau à la somme de (3) vingt-trois mille sept cent cinquante-six francs quatre-vingt-huit centimes.

A , le 6 janvier 19 .

Le Gestionnaire,

VU et VÉRIFIÉ :
Le Sous-Intendant militaire.

MINISTÈRE
DE LA GUERRE.

(1) Gouvernement militaire d   ou division d

ou (1)

e CORPS D'ARMÉE

EXERCICE 19 .

e TRIMESTRE.

MODÈLE N° 23.

Art. 9. (IV, §§ 1 et 2)
de l'instruction
du 17 mars 1904.

N° 46 A de la nomenclature

CHAPITRE 33. — ARTICLE UNIQUE. — 1re PARTIE.

PRESTATIONS EN DENIERS DE LA MASSE D'HABILLEMENT.

ARME : INFANTERIE.

CORPS : e RÉGIMENT D

Extrait du décompte de libération des prestations en deniers de la masse d'habillement.

1. — CRÉDIT DU CORPS.

NATURE DES ALLOCATIONS.	TAUX des allocations.	ARMÉE ACTIVE. Journées ou nombre.	Décomptes.	RÉSERVE de l'armée active. Journées ou nombre.	Décomptes.	ARMÉE territoriale. Journées ou nombre.	Décomptes.	TOTAL par nature d'allocations.
	fr. c.		fr. c.		fr. c.		fr. c.	fr. c.
Fonds commun du corps. — Prime journalière............	0 05	102.040	1.020 40	130	1 30	»	»	2.878 70
Primes mensuelles et leurs suppléments................	619 00	8	1.557 00	»	»	»	»	
Primes journalières............	0 22	101.852	22.407 44	130	28 60	»	»	22.436 04
Fonds particuliers des compagnies, escadrons ou batteries. — 1o Primes journalières. Primes journalières............			»	»	»	»	»	133 76
Sous-officiers, caporaux, brigadiers et soldats...	0 08	1.343	107 44	»	»	»	»	
Portion de la prime journalière d'entret. due au corps pour les militaires en subsistance dans les écoles militaires.......... à pied..	0 14	168	26 32	»	»	»	»	
à cheval	»	»	»	»	»	»	»	
2o Supplément journalier. — Aux troupes stationnées dans le gouvernement militaire de Paris... intra-muros	»	»	»	»	»	»	»	
extra-muros	»	»	»	»	»	»	»	
Aux troupes de toutes armes faisant partie des groupes alpins, etc................	»	»	»	»	»	»	»	
Aux troupes appelées éventuellement à opérer dans les Alpes	»	»	»	»	»	»	»	
Aux compagnies d'infanterie montée dans le Sud-Oranais.	»	»	»	»	»	»	»	
3o Primes fixes. — 1° Sous-officiers promus officiers sans avoir suivi les cours d'une école militaire d'élèves officiers ou nommés à l'un des emplois indiqués au tarif n° 22 du décret du 27 décembre 1890 ; 2° brigadiers, caporaux et soldats rengagés ou commissionnés nommés à l'un des emplois indiqués au tarif susvisé .... à pied..	»	»	»	»	»	»	»	
à cheval	»	»	»	»	»	»	»	
Militaires de tous grades (adjudants, chefs armuriers et maîtres selliers exceptés), admis à la retraite ou réformés par congé n° 1 .... à pied..	»	»	»	»	»	»	»	
à cheval	»	»	»	»	»	»	»	
Sous-officiers nommés élèves officiers dans les écoles militaires.............	»	»	»	»	»	»	»	
TOTAUX............			25.418 60		29 90		»	25.448 50

II. — DEBIT DU CORPS.

1° MANDATS ÉMIS.

NUMÉROS.	DATES.	DÉPARTEMENTS.	MONTANT par mandat.	MONTANT total.
			fr. c.	fr. c.
877	25 octobre 19	Sarthe	7.171 99	
945	26 novembre 19	Id	280 08	
982	26 décembre 19	Id	2.141 74	
		Total............	9.593 81	ci 9.593 81

2° MATIÈRES ET EFFETS LIVRÉS PAR LES MAGASINS DE L'ÉTAT

ET DONT LE MONTANT DOIT ÊTRE IMPUTÉ AU CORPS (1).

Dates des factures	Magasins livranciers.	Draps et tissus pour confection d'effets d'habillement.	Effets d'habillement et accessoires d'effets d'habillement.	Effets de coiffure et accessoires d'effets de coiffure.	Effets de chaussures et accessoires d'effets de chaussures.	Effets d'équipement.	Effets et ustensiles de campement.	Total par facture.
		fr. c.	fr. c.	fr. c.	fr. c.	fr. c.	fr. c.	fr. c.
2 nov	Réserve du corps	»	»	»	1.307 25	»	»	1.307 25
13 nov	Magasin central de R..........	»	3.002 80	418 90	1.767 90	28 25	»	5.217 85
6 nov	Magasin général de Paris......	»	»	»	1.630 95	»	»	1.630 95
17 nov	Magasin régional de M.....	»	4.355 00	1.416 00	522 90	»	»	6.293 90
5 déc.	Réserve du corps	»	223 00	»	87 00	»	»	310 00
7 déc.	Magasin général de Paris......	»	»	»	2.739 00	»	»	2.739 00
	Totaux......	»	7.580 80	1.834 90	8.055 00	28 25	»	17.498 95 ci 17.498 95

Total du débit................. 27.092 76

Le crédit étant de........ 25.448 50

Il ressort un {trop-perçu qui a été versé au Trésor le 18 février 19 (récépissé n° 30431) 1.644 26
{moins-perçu qui a été ordonnancé le   » (mandat n°   ») »

(1) Le montant des factures des matières et effets livrés au corps dans le trimestre doit figurer intégralement au *débit* du corps.

(2) Les Membres du Conseil d'administration ou Le Commandant d

A   , le   19.

L (2)

VU ET VÉRIFIÉ :

Le Sous-Intendant militaire.

MINISTÈRE DE LA GUERRE.

(1) Gouvernement militaire d ou division d , etc.
(2) Désignation de l'établissement.

° CORPS D'ARMÉE
ou (1)

EXERCICE 19 .

° TRIMESTRE.

MODÈLE N° 24.

Art. 9 (VI, §§ 1 et 2) de l'instruction du 17 mars 1904.

N° 47 A de la nomenclature

CHAPITRE 33. — ARTICLE UNIQUE. — Iʳᵉ PARTIE.

PRESTATIONS EN DENIERS DE LA MASSE D'HABILLEMENT.

(2) ÉCOLE MILITAIRE D

Extrait du décompte de libération des prestations en deniers de la masse d'habillement.

I. — CRÉDIT DE L'ÉTABLISSEMENT.

NATURE DES ALLOCATIONS.	TAUX des allocations.	JOURNÉES ou nombre.	DÉCOMPTES.	TOTAL par nature d'allocations.
	fr. c.		fr. c.	fr. c.
Allocations annuelles	1.700 00			1.700 00
Élèves. Primes fixes pour objets de grande tenue (habillement et képi) délivrés aux sous-officiers, élèves officiers et aux officiers stagiaires d'administration	»	»	»	»
Première mise pour élève admis	»	»	»	»
Prime journalière d'entretien	»	»	»	558 45
Suppléments journaliers aux élèves stationnés dans le gouvernement milᵉ de Paris — intra-muros	0 03	18.615	558 45	
— extra-muros	0 14	10.962	1.534 68	1.534 68
Militaires du cadre. Prime journalière d'entretien	»	»	»	488 73
Suppléments journaliers aux militaires du cadre stationnés dans le gouvernement militaire de Paris — intra-muros	0 03	16.291	488 73	
— extra-muros				
Primes fixes. Pour dépense de la tenue de ville des sous-officiers contractant un premier rengagement à l'école où pour le premier remplacement de ladite tenue apportée par des sous-officiers rengagés venus des corps de troupe	70 00	11	770 00	
Pour : 1° sous-officⁱᵉʳˢ promus officiers sans avoir suivi les cours d'une école militaire d'élèves officiers ou nommés à l'un des emplois indiqués au tarif n° 22 du décret du 27 décembre 1850; 2° brigadiers, caporaux et soldats rengagés ou commissionnés nommés à l'un des emplois indiqués au tarif susvisé.	»	»	»	770 00
Pour militaires de tous grades (excepté les sous-officiers désignés à l'article 1ᵉʳ du règlement du 10 octobre 1892) admis à la retraite ou réformés par congé n° 1	»	»	»	
Pour sous-officiers nommés élèves officiers dans les écoles militaires	»	»	»	
Agents secondaires. Première mise par agent admis	50 00	»	»	»
Prime journalière d'entretien	0 08	15.181	1.214 48	1.214 48
Portion de la prime journalière d'entretien due à l'école pour les militaires qui y sont en subsistance — à pied	»	»	»	
— à cheval	0 10	3.434	343 40	343 40
Suppléments journaliers aux militaires en subsistance à l'école et qui sont stationnés dans le gouvernement militaire de Paris — intra-muros	»	»	»	»
— extra-muros	»	»	»	»
TOTAUX			6.609 74	6.609 74

II. — DÉBIT DE L'ÉTABLISSEMENT.

1° MANDATS ÉMIS.

NUMÉROS.	DATES.	DÉPARTEMENTS.	MONTANT par mandat.	MONTANT total.
			fr. c.	fr. c.
508	16 novembre 19 ...	Seine..........................	1.004 15	
558	30 novembre 19 ...	Id..........................	1.527 19	
622	15 décembre 19 ...	Id..........................	1.147 08	
736	31 décembre 19 ...	Id..........................	914 78	
		TOTAL...................	5.193 20	ci 5.193 20

2° MATIÈRES ET EFFETS LIVRÉS PAR LES MAGASINS DE L'ÉTAT
ET DONT LE MONTANT DOIT ÊTRE IMPUTÉ A L'ÉTABLISSEMENT (1).

DATES des FACTURES.	Magasins livranciers.	Draps et tissus pour confection d'effets d'habillement.	Effets d'habillement et accessoires d'effets d'habillement.	Effets de coiffure et accessoires d'effets de coiffure.	Effets de chaussures et accessoires d'effets de chaussures.	Effets d'équipement.	Effets et ustensiles de campement.	Total par facture.
		fr. c.	fr. c.	fr. c.	fr. c.	fr. c.	fr. c.	fr. c.
16 octobre...	Magasin général de Paris........	»	86 30	»	»	»	»	86 30
24 octobre...	Id........	»	152 35	88 50	»	»	»	240 85
20 novembre	Id........	278 25	99 90	»	»	»	»	378 15
23 décembre.	Id........	»	49 50	»	»	»	»	49 50
Id........	Id........	»	»	29 50	331 50	»	»	361 00
Id........	Id........	»	304 10	»	247 50	»	»	551 60
30 décembre.	Magasin général de Lyon......	»	»	»	87 15	»	»	87 15
TOTAUX......		278 25	692 15	118 00	666 15	»	»	1.754 55 ci 1.754 55

TOTAL du débit.............. 6.947 75

Le crédit étant de........... 6.609 74

Il ressort un {trop-perçu qui a été versé au Trésor le 15 février 19 (récépissé n° 20202 ... 338 01

{moins-perçu qui a été ordonnancé le » (mandat (n° » »

(1) Le montant des factures des matières et effets livrés à l'établissement pendant le trimestre doit figurer intégralement au *débit* de l'établissement.

VU ET VÉRIFIÉ :
Le Sous-Intendant militaire,

A   , le   19 .
Les Membres du Conseil d'administration,

MINISTÈRE DE LA GUERRE.

(1) Gouvernement militaire d   ou division d   , etc.

CORPS D'ARMÉE ou (1)

EXERCICE 19 .

° TRIMESTRE.

MODÈLE N° 25.

Art. 9 (IV, §§ 1 et 2) de l'instruction du 17 mars 1904.

N° 46 B de la nomenclature.

CHAPITRE 42, ARTICLE UNIQUE, § 2.

PRESTATIONS EN DENIERS DE LA MASSE DE HARNACHEMENT.

ARME : CAVALERIE.

Corps ou établissement.   ° RÉGIMENT de

Extrait du décompte de libération des prestations en deniers de la masse de harnachement.

I. — CRÉDIT DU CORPS OU DE L'ÉTABLISSEMENT.

			NATURE DES ALLOCATIONS.	TAUX des allocations.	JOURNÉES ou nombre.	DÉCOMPTES.	TOTAL par nature d'allocations
				fr. c.		fr. c.	fr. c.
Fonds communs.	Primes journalières.		Chevaux d'officiers......	0 020	3.367	67 34	844 59
			Chevaux de troupe......	0 012	64.771	777 25	
	Primes mensuelles		pour le corps...........	44 00	3	132 00	171 60
			pour	»	»	»	
			pour	»	»	»	
			pour	»	»	»	
			pour	»	»	»	
			pour	»	»	»	
			pour	»	»	»	
			pour	36 00	1	36 00	
			pour voiture en dépôt...	1 20	3	3 60	
			pour voiture en dépôt...				
Fonds particuliers.	Primes journalières.		Chevaux d'officiers......	0 010	3.367	33 67	3 919 93
			Chevaux de troupe et mulets.............	0 060	64.771	3.886 26	
				»	»	»	
	Supplément à la prime journalière	en Afrique.	Chevaux d'officiers......	»	»	»	49 38
			Chevaux de troupe......	»	»	»	
		aux troupes manœuvrant en pays de montagne.	Chevaux d'officiers......	0 030	34	1 02	
			Chevaux de troupe......	0 060	806	48 36	
			TOTÁUX...............			4.985 50	4.985 50

II. — DÉBIT DU CORPS OU DE L'ÉTABLISSEMENT.

	MANDATS ÉMIS.			MONTANT
NUMÉROS.	DATES.	DÉPARTEMENTS.	MONTANT par mandat.	TOTAL.
			fr. c.	fr. c.
410	1er septembre 19	Vosges.............	1.690 28	
411	5 septembre 19	Id...............	1.674 90	
460	3 octobre 19 ...	Id...............	1.591 70	
	TOTAL.............		4.956 88 ci	4.956 88

TOTAL du débit........... 4.956 88

Le crédit étant de............... 4.985 50

Il ressort un {
trop-perçu qui a été versé au Trésor le   »
(récépissé n°   »   )..................   »
moins-perçu qui a été ordonnancé le 15 novembre 19   (mandat n° 537)..................   28 62
}

A   , le 18 novembre 19 .

Les (1) Membres du Conseil d'administration;

Vu et Vérifié :
Le Sous-Intendant militaire,

(1) Les Membres du
Conseil   d'administration
ou Le Commandant d

MODÈLE N° 26.

MINISTÈRE
DE LA GUERRE.

DIRECTION
de l'artillerie et des
équipages militaires.

BUREAU
du matériel.

Numéro
d'enre-
gistre-
ment.

Dates...

{
Au bureau admi-
  nistratif :
A la direction du
  contrôle : ·
De l'arrivée des
  pièces au bu-
  reau adminis-
  tratif :
  Le   19   ·
De la remise à
  la direction du
  contrôle :
  Le   19   ·
Du renvoi au bu-
  reau adminis-
  tratif :
  Le   19   ·
}

RAPPORT DE LIQUIDATION

SERVICE
DE (1) L'ARTILLERIE.

ADMINISTRATION CENTRALE.

EXERCICE 19 ·

° TRIMESTRE.

(2) 4ᵉ Section. Troupes métropolitaines

CHAPITRE 44, ARTICLE 1ᵉʳ.

(3) ÉTABLISSEMENTS DE L'ARTILLERIE
(matériel d'exploitation).

Art. 14 de l'instruction
du 17 mars 1904.

(1) De l'artillerie, de
l'habillement, des vivres,
etc.
(2) Indiquer la section
du budget.
(3) Inscrire l'indication
du service en se confor-
mant exactement à la no-
menclature des dépenses.

ENTRETIEN ET RÉPARATION DU MATÉRIEL.

MONTANT DE LA DÉPENSE		
d'après les PIÈCES.	d'après LE BUREAU administratif.	d'après LA VÉRIFICATION de la direction du contrôle.
32.058 fr. 16	32.058 fr. 16	

Sommes { à ordonnancer.........   32.058 fr. 16
{ à virer d'autres services   »

Après examen et vérification des pièces jointes au présent rapport, il a été
en vigueur et qu'il y a lieu de les admettre

reconnu que les dépenses y portées sont justifiées conformément aux règlements
en liquidation ainsi qu'il suit, savoir :

NUMÉROS D'INSCRIPTION sur le présent bordereau	DÉSIGNATION des CRÉANCIERS	MONTANT des DÉPENSES d'après les pièces	§ 1er. Entretien du matériel d'instruction, de corvée, de mobilisation. — Matières.	§ 2. Achat du fascinage et des objets nécessaires pour le tir et les écoles à feu.	§ 3. Entretien et réparations des armes dans les corps de troupe.	§ 6. — Entretien des machines.			MONTANT des CRÉANCES admises en liquidation ou droits constatés.	MONTANT des SOMMES mandatées.	DIFFÉRENCE entre le montant des droits constatés et l'ordonnancement. Sommes ordonnancées. En plus : reversées ou à reverser au Trésor ou à virer à d'autres services (1).	En moins : à ordonnancer au titre des exercices clos ou à virer d'autres services (1).	NOMBRE DE PIÈCES
1	2	3	4	5	6	7	8	9	10	11	12	13	14
		fr. c.	fr. c.	fr. c.	fr. c.	fr. c.			fr. c.			fr. c.	
1	Le ministère du commerce, de l'industrie, etc.	11.691 55	11 691 55	»	»	»	»	»	11.691 55	»	»	11.691 55	10
2	Le ministère de l'agriculture	1.549 14	»	1.549 14	»	»	»	»	1.549 14	»	»	1.549 14	5
3	Ledit	9.352 25	»	9.352 25	»	»	»	»	9.352 25	»	»	9.352 25	15
	Le Trésor public	8.719 93	»	8.719 93	»	»	»	»	8.719 93	»	»	8.719 98	
4	Le ministère des colonies	295 13	»	»	295 13	»	»	»	295 13	»	»	295 13	2
5	Le ministère du commerce, de l'industrie, etc.	430 16	»	»	»	450 16	»	»	450 16	»	»	450 16	2
	Totaux	32.058 16	11.691 55	19.621 32	295 13	450 16	»	»	32.058 16	»	»	32.058 16	34

(1) Les sommes à virer sont inscrites à l'encre rouge.

Rectifications ou observations du Bureau administratif.

Sans observations.

En conséquence, le Bureau a l'honneur de proposer au Ministre d'admettre en liquidation, au titre du service budgétaire sus-indiqué, la somme de trente-deux mille cinquante-huit francs seize centimes.

Paris, le   19   .

Le Chef du Bureau,

Vu :

L   *Directeur,*

RÉSULTATS DE LA VÉRIFICATION OPÉRÉE par la direction du contrôle.	DÉCISION du MINISTRE.	OBSERVATIONS.
Le Chef du Bureau des comptes, Vu : L'Adjoint au Directeur,	Le Ministre a approuvé le	

MINISTÈRE
DE LA GUERRE.

RAPPORT DE LIQUIDATION

MODÈLE N° 26 *bis*.

Art. 16 de l'instruction
du 17 mars 1904.

DIRECTION

d

SERVICE

D (1)

BUREAU

d

(2)

° CORPS D'ARMÉE
ou

(2) Gouvernement mili-
taire d   *ou* ° région
ou division d

(3) L'exercice à indiquer
est celui pendant lequel le
rapport est établi.

(1) De l'artillerie, des
fourrages, du génie, etc.

EXERCICE 19   (3).

(4) Indiquer la section.
(5) Clos *ou* périmé.

(4)   ° SECTION { TROUPES MÉTROPOLITAINES.
{ TROUPES COLONIALES.
{ DÉPENSES EXTRAORDINAIRES.

CHAPITRE   , ARTICLE UNIQUE.

DÉPENSES DES EXERCICES (5)

	PROPOSITIONS	
DU DIRECTEUR ordonnateur secondaire.	du BUREAU administratif.	de LA DIRECTION du contrôle.

NUMÉROS des chapitres de l'exercice auquel appartiennent les créances.	DÉSIGNATION des CRÉANCIERS.	NATURE DES DÉPENSES.	CAUSES DES RETARDS dans la PRODUCTION DES TITRES de créances.

TOTAUX............

(1) Désignation de l'ordonnateur secondaire.

EXERCICES AUXQUELS APPARTIENNENT LES DÉPENSES.				MONTANT des TITRES de créances.	PROPOSITIONS DU DIRECTEUR. SOMMES		
Exercice 19 .	Exercice 19 .	Exercice 19 .	Exercice 19 .		à admettre en liquidation	à rejeter.	MOTIFS.

A , le 19 .

Le Directeur d (1)

LIQUIDATION.

Suivant l'avis du Directeur, les dépenses à admettre en liquidation s'élèvent à la somme de.......................................

Le Bureau propose de liquider à...............................

DIFFÉRENCE en   ....

Explication de cette différence.

AUGMENTA-TIONS.	DIMINU-TIONS.

TOTAUX.....................

DIFFÉRENCE finale comme ci-dessus......

En conséquence, le Bureau a l'honneur de proposer au Ministre d'admettre en liquidation la somme de

Paris, le   19   .

Vu :   *Le Chef du Bureau,*

L

RÉSULTATS DE LA VÉRIFICATION OPÉRÉE par la direction du contrôle.	DÉCISION DU MINISTRE.	OBSERVATIONS.
Le Chef *du Bureau des comptes,* Vu : *Adjoint au Directeur,*		

MINISTÈRE
DE LA GUERRE.

DIRECTION
de l'artillerie et des
équipages militaires.

—

BUREAU
du matériel.

—

Nombre de pièces à l'appui :

Numéro d'enregistrement. { Au bureau administratif : / A la direction du contrôle :

RAPPORT DE RÉDUCTION
DE DÉPENSES.

SERVICE
DE (1) L'ARTILLERIE.

—

ADMINISTRATION CENTRALE.

—

EXERCICE 19 .

—

4ᵉ TRIMESTRE.

—

MODÈLE Nº 27.

Art. 14 de l'instruction
du 17 mars 1904.

(1) De l'artillerie, des
vivres, etc.
(2) Indiquer la section
du budget.
(3) Inscrire l'indication
du service budgétaire en
se conformant exactement
à la nomenclature des dépenses.

(2) 1ʳᵉ SECTION. — TROUPES MÉTROPOLITAINES.

—

CHAPITRE 45, ARTICLE UNIQUE.

—

(3) ÉTABLISSEMENTS DE L'ARTILLERIE.

—

ACHAT ET FABRICATION DE MATÉRIEL-MUNITIONS.

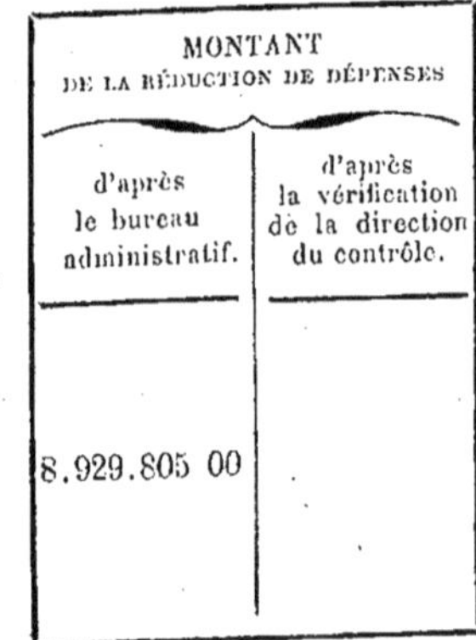

MONTANT	
DE LA RÉDUCTION DE DÉPENSES	
d'après le bureau administratif.	d'après la vérification de la direction du contrôle.
8.929.805 00	

Sommes à virer d'autres services :   »

LIQUIDA

Le service désigné d'autre part a fait pendant l'année 19 , à charge de remboursᵗ

TION (1).

ment, les avances ou cessions dont la nature et l'importance sont données ci-après :

DÉSIGNATION DES SERVICES DÉBITEURS.	NATURE DES AVANCES ET DES CESSIONS.	§ 1er. — Munitions pour les écoles à feu, etc.		§ 2. — Fabri de maté	DES RÉDUCTIONS (RUBRIQUE BUDGÉTAIRE.)				MONTANT des RÉDUCTIONS à opérer.	SOMMES à virer à d'autres services.	REMBOURSEMENTS EFFECTUÉS par d'autres ministères et par voie de versements au Trésor.	
		Écoles à feu de campagne de montagne, etc.	Écoles à feu de côtes.	Main-d'œuvre.	cation et achat riel neuf. Matières.	§ 3. Cartouches pour l'instruction des corps de troupe.	§ 4. Fabrication d'armes et de pièces d'armes.				Montant.	Numéros des bordereaux d'annulation.
1	2	3	4	5	6	7	8	9	10	11	12	13
		francs.	francs.	francs.	francs.	francs.	francs.	fr.	francs.	francs.	francs.	
Ministère de la marine.	Réparation de matériel (cession de matières et avances en deniers pour main-d'œuvre)...	»	»	7.525	17.029	»	»	»	24.554	»	24.554	225
Ministère des colonies.	Cession de cartouches..	»	»	»	»	6.586	»	»	6.586	»	6.586	240
Ministère de la marine.	Cessions de matériel....	»	»	»	71.984	175.415	29.235	»	276.584	»	276.584	310
Ministère de l'agriculture.	Cession d'armes........	»	»	»	»	»	355	»	355	»	355	312
Ministère des colonies.	Cession de cartouches..	21.763	»	»	»	»	»	»	21.763	»	21.763	340
Services divers, corps de troupe, etc.	Diverses cessions. (Montant des versements effectués dans les caisses du Trésor au titre des « Reversements de fonds sur les dépenses des ministères ».).....	»	»	»	»	41.393	198.470	»	239.863	»	239.863	Divers.
Imputations (divers entrepreneurs).	Valeurs des vieilles matières cédées aux entrepreneurs pour être transformées.........	400.313	50 235	»	207.130	1.882.115	»	»	2.548.793	»	2.548.793	»
TOTAUX.........		434.020	52.515	225.155	3.171.577	4.403.976	642.502	»	8.923.805	»	8.929.805	

Le Chef du Bureau,

(1) Le présent rapport de réduction de dépenses est appuyé des extraits des bordereaux d'annulation.

Observations du Bureau administratif.

> Sans observations.

En conséquence, le Bureau a l'honneur de proposer au Ministre d'autoriser la réduction, sur le montant des droits constatés, au titre du service budgétaire susindiqué, de la somme de trente-deux mille cinquante-huit francs seize centimes.

Paris, le   19 .

Le Chef du Bureau.

Vu :

L   *Directeur.*

RÉSULTAT DE LA VÉRIFICATION OPÉRÉE par la direction du contrôle.	DÉCISION du MINISTRE.	OBSERVATIONS.
Le Chef du Bureau des comptes. Vu : *L'Adjoint au Directeur,*	Le Ministre a approuvé le	

MINISTÈRE
DE LA GUERRE.

Modèle Nº 28.

Art. 17, A, § 1er, de
l'instruction
du 17 mars 1904.

COMPTABILITÉ-DENIERS.

EXERCICE 1902.

Service de l'artillerie

REGISTRE DE FONDS.

8

Établissements de l'artillerie (entretien et réparation du matériel).

ORDONNANCEMENT.

Colonnes : 1-2 = CRÉDITS LÉGISLATIFS ; 3-4 = CRÉDITS DE RÉPARTITION ; 12-14 = OPÉRATIONS EN AUGMENTATION ; 15-17 = OPÉRATIONS EN DIMINUTION ; 18 = CUMULATION ; 19 = SOMMES DISPONIBLES.

Dates des lois et décrets	Montant	Mois	Montant cumulé	Dates d'envoi des états de dépenses ou de crédits au bureau des fonds et ordonnances	Numéros des états de dépenses ou de crédits	Indication sommaire de la nature des opérations	Dates d'émission des ordonnances, bordereaux d'annulation, etc.	Numéros des ordonnances	Numéros des bordereaux d'annulation	Numéros des états de changements d'imputation	Ordonnances de délégation	Ordonnances de virements, décomptes de remboursements à d'autres ministères	Changements d'imputations (virements d'autres services)	Crédits sans emploi	Annulations. Reversements, remboursements par d'autres ministères	Changements d'imputations (virements à d'autres services)	Cumulation (compte tenu des opérations en diminution)	Sommes disponibles sur les crédits législatifs
1	2	3	4	5	6	7	8	9	10	11	12	13	14	15	16	17	18	19
	francs		francs								francs	francs	francs	francs	francs	francs	francs	francs
				1901			1901											
Loi du 21 décembre 1901.	6.146.780	Janvier	840.723	27 déc..	1	Délégations...	27 déc..	15/16			400.900						400.900	5.745.850
		Février	1.041.046	1902			1902											
		Mars..	1.561.566	24 janv.	2	Id.........	1er févr.	89/109			437.800						838.700	5.306.080
				24 févr.	3	Id.........	1er mars.	114/115			283.700						1.122.460	5.024.380
Loi du 30 décembre 1902.	10.000			25 mars.	4	Remboursement au Commerce....	4 avril.	185				9.025					1.132.025	5.011.755
Total. 6.146.780		Décem.	6.146.780															
				25 août.	18	Délégations...	31 août.	354/355			600.700						2.864.703	3.282.017
				»	»	Remboursement.......	11 sept.	»	40						9.000		2.855.703	3.273.017
				»	»	Reversements	11 sept.	»	57						103.400		2.752.303	3.169.017
				4 sept.	1)	Remboursement au Service géographique......	11 sept.	»	»	36			1.148				2.753.511	3.170.165
				1903			1903											
				»	»	Virement au service des vivres......	12 févr..	»	199							4.766	4.195.613	2.001.155
				»	»	Crédits sans emploi......	15 juin.	»	354					83.542			5.849.210	337.170
						TOTAUX......					6.362.508	99.039	153.094	16.769	355.740	33.780	6.128.432	28.348

COMPTES DES ORDON[NATEURS SECONDAIRES.]

MONTANT

1re SECTION. — TROUPES MÉTROPOLITAINES.

TITULAIRES DES ORDONNANCES de délégation	NUMÉROS et DATES des ordonnances de délégation et des bordereaux d'annulation	Chapitre 42. Article U, § 2.		Chapitre 43. Articles 1er et 2.		Chapitre 44. Article 1er.	
		Montant par ordonnance.	Cumulation compte tenu des crédits sans emploi.	Montant par ordonnance.	Cumulation compte tenu des crédits sans emploi.	Montant par ordonnance.	Cumulation compte tenu des crédits sans emploi.
1	2	3	4	5	6	7	8
		fr. c.	fr. c.	fr. c.	fr. c.	fr. c.	fr. c.
Directeur d'artillerie à Bastia.	**1902**						
	16 / 27 décembre…	100 00	100 00	400 00	400 00	2.000 00	2.000 00
	90 / 1er février…	100 00	200 00	400 00	800 00	2.000 00	4.000 00
	125 / 1er mars…	»	200 00	300 00	700 00	3.000 00	7.000 00
	191 / 4 avril…	»	200 00	100 00	800 00	2.000 00	9.000 00
	1903						
	760 / 25 mars…	»	280 00	700 00	1.600 00	210 00	31.210 00
	254 / 15 juin… (c. s. x.)	15 00	215 00	27 00	1.573 00	413 00	30.797 00
	TOTAUX…	215 00	215 00	1.573 00	1.573 00	30.797 00	30.797 00
Directeur d'artillerie à Bayonne.	**1902**						
	16 / 27 décembre…	200 00	200 00	400 00	400 00	4.000 00	4.000 00
	90 / 1er février…	200 00	400 00	600 00	1.000 00	3.000 00	7.000 00
	115 / 1er mars…	200 00	600 00	200 00	1.200 00	3.000 00	10.000 00
	121 / 4 avril…	200 00	800 00	200 00	1.400 00	2.000 00	12.000 00
	1903						
	760 / 25 mars…	»	2.000 00	100 00	600 00	»	24.000 00
	254 / 15 juin… (c. s. x.)	25 00	1.975 00	135 00	3.465 00	459 00	23.541 00
	TOTAUX…	1.975 00	1.975 00	3.465 00	3.465 00	23.541 00	23.541 00

[ORDONNA]TEURS SECONDAIRES.

CRÉDITS DÉLÉGUÉS.

2e SECTION. — DÉPENSES EXTRAORDINAIRES.

NUMÉROS et DATES	Chapitre Article		Chapitre 35. Article U.		Chapitre 40. Article U.		Chapitre Article	
	Montant par ordonnance.	Cumulation compte tenu des crédits sans emploi.	Montant par ordonnance.	Cumulation compte tenu des crédits sans emploi.	Montant par ordonnance.	Cumulation compte tenu des crédits sans emploi.	Montant par ordonnance.	Cumulation compte tenu des crédits sans emploi.
(9)	(10)	(11)	(12)	(13)	(14)	(15)	(16)	
	fr. c.	fr. c.	fr. c.	fr. c.	fr. c.	fr. c.	fr. c.	fr. c.
16 / 27 décembre…			»	»	»	»		
90 / 1er février…			»	»	»	»		
125 / 1er mars…			»	»	200 00	200 00		
191 / 4 avril…			680 00	680 00	4.000 00	4.200 00		
760 / 25 mars…				680 00	»	24.000 00		
254 / 15 juin…			180 00	650 00	115 00	24.785 00		
TOTAUX…			570 00	650 00	24.785 00	24.785 00		
16 / 27 décembre…			»	»	»	»		
90 / 1er février…			»	»	»	»		
115 / 1er mars…			»	»	200 00	800 00		
121 / 4 avril…			»	»	»	600 00		
760 / 25 mars…			»	»	15 00	485 00		
254 / 15 juin…			»	»	485 00	485 00		

MINISTÈRE
DE LA GUERRE.

MODÈLE Nº 29.

Art. 17 (A, § 2) de
l'instruction
du 17 mars 1904.

COMPTABILITÉ-DENIERS.

EXERCICE 1900

Service des Convois militaires

REGISTRE DES COMPTES DÉFINITIFS.

TABLEAU I. — Détail des dépenses par rubrique budgétaire et situation financière..................
a) Dépenses liquidées par les ordonnateurs secondaires (folio 1).
b) Dépenses liquidées par l'administration centrale (folio 2).

TABLEAU II. — Avances, cessions remboursables et imputations (folio 3).

TABLEAU III. — Centralisation des opérations : chiffres du compte général et définitif (folio 4).

TABLEAU IV. — Soldes débiteurs et soldes créanciers (folio 5).

MODÈLE du compte général et définitif.

CHAPITRE 30. —

CONVOIS

TABLEAU I.   *Droits constatés et*

MILITAIRES.   No 1.

situation financière.   a) ORDONNATEURS SECONDAIRES.

DROITS CONSTATÉS. — *Répartition par rubrique budgétaire.*

DÉSIGNATION des corps d'armée, régions, etc.	TRIMESTRES.	DATE de L'APPROBA-TION ministérielle.	Transport par terre des menus bagages et des évolués à la suite des corps.	Mouvements de troupes par chemins de fer ou par voies navigables, etc.	Transport des troupes aux îles et forts ou ruer.	Frais de traversée des troupes allant en Corse et vice versa.	en Algérie et vice versa.	en Tunisie et vice versa.	Transport des anciens militaires blessés ou infirmes à qui l'usage des eaux thermales est accordé.
1	2	3	4	5	6	7	8	9	10
			fr.	fr.	fr.	fr.	fr.	fr.	fr.
									1° INTÉRIEUR.
Gouvernement militaire de Paris.	1er	15 juin 1900	»	333.773	»	»	»	»	4
	2e	10 sept. 1900	»	283.477	»	»	»	»	13
	3e	12 déc. 1900	1?	080.191	»	»	»	»	1.713
	4e	10 mars 1901	»	904.763	»	»	»	»	205
	4e suppl.	28 mai 1901	»	2.825	»	»	x	»	»
Totaux du gouvernement militaire de Paris			12	2.505.029	»	»	»	»	1.935
....	....	....							
Totaux de l'Intérieur.			56.462	2.295.935	11.176	87.481	»	»	13.422
									2° ALGÉRIE.
....	....	....							
Totaux de l'Algérie....			254.542	754.376	»	»	862.888	»	»
									3° TUNISIE.
....	....	....							
Totaux de la Tunisie..			318	38.018	»	»	»	419.526	»

SITUATION FINANCIÈRE. — *Ordonnancement.*

MONTANT des rapports de liquidation ou droits constatés.	Sommes acquittées par mandats ou par ordonnances de virements de comptes.	A ajouter. Imputations.	Virements d'autres services.	Total des colonnes 12 à 14.	A déduire. Remboursements par d'autres ministères. — Reversements dans les caisses du Trésor.	Virements à d'autres services.	Total des déductions.	Reste à comparer aux droits constatés (col. 11).	SOLDES débiteurs.	créanciers.
11	12	13	14	15	16	17	18	19	20	21
fr.	fr.	fr.	fr.	fr.	fr.	fr.	fr.	fr.	fr.	fr.
333.777	333.777	»	»	333.777	»	»	»	333.777	»	»
283.4?0	283.778	»	»	283.718	»	288	288	283.490	»	»
091.916	624.058	»	237	684.195	2.005	371	2.379	084.916	»	»
994.90s	904.233	»	735	904.968	»	»	»	994.068	»	»
2.825	»	»	»	»	»	»	»	»	»	2.825
2 203.9?6	2.2?6.846	»	072	2.236.818	2.005	662	2.667	2.294.151	»	2.82?
2.464.47?	2.465.20?	»	1.080	2.466.285	3.0.0	864	3.104	2.472.381	»	12.094
1.871.003	1.871.003	»	»	1.871.006	»	»	»	1.871.006	»	»
457.8?2	457.802	»	»	457.8?2	»	»	»	457.802	»	»

CONVOIS

MILITAIRES.

F° 2.

TABLEAU I.

Droits constatés et situation financière.

b) ADMINISTRATION CENTRALE.

Tableau I — Droits constatés (1° Intérieur, 2° Algérie, 2° Tunisie)

DÉSIGNATIONS DIVERSES.	DATE de l'APPROBATION ministérielle.	DROITS CONSTATÉS — Transport par terre des manus bagages et des éclopés à la suite des corps.	Mouvements de troupes par chemins de fer ou par voies navigables, etc.	Transport des troupes par l'os et forts en mer.	Frais de traversée des troupes allant — en Corse et vice versa.	en Algérie et vice versa.	en Tunisie et vice versa.	Transport des anciens militaires blessés ou infirmes à qui l'usage des eaux thermales est accordé.
1	2	3 fr.	4 fr.	5 fr.	6 fr.	7 fr.	8 fr.	9 fr.
1° INTÉRIEUR.								
Totaux de l'Intérieur.	12	81.227	1.235	»	»	»	»	
2° ALGÉRIE.								
Totaux de l'Algérie.	12	»	»	»	3.123	»	»	
2° TUNISIE.								
Totaux de la Tunisie.	»	457	»	»	»	»	»	

Situation financière — Ordonnancement

(région)	MONTANT des rapports de liquidation ou droits constatés.	Sommes acquittées par mandats ou par ordonnances de virements de comptes.	A ajouter — Imputations.	Virements d'autres services.	Total des colonnes 11 à 13.	A déduire — Remboursements par d'autres ministères. Reversements dans les caisses du Trésor.	Virements à d'autres services.	Total des déductions.	Reste à comparer aux droits constatés (col. 10).	SOLDES débiteurs.	créanciers.
	10 fr.	11 fr.	12 fr.	13 fr.	14 fr.	15 fr.	16 fr.	17 fr.	18 fr.	19 fr.	20 fr.
1° Intérieur	82.504	82.367	»	12	82.390	»	»	»	82.390	»	105
2° Algérie	4.053	439	»	125	234	»	»	»	261	»	3.789
2° Tunisie	467	112	»	»	112	»	»	»	112	»	345

CONVOIS MILITAIRES.

RAPPORT DE RÉDUCTION DE DÉPENSES.

TABLEAU II.

Avances, cessions remboursables et imputations.

DÉSIGNATIONS DIVERSES	DATE de l'approbation ministérielle	Transport par terre des menus bagages et des développés à la suite des corps	Mouvements de troupes par chemins de fer ou par voies navigables, etc.	Transport des troupes aux îles et forts en mer	en Corse et vice versa	en Algérie et vice versa	en Tunisie et vice versa	Transport des anciens militaires blessés ou infirmes à qui l'usage des eaux thermales est accordé	MONTANT des rapports de liquidation ou droits constatés	Sommes acquittées par mandats ou par ordonnances de virements de comptes	Imputations	Virements d'autres services	Total des colonnes 11 à 13	Remboursement par d'autres ministères — Reversements dans les caisses du Trésor	Virements à d'autres services	Total des déductions	Reste à comparer aux droits constatés (col. 10)	débiteurs	créanciers
1	2	3	4	5	6	7	8	9	10	11	12	13	14	15	16	17	18	19	20
		fr.	fr.	fr.	fr.	fr.	fr.	fr.	fr.	fr.	fr.	fr.	fr.	fr.	fr.	fr.	fr.	fr.	fr.
1° INTÉRIEUR																			
Totaux de l'Intérieur..		»	305.843	1.563	1 9	»	»	»	307.085	»	»	»	»	307.058	2.027	307.085	307.085	»	»
2° ALGÉRIE																			
Totaux de l'Algérie....		20.543	84.931	»	»	46.475	»	»	151.949	»	»	»	»	150.025	1.923	151.949	151.949	»	»
3° TUNISIE																			
Totaux de la Tunisie..		»	2.917	»	»	»	55.618	»	57.635	»	»	»	»	55.618	2.017	57.635	57.635	»	»

Les colonnes 3 à 9 forment la « RÉPARTITION PAR RUBRIQUE BUDGÉTAIRE » sous l'intitulé DROITS CONSTATÉS ; les colonnes 6 à 8 sont les frais de traversée des troupes allant. Les colonnes 10 à 20 forment la SITUATION FINANCIÈRE (ORDONNANCEMENT — colonnes 12-13 à ajouter, 15-16-17 à déduire) et les SOLDES (colonnes 19-20).

CHAPITRE 30

CONVOIS

TABLEAU III. *Centralisation des opérations.*

DROITS CONSTATÉS.

RÉPARTITION PAR LE BUDGET MILITAIRE.

DÉSIGNATIONS DIVERSES.	Transport par terre des menus bagages et des éclopés à la suite des corps.	Mouvements de troupes par chemins de fer ou par voies navigables, etc.	Transport des troupes aux îles et forçats en mer.	Frais de traversée des troupes allant en Corse ri vice versa.	en Algérie et vice versa.	en Tunisie et vice versa.	Transport des anciens militaires blessés ou infirmes à qui l'usage des eaux thermales est accordé.
	2	3	4	5	6	7	8
	fr.	fr.	fr.	fr.	fr.	fr.	fr.
Intérieur. Ordonnateurs secondaires	56.462	2.295.934	11.146	87.484	»	»	13.422
Administration centrale	12	14.227	1.205	»	»	»	»
Totaux	56.474	2.377.161	12.441	87.484	»	»	13.422
A déduire : Avances et cessions remboursables (réductions de dépenses)	»	305.883	1.563	139	»	»	»
Reste (chiffres du compte définitif)	56.474	2.071.278	10.878	87.342	»	»	13.422
Algérie. Ordonnateurs secondaires	234.542	754.376	»	»	862.088	»	»
Administration centrale	125	»	»	»	3.928	»	»
Totaux	234.667	754.376	»	»	866.016	»	»
A déduire : Avances et cessions remboursables (réductions de dépenses)	20.543	84.931		»	46.475	»	»
Reste (chiffres du compte définitif)	234.124	669.445	»	»	820.041	»	»
Tunisie. Ordonnateurs secondaires	8	38.048	»	»	»	419.726	»
Administration centrale	»	457	»	»	»	»	»
Totaux	348	38.505	»	»	»	419.726	»
A déduire : Avances et cessions remboursables (réductions de dépenses)	»	2.017	»	»	»	55.648	»
Reste (chiffres du compte définitif)	348	36.488	»	»	»	363.908	»
TOTAUX GÉNÉRAUX du compte	291.346	2.777.215	10.878	87.342	820.041	363.908	13.422

ARTICLE UNIQUE.

MILITAIRES.

F° 4.

Chiffres du compte définitif.

SITUATION FINANCIÈRE.

ORDONNANCEMENT.

Désignations	Montant des rapports de liquidation ou droits constatés.	Sommes acquittées par mandats ou par ordonnances de virements de comptes.	A ajouter : Imputations.	Virements d'autres services.	Total des colonnes 10 à 12.	A déduire : Remboursements par d'autres ministères. Reversements dans les caisses du Trésor.	Virements à d'autres services.	Total des déductions.	Reste à comparer aux droits constatés (col. 9).	Soldes débiteurs.	Soldes créanciers.
	9	10	11	12	13	14	15	16	17	18	19
	fr.	fr.	fr.	fr.	fr.	fr.	fr.	fr.	fr.	fr.	fr.
Intérieur. Ordonnateurs secondaires	2.464.475	2.465.205	»	1.080	2.476.285	3.010	504	3.104	2.462.384	»	12.034
Administration centrale	12.104	12.387	»	12	82.500	»	»	»	12.300	»	105
Totaux	2.146.979	2.537.592	»	1.092	2.538.684	3.040	504	3.901	2.534.780	»	12.130
A déduire : Avances et cessions remboursables	307.887	»	»	»	»	307.558	2.027	307.596	307.585	»	»
Reste (chiffres du compte définitif)	2.169.304	2.537.542	»	1.092	2.438.684	304.504	2.091	311.480	2.227.146	»	12.136
Algérie. Ordonnateurs secondaires	1.871.107	1.871.703	»	»	1.871.107	»	»	»	1.871.103	»	»
Administration centrale	4.063	139	»	12	264	»	»	»	264	»	3.789
Totaux	1.875.559	1.871.647	»	125	1.871.760	»	»	»	1.871.770	»	3.789
A déduire : Avances et cessions remboursables	151.449	»	»	»	»	150.026	1.423	151.449	151.449	»	»
Reste (chiffres du compte définitif)	1.723.610	1.871.647	»	125	1.871.770	150.026	1.953	151.949	1.719.821	»	3.789
Tunisie. Ordonnateurs secondaires	437.892	437.892	»	»	437.892	»	»	»	437.892	»	»
Administration centrale	447	112	»	»	112	»	»	»	112	»	345
Totaux	438.343	438.004	»	»	438.004	»	»	»	458.004	»	345
A déduire : Avances et cessions remboursables	57.635	»	»	»	»	55.618	2.017	57.635	57.635	»	»
Reste (chiffres du compte définitif)	600.344	438.004	»	»	458.004	55.618	2.017	57.635	600.369	»	345
TOTAUX GÉNÉRAUX du compte	4.303.716	4.267.214	»	1.217	4.808.438	111.242	6.831	121.071	4.317.395	»	16.333

CHAPITRE 30. — ARTICLE UNIQUE.

CONVOIS MILITAIRES.

TABLEAU IV.

Soldes débiteurs et soldes créanciers.

F° 5.

DÉSIGNATION DES CORPS d'armée.	DÉSIGNATION DES DÉBITEURS et des créanciers.	NATURE DES DÉPENSES.	SOLDES DÉBITEURS — MONTANT.	SOLDES DÉBITEURS — DATES des recouvrements.	SOLDES CRÉANCIERS — MONTANT.	Numéros et dates des ordonnances de délégation.	PAYEMENTS EFFECTUÉS (1) — 1901.	1902.	1903.	1904.	CRÉANCES non payées annulées à l'expiration de l'époque de l'apurement du compte.
1	2	3	4	5	6	7	8	9	10	11	12
			francs.		fr. c.		fr. c.	fr. c.	fr. c.	fr. c.	fr. c.
Gouvernement militaire de Paris.	Compagnie des chemins de fer de Paris-Lyon-Méditerranée	Transports de troupes	»	»	409 66	445. 30 novembre 1901	899 66	»	»	»	»
	Compagnie des chemins de fer d'Orléans	Id	»	»	29 85	446. Id	29 85	»	»	»	»
	Compagnie des chemins de fer de l'Ouest	Id	»	»	836 60	447. Id	836 60	»	»	»	»
	Compagnie des chemins de fer de l'Est	Id	»	»	537 60	448. Id	537 60	»	»	»	»
Division d'Alger.	Le conseil d'administration du 2e régiment de tirailleurs algériens	Avance pour le service des convois militaires	»	»	270 00	83. 1er février 1902	»	270 00	»	»	»
	Le conseil d'administration du 1er régiment de spahis	Id	»	»	132 50	36. Id	»	132 50	»	»	»
	Rogliano	Fourniture d'une voiture pour le transport d'éclopés	»	»	17 00	»	»	»	»	»	17 00
		TOTAUX	»		16.533 00		9.804 00	4.047 00	1.545 00	582 50	354 50

(1) Cette partie du tableau est remplie au fur et à mesure de l'émission des mandats. Au commencement de chaque année, les mandats émis pendant l'année précédente sont comparés aux payements effectués. Les sommes mandatées et non payées sont biffées.

Le Bureau des Personnels administratifs et des transports, après avoir rapproché les écritures qui précèdent de celles correspondantes de la Direction du contrôle et avoir constaté leur concordance, arrête le montant des dépenses du chapitre 30 (Convois militaires) de la 1re section, dont il a l'administration, à la somme totale de quatre millions trois cent soixante-trois mille sept cent dix-huit francs, qui se décompose ainsi qu'il suit :

NUMÉROS des ARTICLES.	DÉSIGNATION des ARTICLES.	CRÉDITS LÉGISLATIFS.	DROITS CONSTATÉS.	EXCÉDENTS	
				DE CRÉDITS.	DE DÉPENSES.
1	2	3	4	5	6
		francs.	francs.	francs.	francs.
Unique.	Convois militaires........	4.391.300	4.363.718	27.582	»

Paris, le 31 juillet 1901.

Le Chef du Bureau,

Vu :

Le Sous Directeur,

Vu :

Le Directeur,

Modèle
DU COMPTE GÉNÉRAL
ET DÉFINITIF
—
Article 17, § 2 a,
de l'instruction
du 17 mars 1904.

EXERCICE 1900.

PREMIÈRE SECTION. — DÉPENSES ORDINAIRES.

CHAPITRE 30. — ARTICLE UNIQUE.

CONVOIS MILITAIRES.

COMPTE GÉNÉRAL ET DÉFINITIF

Nota. — Le compte général et définitif est établi d'après les renseignements fournis par le tableau III.

NATURE DES DÉPENSES.	DÉPENSES À LA CHARGE DES CRÉDITS DU BUDGET (1).				DÉPENSES À LA CHARGE DES SUPPLÉMENTS DE CRÉDITS (1). (lois des 7 juillet, 19 décembre 1900 et 10 mars 1901.)				TOTAL GÉNÉRAL des dépenses.	MONTANT CUMULÉ des crédits budgétaires ou supplémentaires accordés.	DIFFÉRENCES par rapport AUX PRÉVISIONS		OBSERVATIONS.
	Intérieur.	Algérie.	Tunisie.	Total.	Intérieur.	Algérie.	Tunisie.	Total.			en plus.	en moins.	
	francs.	francs.	francs.	francs.	francs.	francs.	francs.	francs.	francs.	francs.	francs.	francs.	
Transport, par terre, des menus bagages et des éclopés à la suite des corps voyageant par étapes, ainsi que certaines catégories de militaires malades ou voyageant sous escorte.	56.474	54.124	318	110.916	»	180.000	»	180.000	290.916	320.000	»	29.084	
Mouvement de troupes par chemins de fer ou par voies navigables.	1.507.978	273.935	36.498	1.818.411	563.300	395.500	»	958.800	2.777.211	2.871.608	»	94.580	
Transport des troupes aux îles et forts en mer.	10.878	»	»	10.878	»	»	»	»	10.878	8.000	2.878	»	
Transport des troupes allant en Corse ou en revenant.	87.342	»	»	87.342	»	»	»	»	87.342	105.000	»	17.658	
Frais de traversée de troupes allant en Algérie ou en revenant ou se rendant d'un point de la côte d'Algérie à un autre.	»	810.041	»	810.041	»	10.000	»	10.000	820.041	730.000	90.041	»	
Frais de traversée des troupes allant en Tunisie ou en revenant ou se rendant d'un point de la côte de Tunisie à un autre.	»	»	338.908	338.908	»	»	25.000	25.000	363.908	337.100	26.403	»	
Transport des anciens militaires blessés ou infirmes à qui l'usage des eaux est accordé gratuitement. (Loi du 12 juillet 1873.)	13.422	»	»	13.422	»	»	»	»	13.422	19.000	»	5.578	
TOTAUX du chapitre 30......	1.676.034	1.138.410	375.714	3.189.916	563.300	585.000	25.000	1.173.800	4.363.718 (A)	4.391.300	119.327	146.909	(A) Savoir : le Sommes payées.... 4.353.385 ; Sommes restant à payer... 10.333 ; TOTAL ÉGAL 4.363.718
Crédits accordés............	1.771.500	1.112.800	333.200	3.217.500	563.300	585.500	25.000	1.173.800	4.391.300		En diminution 27.582		
Excédents...... { de crédits.........	95.405	»	»	27.582	»	»	»	»	27.582				
{ de dépenses........	»	25.610	42.214	»	»	»	»	»	»				

(1) Le montant de la dépense qui figure dans chacune des colonnes du tableau III (folio IV) du registre modèle n° 20 est décomposé dans le compte général et définitif, lorsqu'il y a lieu, en « Dépenses à la charge des crédits budgétaires » et en « Dépenses à la charge des crédits supplémentaires », etc.

MINISTÈRE
DE LA GUERRE

MODÈLE N° 30.

Art. 17 (A, § 2)
de l'instruction
du 17 mars 1904.

COMPTABILITÉ-DENIERS

EXERCICE 1904.

SERVICE DES FOURRAGES

REGISTRE DES COMPTES DÉFINITIFS.

1re partie.	Droits constatés et situation financière	Tableau I. Ordonnateurs secondaires et administration centrale	1
		— II. Avances, cessions remboursables, etc.	4
		— III. Centralisation des opérations	5
2e partie.	A. — Achat de denrées (détail par rubrique budgétaire)	Tableau I. Ordonnateurs secondaires et administration centrale	
		— II. Avances, cessions remboursables, etc.	9
		— III. Centralisation des opérations	10
	B. — Fournitures à la ration (détail par rubrique budgétaire)	Tableau I. Ordonnateurs secondaires et administration centrale	11
		— II. Distributions, cessions remboursables, etc.	13
		— III. Centralisation des opérations	14
	C. — Dépenses diverses (détail par rubrique budgétaire)	Tableau I. Ordonnateurs secondaires et administration centrale	15
		— II. Avances et cessions remboursables	17
		— III. Centralisation des opérations	18
3e partie.	Tableau I Distributions et cessions	A. Distributions réglementaires	16
		B. Distributions et cessions remboursables	21
		C. Récapitulation des distributions réglementaires. Effectif général réalisé	25
	Tableau II	Pertes, déficits, avaries, etc.	26
	Tableau III	Comparaison des achats aux consommations, pertes, etc.	28
	Tableau IV	Prix moyens d'achat des denrées	29
4e partie.	Soldes débiteurs et soldes créanciers		30
Mode d'établissement du compte général et définitif du service des fourrages			31

1re PARTIE.

ARTICLE 2.

FOURRAGES (MATÉRIEL D'EXPLOITATION).

Fo 1.

TABLEAU 1.

Droits constatés et situation financière.

a) ORDONNATEURS SECONDAIRES.

1° INTÉRIEUR.

DÉSIGNATION des corps d'armée.	TRIMESTRES.	DATE de L'APPROBATION ministérielle.	DROITS CONSTATÉS — MONTANT ET NATURE des rapports de liquidation.				Sommes acquittées.		
			Achats de denrées (1).	Fournitures à la ration (2).	Dépenses diverses (3).	TOTAL des colonnes 4 à 6.	par mandats.	par ordonnances de virement de comptes.	TOTAL des colonnes 8 et 9.
1	2	3	4	5	6	7	8	9	10
			fr.	fr.	fr.	fr.	fr.	fr.	fr.
Gouvernement militaire de Paris.	1er	21 juin 1901.	2.011.661	»	»	2.011.661	2.011.661	»	2.011.661
	1er	Id......	»	978.028	» (4)	978.026	978.028	»	978.028
	1er	25 juin 1901.	»	605.057	2.101	610.158	355.752	»	355.752
	1er	Id......	»	»	18.325	18.325	18.235	»	18.235
	2e	30 sept. 1901	446.326	»	»	446.326	446.573	»	446.573
	4e	28 avril 1902	540.084	«	»	540.084	540.084	»	540.084
		Totaux	3.540.570	3.400.883	114.570	7.026.023	6.2'8.336	»	6.236.306
		Totaux.....	18.110.181	48.480.420	2.831.270	69.430.860	61.228.720	»	61.228.720
Mouvements d'ordre.		À diminuer : Passé aux dépenses diverses (pertes, déficits, etc., de la réserve de guerre (folio 27).	203.730	»	»	203.730	»	»	»
		Reste.....	17.115.451	48.480.420	2.831.230	69.236.130	61.228.720	»	61.228.729
		À ajouter : Venu des achats de denrées.. ...	»	»	203.730	203.730	»	»	»
		Totaux de l'intérieur..	17.915.451	48.480.420	3.034.960	69.430.860	61.228.720	»	61.228.729

SITUATION FINANCIÈRE.								SOLDES	
ORDONNANCEMENT.									
À ajouter.				À déduire.					
Imputations.	Virements d'autres services.	Total des augmentations.	TOTAL des colonnes 10 et 13.	Remboursements par d'autres ministères — Reversements dans les caisses du Trésor.	Virements à d'autres services.	TOTAL des déductions.	Reste à comparer aux droits constatés.	débiteurs.	créanciers.
11	12	13	14	15	16	17	18	19	20
fr.	fr.	fr.	fr.	fr.	fr.	fr.	fr.	fr.	fr.
»	»	»	2.011.661	»	»	»	2.011.661	»	»
»	»	»	978.028	»	»	»	978.028	»	»
234.406	»	234.406	610.158	»	»	»	610.158	»	»
»	»	»	18.235	»	»	»	18.235	»	»
»	»	»	446.573	247	»	247	446.326	»	»
»	»	»	540.084	»	»	»	540.084	»	»
855.335	659	855.994	7.134.389	128.454	175	128.366	7.026.023	»	»
9.125.645	3.015	9.128.660	70.757.389	1.342.204	2.175	1.344.379	69.413.010	»	26.850
»	»	»	»	»	»	»	»	»	»
9.525.645	3.015	9.528.660	70.757.389	1.342.204	2.175	1.344.379	69.413.010	»	26.850
»	»	»	»	»	»	»	»	»	»
9.125.645	3.015	9.128.660	70.757.389	1.342.204	2.175	1.344.379	69.413.010	»	26.850

(1) Voir le détail au folio 6.
(2) — au folio 11.
(3) — au folio 15.
(4) Les dépenses accessoires des fournitures à la ration s'inscrivent aux dépenses diverses (col. 6).

1ʳᵉ PARTIE (suite).

FOURRAGES (MATÉ

TABLEAU I.

Droits constatés et

DÉSIGNATION DES CORPS D'ARMÉE	TRIMESTRES	DATE de L'APPROBATION ministérielle	Achats de denrée (1)	Fournitures à la ration (2)	Dépenses diverses (3)	TOTAL des colonnes 4 à 6	par mandats	par ordonnances de virement de comptes	TOTAL des colonnes 8 et 9
	1	2	3	4	5	6	7	8	9	10
			fr.	fr.	fr.	fr.	fr.	fr.	fr.
				2° ALGÉRIE.					
Division d'Alger	1ᵉʳ	2 juil.1901	194.400	»	»	194.400	194.400	»	194.400
	1ᵉʳ	20 juill.1901	»	978.02	»	978.028	978.028	»	978.028
	1ᵉʳ	Id......	»	»	3.486	3.486	3.486	»	3.486
	3ᵉ	25 déc. 1.01	3.52.538	»	»	362.038	237.308	»	237.308
	3ᵉ	Id......	»	»	1.92	1.92	1.92	»	1.925
Totaux de l'Algérie			3.563.989	2.742.718	10.701	6.412.448	6.063.138	»	6.063.138
				3° TUNISIE.					
Totaux de la Tunisie			1.745	1.831.133	»	1.847.881	1.363.270	»	1.363.270

ARTICLE 2.

RIEL D'EXPLOITATION)

situation financière,

Fº 2.

a) ORDONNATEURS SECONDAIRES.

SITUATION FINANCIÈRE.

	Imputations	Virements d'autres services	Total des augmentations	TOTAL des colonnes 10 et 13	Remboursements par d'autres ministères — Reversements dans les caisses du Trésor	Virements à d'autres services	TOTAL des déductions	Resté à comparer aux droits constatés	SOLDES débiteurs	SOLDES créanciers
(n°)	11	12	13	14	15	16	17	18	19	20
	fr.	fr.	fr.	fr.	fr.	fr.	fr.	fr.	fr.	fr.
	»	»	»	194.400	»	»	»	194.400	»	»
	»	»	»	978.028	»	»	»	978.028	»	»
	»	»	»	3.486	»	»	»	3.426	»	»
	125.230	»	135.230	362.538	»	»	»	362.538	»	»
	»	»	»	1.925	»	»	»	1.925	»	»
	365.065	»	365.065	6.433.803	25.810	»	25.810	6.407.113	»	4.135
	205.287	»	206.287	1.569.557	24.000	»	24.100	1.545.057	»	2.824

(1) Voir le détail au folio 7.
(2) — au folio 11.
(3) — au folio 15.

1re PARTIE (*suite*). CHAPITRE 27. — FOURRAGES (MATÉ
TABLEAU I. *Droits constatés et*

ARTICLE 2.
RIEL D'EXPLOITATION). F^o 3.
situation financière. (*b* ADMINISTRATION CENTRALE.

Colonnes 1 à 9 :

DÉSIGNATION SOMMAIRE DES CRÉANCIERS et nature des opérations.	DATE de l'approbation ministérielle.	DROITS CONSTATÉS — MONTANT ET NATURE des rapports de liquidation. Achats de denrée (1).	Fournitures à la ration (2).	Dépenses diverses (3).	TOTAL des colonnes 3 à 5.	Sommes acquittées. par mandats.	par ordonnances de virement de comptes.	TOTAL des colonnes 7 et 8.
		1 · 2 · 3 · 4 · 5 · 6 · 7 · 8 · 9						
		fr.	fr.	fr.	fr.	fr.	fr.	fr.
1° INTÉRIEUR.								
Excédents d'achats en 1900 consommés en 1901....	31 mai 1901.	11.439	»	»	11.430	»	»	»
Denrées cédées par divers services..................	15 juin 1901.	9.122	»	»	9.122	»	»	»
Différence entre le montant des imputations et la valeur des approvisionnements repris en fin de marchés payés sur 1901...............	25 mai 1902.	»	117.604	»	117.604	»	»	»
Consommations faites sur les achats par anticipation (1902) par suite de l'insuffisance des achats effectués au titre de l'exercice 1901............	Id.......	65.079	»	»	65.079	»	»	»
Le Trésor public (différence entre les prix moyens d'achat et ceux de cession, etc.)............	30 juill. 1902	20.828	»	»	20.828	»	20.823	20.828
Le Trésor public (différence entre les prix moyens payés aux entrepreneurs et ceux de cession)...............	Id.......	»	116.847	»	115.847	»	116.847	116.847
Masse de fourrages de la gendarmerie..............	Id.......	»	4.472.018	»	4.472.018	»	»	»
Totaux de l'Intérieur......		106.468	4.706.466	»	4.812.934	»	137.676	137.675
2° ALGÉRIE.								
Totaux de l'Algérie........		86.429	109.903	47.450	243.784	»	91.767	91.747
3° TUNISIE.								
Totaux de la Tunisie......		8.239	84.308	»	92.567	»	1.423	1.423

Colonnes 10 à 19 (SITUATION FINANCIÈRE) :

DÉSIGNATION	ORDONNANCEMENT — À ajouter. Imputations.	Virements d'autres services.	Total des augmentations.	TOTAL des colonnes 9 et 12.	À déduire. Remboursements par d'autres ministères. — Reversements dans les caisses du Trésor.	Virements à d'autres services.	TOTAL des déductions.	Reste à comparer aux droits constatés.	SOLDE. débiteurs.	créanciers.
	10	11	12	13	14	15	16	17	18	19
	fr.	fr.	fr.	fr.	fr.	fr.	fr.	fr.	fr.	fr.
Excédents d'achats en 1900 consommés en 1901	»	11.439	11.439	11.439	»	»	»	11.439	»	»
Denrées cédées par divers services	»	9.122	9.122	9.122	»	»	»	9.122	»	»
Différence entre le montant des imputations...	»	117.604	117.604	117.604	»	»	»	117.604	»	»
Consommations faites sur les achats par anticipation...	»	65.079	65.079	65.079	»	»	»	65.079	»	»
Le Trésor public (prix moyens d'achat et de cession)...	»	»	»	20.828	»	»	»	20.828	»	»
Le Trésor public (prix moyens payés aux entrepreneurs)...	»	»	»	116.847	»	»	»	116.847	»	»
Masse de fourrages de la gendarmerie	»	4.472.018	4.472.018	4.472.018	»	»	»	4.472.018	»	»
Totaux de l'Intérieur	»	4.675.259	4.675.259	4.812.934	»	»	»	4.812.934	»	»
Totaux de l'Algérie	»	172.037	172.037	243.784	»	»	»	243.784	»	»
Totaux de la Tunisie	»	91.144	91.144	92.567	»	»	»	92.567	»	»

(1) Voir le détail au folio 8.
(2) — au folio 12.
(3) — au folio 19.

1re PARTIE (suite)　　　　CHAPITRE 27. —

FOURRAGES (MATÉRIEL D'EXPLOITATION).

ARTICLE 2.

TABLEAU II.　　　Droits constatés et situation financière. —

Avances, cessions remboursables et imputations.　　　Fo 4.

Colonnes 1 à 9 : **DROITS CONSTATÉS** — *Montant et nature des rapports de liquidation* (colonnes 3 à 6) et *Sommes acquittées* (colonnes 7 à 9).
Colonnes 10 à 19 : **SITUATION FINANCIÈRE. ORDONNANCEMENT** — *À ajouter* (10 à 12), *À déduire* (14 à 16) et *Soldes* (18, 19).

NATURE des OPÉRATIONS (1)	DATE de l'approbation ministérielle (2)	Achats de denrées (1) — (3)	Fournitures à la ration (2) — (4)	Dépenses diverses (3) — (5)	TOTAL des colonnes 3 à 5 (6)	par mandats (7)	par ordonnances de virement de comptes (8)	TOTAL des colonnes 7 et 8 (9)	Imputations (10)	Virements d'autres services (11)	Total des augmentations (12)	TOTAL des colonnes 9 et 12 (13)	Remboursements par d'autres ministères — Reversements dans les caisses du Trésor (14)	Virements à d'autres services (15)	TOTAL des déductions (16)	Reste à comparer aux droits constatés (17)	débiteurs (18)	créanciers (19)
		fr.	fr.	fr.	fr.	fr.	fr.	fr.	fr.	fr.	fr.	fr.	fr.	fr.	fr.	fr.	fr.	fr.
1° INTÉRIEUR																		
Imputations (valeur des approvisionnements repris par les entrepreneurs entrants) (folio 1, col. 11).	25 mai 1902.	»	9.525.645	»	9.525.645	»	»	»	9.525.645	»	9.525.645	9.525.645	»	»	»	9.525.645	»	»
Distributions et cessions remboursables : gestion directe (folio 21, A).	30 Juil. 1902.	185.032	»	»	185.032	»	»	»	»	»	»	»	185.032	»	185.032	185.032	»	»
Distributions et cessions remboursables : entreprise (folio 23).	Id.	»	705.462	»	705.462	»	»	»	»	»	»	»	504.235	201.227	705.462	705.462	»	»
Pertes et déficits imputés à divers (folio 26).	Id.	8.436	»	»	8.436	»	»	»	»	»	»	»	8.436	»	8.436	8.436	»	»
Excédents d'achats sur les consommations reportés à 1902 (folios 9 et 28).	Id.	39.500	»	»	39.500	»	»	»	»	»	»	»	»	39.500	39.500	39.500	»	»
Avances faites à divers (reversements effectués au Trésor (folio 17).	Id.	»	»	353.912	353.912	»	»	»	»	»	»	»	353.912	»	353.912	353.912	»	»
Totaux de l'Intérieur		232.968	10.254.107	353.912	10.817.987	»	»	»	9.525.645	»	9.525.645	9.525.645	1.051.615	240.727	1.292.342	10.817.987	»	»
2° ALGÉRIE.																		
Totaux de l'Algérie		186.282	713.436	»	1.089.418	»	»	»	365.665	»	365.665	365.665	733.753	»	733.753	1.089.418	»	»
3° TUNISIE.																		
Totaux de la Tunisie		1.330	225.220	»	226.550	»	»	»	206.287	»	206.287	206.287	20.263	»	20.263	226.550	»	»

(1) Voir le détail au folio 9.
—　　　au folio 13.
—　　　au folio 17.

CHAPITRE 27. —

1re PARTIE (suite).

FOURRAGES (MATÉ

TABLEAU III. *Droits constatés et situation financière.* — Centrali

ARTICLE 2.

RIEL D'EXPLOITATION).

nation des opérations. — *Chiffres du compte définitif.* Fo 5.

DÉSIGNATIONS DIVERSES	Achats de denrées.	Fournitures à la ration.	Dépenses diverses.	TOTAL des colonnes 2 à 4.	par mandats.	par ordonnances de virement de comptes.	TOTAL des colonnes 6 et 7.	Imputations.	Virements d'autres services.	Total des augmentations.	TOTAL des colonnes 8 et 11.	Remboursements par d'autres ministères. — Reversements dans les caisses du Trésor.	Virements à d'autres services.	TOTAL des déductions.	Reste à comparer aux droits constatés.	débiteurs.	créanciers.
1	2	3	4	5	6	7	8	9	10	11	12	13	14	15	16	17	18
	fr.	fr.	fr.	fr.	fr.	fr.	fr.	fr.	fr.	fr.	fr.	fr.	fr.	fr.	fr.	fr.	fr.
Intérieur. Ordonnateurs secondaires	17.915.451	48.459.429	3.034.980	69.489.860	61.228.729	»	61.228.729	9.525.045	3.015	9.528.060	70.757.389	1.342.204	2.175	1.344.379	69.413.010	»	26.850
Administration centrale	106.408	4.706.466	»	4.812.934	»	137.675	137.675	»	4.675.269	4.675.269	4.812.934	»	»	»	4.812.934	»	»
Totaux	18.021.819	53.195.895	3.034.980	74.252.794	61.228.729	137.675	61.366.404	9.525.045	4.678.274	14.203.149	75.570.323	1.342.204	2.175	1.344.379	74.225.944	»	26.850
A déduire : Avances, cessions remboursables et imputations	232.904	10.231.107	353.012	10.817.987	»	»	»	9.525.045	»	9.525.045	9.525.045	1.031.015	240.727	1.250.342	10.817.987	»	»
Reste pour l'Intérieur	17.778.914	42.964.788	2.681.968	63.434.807	61.228.729	137.675	61.366.404	»	4.678.274	4.678.274	66.044.678	2.493.819	242.902	2.636.721	63.407.957	»	26.850
Algérie. Ordonnateurs secondaires	3.563.930	2.742.718	103.701	6.412.448	6.068.138	»	6.068.138	365.665	»	365.665	6.433.803	25.850	»	25.850	6.407.913	»	4.535
Administration centrale	86.429	109.005	47.410	243.784	»	91.747	91.747	»	152.037	152.037	243.784	»	»	»	243.784	»	»
Totaux	3.650.308	2.852.623	153.241	6.656.232	6.068.138	91.747	6.159.885	365.665	152.037	517.702	6.677.587	25.890	»	25.890	6.651.697	»	4.535
A déduire : Avances, cessions remboursables et imputations	386.242	713.136	»	1.099.418	»	»	»	365.665	»	365.665	365.665	733.753	»	733.753	1.079.418	»	»
Reste pour l'Algérie	3.264.086	2.139.487	153.241	5.576.814	6.068.138	91.747	6.159.885	»	152.037	152.037	6.311.922	759.643	»	759.643	5.552.279	»	4.535
Tunisie. Ordonnateurs secondaires	16.745	1.531.136	»	1.547.881	1.363.270	»	1.363.270	206.287	»	206.287	1.569.557	24.500	»	24.500	1.545.057	»	2.824
Administration centrale	8.299	84.308	»	92.567	»	1.423	1.423	»	91.144	91.144	92.567	»	»	»	12.567	»	»
Totaux	25.004	1.615.444	»	1.640.448	1.363.270	1.423	1.364.693	206.287	91.144	297.431	1.662.124	24.500	»	24.500	1.637.624	»	2.824
A déduire : Avances, cessions remboursables et imputations	1.330	225.220	»	226.550	»	»	»	206.287	»	206.287	206.287	20.263	»	20.263	225.140	»	»
Reste pour la Tunisie	23.674	1.390.224	»	1.413.898	1.363.270	1.423	1.364.693	»	91.144	91.144	1.455.837	44.763	»	44.763	1.411.074	»	2.824
Totaux généraux	21.076.711	46.494.499	2.834.209	70.603.519	68.660.137	230.845	68.860.982	»	4.921.455	4.921.455	73.812.437	3.198.225	242.902	3.441.127	70.374.310	»	34.200

2ᵉ PARTIE — A.

FOURRAGES (MATÉRIEL D'EXPLOITATION.)

a) ORDONNATEURS SECONDAIRES.

TABLEAU III.

A. — Achats de denrées.

(Détail par rubrique budgétaire.)

1° INTÉRIEUR.

DÉSIGNATION des corps d'armée.	TRIMESTRE.	FOIN ET FOURRAGES ARTIFICIELS. Quantités. (quint.)	FOIN ET FOURRAGES ARTIFICIELS. Deniers. (fr.)	PAILLES DIVERSES. Quantités. (quint.)	PAILLES DIVERSES. Deniers. (fr.)	AVOINE ET ORGE. Quantités. (quint.)	AVOINE ET ORGE. Deniers. (fr.)	FARINE D'ORGE, SON, VERTS, CAROTTES, etc. Quantités. (quint.)	FARINE D'ORGE, etc. Deniers. (fr.)	SACHERIE et OBJETS mobiliers, matières et matériaux (deniers). (fr.)	NOURRITURE chez L'HABITANT (deniers). (fr.)	TOTAUX égaux au montant des rapports de liquidation. (fr.)
		3	4	5	6	7	8	9	10	11	12	13
Gouvernement militaire de Paris	1ᵉʳ	27.115	209.792	36.763	156.547	91.063	1.635.148	1.500	4.918	5.256	»	2.011.661
	2ᵉ	19.411	151.451	28.662	114.332	9.497	168.384	1.493	11.710	449	»	446.326
	3ᵉ	14.391	113.648	14.815	56.116	19.691	364.873	476	3.808	4.054	»	542.490
	4ᵉ	16.037	128.741	24.906	98.206	15.163	271.053	945	6.963	5.121	»	510.084
	Totaux	76.954	603.632	105.236	425.201	135.414	2.439.458	4.423	27.399	14.880	»	3.510.570
....												
20ᵉ corps d'armée	1ᵉʳ	28.615	168.005	32.939	126.565	47.457	762.393	98	605	975	»	1.058.548
	2ᵉ	27.001	173.324	27.646	119.365	27.562	479.714	8.217	30.409	2.294	»	805.006
	3ᵉ	13.756	85.885	20.040	80.907	37.778	574.796	957	9.203	1.106	»	751.897
	4ᵉ	16.132	104.867	23.914	77.281	30.329	608.812	1.936	11.847	5.414	»	703.221
	Totaux	85.504	551.981	104.530	404.118	141.126	2.320.715	11.208	52.064	9.789	»	3.318.667
Totaux des corps d'armée (A)		454.609	3.241.362	473.722	1.882.735	718.526	12.847.244	17.694	94.371	53.469	»	18.119.181
A diminuer :												
Passé aux dépenses diverses (pertes, déficits de la réserve de guerre) (folios 1 et 27)		5.249	37.470	2.502	9.838	8.734	156.422	»	»	»	»	203.730
Reste pour l'Intérieur (B)		449.360	3.203.892	471.220	1.872.897	709.792	12.690.822	17.694	94.371	53.469	»	17.915.451

2° PARTIE - *A* (suite).

CHAPITRE 27.

TABLEAU I.

FOURRAGES (MATÉ

A. — *Achats de denrées.*

ARTICLE 2.

RIEL D'EXPLOITATION).

(Détail par rubrique budgétaire.)

F° 7.

a) ORDONNATEURS SECONDAIRES.

DÉSIGNATION des CORPS D'ARMÉE.	TRIMESTRE.	FOIN et fourrages artificiels.		PAILLES DIVERSES.		AVOINE ET ORGE.		FARINE D'ORGE, son, verts, carottes, etc.		SACHERIE et objets mobiliers, matières et matériaux (deniers).	NOUR-RITURE chez l'habitant (deniers).	TOTAUX égaux au montant des rapports de liquidation.
		Quantités.	Deniers.	Quantités.	Deniers.	Quantités.	Deniers.	Quantités.	Deniers.			
1	2	3	4	5	6	7	8	9	10	11	12	13
		quint.	fr.	quint.	fr.	quint.	fr.	quint.	fr.	fr.	fr.	fr.
2° ALGÉRIE.												
Division d'Alger.... { 1er		431	5.347	2.887	10.684	9.259	174.008	184	1.956	2.345	»	194.400
2e		98	619	3.747	15.106	34.113	508.146	374	3.374	26.246	»	553.491
3e		9.001	60.191	21.191	84.624	15.853	215.909	160	1.000	154	»	362.538
4e		2.284	36.143	7.785	45.797	6.031	72.139	216	2.165	1.986	»	158.230
Totaux...		11.804	102.300	35.010	156.211	65.286	970.322	934	9.095	30.731	»	1.268.659
. . . . .		. . . .	. . . .	. . . .	. . . .	. . . .	. . . .	. . . .	. . . .	. . . .	. . . .	. . . .
. . . . .		. . . .	. . . .	. . . .	. . . .	. . . .	. . . .	. . . .	. . . .	. . . .	. . . .	. . . .
Totaux de l'Algérie........		61.841	632.015	111.631	600.516	151.494	2.242.111	4.774	38.287	51.010	»	3.563.939
3° TUNISIE.												
. . . . .		. . . .	. . . .	. . . .	. . . .	. . . .	. . . .	. . . .	. . . .	. . . .	. . . .	. . . .
. . . . .		. . . .	. . . .	. . . .	. . . .	. . . .	. . . .	. . . .	. . . .	. . . .	. . . .	. . . .
Totaux de la Tunisie.......		204	2.043	244	1.517	672	12.585	»	»	»	»	16.745

2e PARTIE - A (suite).   FOURRAGES (MATÉ

RIEL D'EXPLOITATION).   F° 8.

TABLEAU I.   A. — Achats de denrées (1).

(Détail par rubrique budgétaire.)   b) ADMINISTRATION CENTRALE.

NATURE des OPÉRATIONS	FOIN et fourrages artificiels Quantités	Deniers	PAILLES DIVERSES Quantités	Deniers	AVOINE ET ORGE Quantités	Deniers	FARINE D'ORGE, son, verts, carottes, etc. Quantités	Deniers	SACHERIE et objets mobiliers, matières et matériaux (deniers)	NOURRITURE chez l'habitant (deniers)	TOTAUX égaux au montant des rapports de liquidation
1	2	3	4	5	7	8	9	10	11	12	13
	quint.	fr.	quint.	fr.	quint.	fr.	quint.	fr.	fr.	fr.	fr.
1° INTÉRIEUR											
Excédents d'achats de 1900 consommés en 1901 (virement de 1900 à 1901)	»	»	2.542	11.439	»	»	»	»	»	»	11.439
Denrées cédées par divers services.	»	»	»	»	520	9.122	»	»	»	»	9.122
Totaux (A)	»	»	2.542	11.439	520	9.122	»	»	»	»	20.561
Consommations faites sur les achats par anticipation (1902) par suite de l'insuffisance des achats effectués au titre de l'exercice 1901 (folio 28, b)	»	»	2.225	10.212	3.122	54.867	»	»	»	»	65.079
Totaux (B)	»	»	4.767	21.651	3.642	63.989	»	»	»	»	85.640
Le Trésor public (différence entre les prix moyens d'achat ou de revient et ceux des cessions, etc.) (folio 21, c)	»	3.896	»	8.920	»	7.627	»	405	»	»	20.828
Totaux de l'Intérieur	»	3.896	4.767	30.551	3.642	71.616	»	405	»	»	106.468
2° ALGÉRIE											
Excédents d'achats de 1900 consommés en 1901 (virement de 1900 à 1901)											
Denrées cédées par d'autres services											
Totaux de l'Algérie	910	9.100	»	3.414	867	72.567	»	1.348	»	»	86.429
3° TUNISIE											
Totaux de la Tunisie	55	645	103	662	372	6.952	»	»	»	»	8.259

(1) Les quantités de denrées consommées en 1901 sur les achats effectués par anticipation au titre de 1902 sont décomptées aux prix des premiers marchés passés pour 1902.

2e PARTIE - A (suite). CHAPITRE 27. —

TABLEAU II. FOURRAGES (MATÉ

ARTICLE 2. Fo 9.

RIEL D'EXPLOITATION). RÉDUCTION DE DÉPENSES.

Avances et cessions remboursables. — Pertes et déficits imputés.

A. — Achats de denrées. (Détail par rubrique budgétaire.) —

NATURE des OPÉRATIONS.	FOIN ET FOURRAGES ARTIFICIELS.		PAILLES DIVERSES.		AVOINE ET ORGE.		FARINE D'ORGE, SON, VERTS, CAROTTES, etc.		SACHERIE et OBJETS mobiliers, matières et matériaux (deniers).	NOUR-RITURE chez L'HABITANT (deniers).	TOTAUX ÉGAUX au montant des rapports de liquidation.
	Quantités.	Deniers.	Quantités.	Deniers.	Quantités.	Deniers.	Quantités.	Deniers.			
1	3	4	5	6	7	8	9	10	11	12	13
	quint.	fr.	quint.	fr.	quint.	fr.	quint.	fr.	fr.	fr.	fr.
1o INTÉRIEUR											
Distributions et cessions remboursables (folio 21, A)	3.373	27.991	16.483	74.383	3.511	70.662	1.617	9.023	2.973	»	185.032
Pertes et déficits imputés à divers (folio 26)	225	1.559	213	967	345	5.910	»	»	»	»	8.436
Excédents d'achats sur les consommations reportés à 1902 (folio 28, c) (1)	5.540	39.500	»	»	»	»	»	»	»	»	39.500
Totaux de l'Intérieur	9.138	69.050	16.696	75.350	3.856	76.572	1 617	9.023	2.973	»	232.908
2e ALGÉRIE.											
Totaux de l'Algérie	1.158	12.500	13.307	76.913	15.186	285.204	1.117	10.605	964	»	386.282
3e TUNISIE											
Totaux de la Tunisie	48	556	137	774	»	»	»	»	»	»	1.330

(1) Les quantités à virer de l'exercice 1901 à l'exercice 1902 sont décomptées aux prix des derniers achats effectués au titre de l'exercice 1901.

A. — *Achats de denrées. (Détail par rubrique budgétaire.)* –

Centralisation des opérations. — Chiffres du compte définitif.

INDICATIONS DIVERSES.	FOIN ET FOURRAGES ARTIFICIELS.		PAILLES DIVERSES.		AVOINE ET ORGE.		FARINE D'ORGE, SON, VERTS, CAROTTES, etc.		SACHERIE et OBJETS mobiliers, matières et matériaux (deniers).	NOURRITURE chez L'HABITANT (deniers).	TOTAUX ÉGAUX au montant des rapports de liquidation.
	Quantités.	Deniers.	Quantités.	Deniers.	Quantités.	Deniers.	Quantités.	Deniers.			
1	2	3	4	5	7	8	9	10	11	12	13
	quint.	fr.	quint.	fr.	quint.	fr.	quint.	fr.	fr.	fr.	fr.
Intérieur. Ordonnateurs secondaires....	449.360	3.203.892	471.220	1.872.897	709.792	12.690.822	17.694	94.371	53.460	»	17.915.451
Administration centrale......	»	3.896	4.767	30.551	3.642	71.616	»	405	»	»	106.468
Totaux......	449.360	3.207.788	475.987	1.903.448	713.434	12.762.438	17.694	94.776	53.460	»	18.021.919
A déduire : Avances et cessions remboursables.................	9.138	69.050	16.696	75.350	3.856	76.572	1.617	9.023	2.073	»	232.908
Reste pour l'Intérieur....	440.222	3.138.738	459.291	1.828.098	709.578	12.685.866	16.077	85.753	50.496	»	17.788.951
Algérie. Ordonnateurs secondaires....	61.841	632.015	111.631	600.516	151.494	2.242.111	4.774	38.287	51.010	»	3.563.939
Administration centrale.....	910	9.100	»	3.414	867	72.567	»	1.348	»	»	86.429
Totaux......	62.751	641.115	111.631	603.930	152.361	2.314.678	4.774	39.635	51.010	»	3.650.468
A déduire : Avances et cessions remboursables.................	1.158	12.506	13.307	76.913	15.186	235.204	1.167	10.695	964	»	386.282
Reste pour l'Algérie.....	61.593	628.609	98.324	527.017	137.175	2.029.474	3.607	28.940	50.046	»	3.264.086
Tunisie. Ordonnateurs secondaires....	204	2.643	244	1.517	672	12.585	»	»	»	»	16.745
Administration centrale......	55	645	103	662	372	6.952	»	»	»	»	8.259
Totaux......	259	3.288	347	2.179	1.044	19.537	»	»	»	»	25.004
A déduire : Avances et cessions remboursables.................	48	556	137	774	»	»	»	»	»	»	1.330
Reste pour la Tunisie...	211	2.732	210	1.405	1.044	19.537	»	»	»	»	23.074
TOTAUX GÉNÉRAUX.....	502.026	3.770.079	557.825	2.350.520	847.797	14.734.877	19.684	114.693	100.542	»	21.076.711

2º PARTIE - B.

CHAPITRE 27. —

TABLEAU I.

FOURRAGES (MATÉ

B. — *Fournitures à la ration* (1).

ARTICLE 2.

RIEL D'EXPLOITATION).

(Détail par rubrique budgétaire.)

Fº 11.

a) ORDONNATEURS SECONDAIRES.

DÉSIGNATION des corps d'armée	TRIMESTRE	NOMBRE de rations distribuées	FOIN ET FOURRAGES ARTIFICIELS		PAILLES DIVERSES		AVOINE ET ORGE		FARINE D'ORGE, SON, VERTS, CAROTTES, etc.		FRAIS généraux et entretien de l'approvisionnement	MASSE de fourrages et indemnités représentatives	VALEUR des approvisionnements laissés en fin de marché par les entrepreneurs	TOTAUX égaux au montant des rapports de liquidation
			Quantités	Deniers	Quantités	Deniers	Quantités	Deniers	Quantités	Deniers				
1	2	3	4	5	6	7	8	9	10	11	12	13	14	15
			quint.	fr.	quint.	fr.	quint.	fr.	quint.	fr.	fr.	fr.	fr.	fr.
1ª INTÉRIEUR.														
Gouvernement militaire de Paris.	1er	»	»	»	»	»	»	»	»	»	»	»	978.028	978.028
	1er	425.582	14.591	96 922	16.546	82.450	18.527	356.789	15	186	73.831	»	»	610.158
	....													
	....													
	Totaux...	1.709.142	54.390	464.823	64.235	327.260	80.034	1.430.138	18.884	47.193	153.391	»	978.028	3.400.833
Totaux de l'Intérieur.		29.960.508	920.971	6.382.329	961.496	4.365.146	1.406.776	24.829.595	185.367	550.539	2.053.779	»	9.408.041	48.489.429
Prix moyen du quintal				6 93		4 54		17 65		2 97				
2ª ALGÉRIE.														
Totaux de l'Algérie...		1.476.669	58.210	483.143	81.927	380.960	100.695	1.492.299	8.597	27.252	»	»	359.034	2.742.718
Prix moyen du quintal				8 30		4 65		14 81		3 17				
3ª TUNISIE.														
Totaux de la Tunisie.		1.346.856	33.662	261.414	41.470	230.158	54.507	843.768	1.220	3.806	»	»	171.990	1.531.136
Prix moyen du quintal				8 36		5 55		15 48		3 12				

(1) Les *dépenses accessoires* comprises sur les rapports de liquidation des fournitures à la ration sont inscrites aux *dépenses diverses* (folio 15).

2e PARTIE-*B* (suite).   CHAPITRE 27. —   ARTICLE 2.   Fo 12.

TABLEAU I.   FOURRAGES (MATÉRIEL D'EXPLOITATION).   *b)* ADMINISTRATION CENTRALE.

B. — *Fournitures à la ration.*   (*Détail par rubrique budgétaire.*)

NATURE des OPÉRATIONS.	FOIN ET FOURRAGES ARTIFICIELS.		PAILLES DIVERSES.		AVOINE ET ORGE.		FARINE D'ORGE, SON, VERTS, CAROTTES, etc.		FRAIS GÉNÉRAUX et entretien de l'approvisionnement.	MASSE de fourrages et indemnités représentatives.	VALEUR des approvisionnements laissés en fin de marché par les entrepreneurs.	TOTAUX égaux au montant des rapports de liquidation.
	Quantités.	Deniers.	Quantités.	Deniers.	Quantités.	Deniers.	Quantités.	Deniers.				
1	2	3	4	5	6	7	8	9	10	11	12	13
	quint.	fr.	quint.	fr.	quint.	fr.	quint.	fr.	fr.	fr.	fr.	fr.
1e INTÉRIEUR.												
Le Trésor public (différence entre les prix moyens payés aux entrepreneurs et ceux de cession) (folio 23).	»	16.472	»	55.691	»	43.461	»	1.223	»	»	»	116.847
Différence entre le montant des imputations et la valeur d'approvisionnements repris en fin de marché, imputés en 1901 (virements de 1902 à 1901) (folio 1, col. 11, et folio 11, col. 14) (1)...	»	»	»	»	»	»	»	»	»	»	117.604	117.604
Masse de fourrages et indemnités représentatives...............	»	»	»	»	»	»	»	»	»	4.472.015 (3.742.500 journées.)	»	4.472.015
Totaux de l'Intérieur.....	»	16.472	»	55.691	»	43.461	»	1.223	»	4.472.015 (3.742.500 journées.)	117.604	4.706.466
2e ALGÉRIE.												
Totaux de l'Algérie.....	»	5.662	»	5.910	»	14.087	»	40	»	77.605 (40.280 journées.)	6.001	109.905
3e TUNISIE.												
Totaux de la Tunisie.....	»	139	»	1.061	»	223	»	»	»	48.588 (25.466 journées.)	34.297	84.308

(1) En fin d'exercice, le montant total des imputations concernant les reprises d'approvisionnement par entrants, le service ne devant ni perdre, ni bénéficier, du fait de ces deux opérations. Par suite, si les payements sont supérieurs aux imputations, l'excédent de payement est viré à l'exercice suivant. Dans le cas contraire, l'insuffisance est virée de l'exercice suivant.

l'administration doit être annulé par des payements de remises d'approvisionnements aux entrepreneurs

2e PARTIE-*B* (*suite*).

CHAPITRE 27. —

TABLEAU II.

FOURRAGES (MATÉ

B. — *Fournitures à la ration.* (*Détail par rubrique budgétaire.*) — Distribu

ARTICLE 2.

Fo 13

RIEL D'EXPLOITATION).

tions, cessions remboursables et imputations. — Réductions de dépenses

NATURE des OPÉRATIONS.	FOIN ET FOURRAGES ARTIFICIELS.		PAILLES DIVERSES.		AVOINE ET ORGE.		FARINE D'ORGE, SON, VERTS, CAROTTES, etc.		FRAIS GÉNÉRAUX et entretien de l'approvisionnement.	MASSE de FOURRAGES et indemnités représentatives.	VALEUR des APPROVISIONNEMENTS laissés en fin de marché par les entrepreneurs.	TOTAUX ÉGAUX au montant des rapports de liquidation.
	Quantités.	Deniers.	Quantités.	Deniers.	Quantités.	Deniers.	Quantités.	Deniers.				
1	2	3	4	5	6	7	8	9	10	11	12	13
	quint.	fr.	quint.	fr.	quint.	fr.	quint.	fr.	fr.	fr.	fr.	fr.
1e INTÉRIEUR.												
Distributions et cessions remboursables faites par l'entreprise (fol. 23)............	12.853	105.543	37.880	227.666	18.313	366.685	1.463	5.568	»	»	»	705.462
Imputations (valeur des approvisionnements repris par les entrepreneurs rentrants)(f. 4, col. 10).	»	»	»	»	»	»	»	»	»	»	9.525.645	9.525.645
Totaux de l'Intérieur.....	12.853	105.543	37.880	227.666	18.313	366.685	1.463	5.568	»	·	9.525.645	10.231.107
2° ALGÉRIE.												
Totaux de l'Algérie.....	7.525	68.119	15.343	77.254	12.670	201.856	64	242	»	»	365.655	713.136
3° TUNISIE.												
Totaux de la Tunisie.....	206	1.861	1.771	10.890	385	6.182	»	»	»	»	206.287	225.220

2e PARTIE-*B* (*suite*). CHAPITRE 27. — ARTICLE 2

F° 14.

TABLEAU III. FOURRAGES (MATÉRIEL D'EXPLOITATION).

B. — *Fournitures à la ration.* (*Détail par rubrique budgétaire.*) — Centralisation des opérations. — Chiffres du compte définitif.

INDICATIONS DIVERSES.		FOIN ET FOURRAGES ARTIFICIELS.		PAILLES DIVERSES.		AVOINE ET ORGE.		FARINE D'ORGE, SON, VERTS, CAROTTES, ETC.		FRAIS GÉNÉRAUX et entretien des approvisionnements.	MASSE de fourrages et indemnités représentatives.	VALEUR des approvisionnements laissés en fin de marché par les entrepreneurs	TOTAUX égaux au montant des rapports de liquidation.
		Quantités.	Deniers.	Quantités.	Deniers.	Quantités.	Deniers.	Quantités.	Deniers.				
1		2	3	4	5	6	7	8	9	10	11	12	13
		quint.	fr.	quint.	fr.	quint.	fr.	quint.	fr.	fr.	fr.	fr.	fr.
Intérieur.	Ordonnateurs secondaires	920.971	6.352.329	961.486	4.365.146	1.406.776	24.829.593	185.367	520.539	2.953.779	»	9.408.041	48.489.429
	Administration centrale	»	16.472	»	55.691	»	43.461	»	1.223	»	4.472.015	117.604	4.706.466
	Totaux	920.971	6.398.801	961.486	4.420.837	1.406.776	24.873.056	185.367	521.762	2.953.779	4.472.015	9.525.645	53.195.895
	A déduire :												
	Distributions, cessions remboursables, imputations	12.853	105.543	37.880	227.666	18.313	366.685	1.463	5.568	»	»	9.525.645	10.231.107
	Reste pour l'Intérieur	908.118	6.293.258	923.606	4.193.171	1.388.463	24.506.371	183.904	516.194	2.953.779	4.472.015	»	42.964.788
Algérie.	Ordonnateurs secondaires	58.210	483.143	84.927	380.960	100.695	1.492.299	8.597	27.252	»	»	359.064	2.742.718
	Administration centrale	»	5.662	»	5.910	»	14.087	»	40	»	77.605	6.601	109.905
	Totaux	58.210	488.805	84.927	386.870	100.695	1.506.386	8.597	27.292	»	77.605	365.665	2.852.623
	A déduire :												
	Distributions, cessions remboursables, imputations	7.525	68.119	18.343	77.254	12.670	201.856	64	242	»	»	365.665	713.136
	Reste pour l'Algérie	50.685	420.686	66.584	309.616	88.025	1.304.530	8.533	27.050	»	77.605	»	2.139.487
Tunisie.	Ordonnateurs secondaires	33.662	281.414	41.470	230.158	54.507	843.768	1.220	3.806	»	»	171.990	1.531.136
	Administration centrale	»	139	»	1.061	»	223	»	»	»	46.588	34.297	84.308
	Totaux	33.662	281.553	41.470	231.219	54.507	843.991	1.220	3.806	»	46.588	206.287	1.615.444
	A déduire :												
	Distributions, cessions remboursables, imputations	206	1.861	1.771	10.890	385	6.182	»	»	»	»	206.287	225.220
	Reste pour la Tunisie	33.456	279.692	39.699	220.329	54.122	837.809	1.220	3.806	»	46.588	»	1.390.224
TOTAUX GÉNÉRAUX		992.259	6.993.636	1.029.889	4.723.116	1.530.610	26.648.710	193.657	577.050	2.953.779	4.596.208	»	46.494.499

CHAPITRE 27. —

ARTICLE 2.

F° 15

2° PARTIE-*C.*

FOURRAGES (MATÉRIEL D'EXPLOITATION.)

a) ORDONNATEURS SECONDAIRES.

TABLEAU I.

C. -- *Dépenses diverses.*

(*Détail par rubrique budgétaire*).

(1) DÉSIGNATION des CORPS D'ARMÉE.	(2) TRIMESTRES.	(3) FRAIS de location.	(4) FRAIS de mouture.	(5) TRANSPORTS à l'intérieur des places.	(6) DROITS d'octroi et de douane.	(7) FOURNITURE de son aux parcs à fourrages, Entretien des compteurs.	(8) FRAIS d'adjudication, d'insertion et d'affichage.	(9) VACATIONS honoraires, frais d'expertises.	(10) ACHATS de menus objets de consommation.	(11) TRANSPORTS dits accidentels et indemnités aux Arabes pour perte d'animaux.	(12) RÉPARATIONS du matériel et dépenses diverses.	(13) JUMENTERIE de Tiaret.	(14) PRIMES de distribution de denrées appartenant à l'État.	(15) TOTAL des dépenses d'exploitation.	(16) ENTRETIEN des approvisionnements des stations-magasins.	(17) ENTRETIEN et conservation des denrées et du matériel composant les approvisionnements de réserve.	(18) ENTRETIEN des approvisionnements de concentration.	(19) TOTAUX des colonnes 16 à 18.	(20) TOTAUX égaux au montant des rapports de liquidation (col. 15 et 19).
		fr.	fr.	fr.	fr.	fr.	fr.	fr.	fr.	fr.	fr.	fr.	fr.	fr.	fr.	fr.	fr.	fr.	fr.
														1° INTÉRIEUR.					
Gouvernement militaire de Paris.	1er	»	»	»	»	»	»	»	»	»	»	»	2.101	2.101	»	»	»	»	2.101
	1er	1.775	»	5.932	5.227	388	2.036	75	884	»	1.288	»	»	18.235	»	»	»	»	18.205
	2e	5.542	»	4.306	»	»	»	»	240	»	»	»	»	10.088	»	»	»	»	10.088
	Totaux...	14.679	»	18.030	55.906	1.211	13.302	255	2.318	»	3.134	»	5.735	114.570	»	»	»	»	114.570
	Totaux.....	393.146	810	80.830	752.953	11.343	66.191	20.957	21.206	»	52.581	»	29.586	1.434.603	760.300	1.043	635.304	1.396.047	2.831.250
A ajouter : Venu des achats, pertes, déficits, etc., de la réserve de guerre (folios 1 et 6)........		»	»	»	»	»	»	»	»	»	»	»	»	»	»	203.730	»	203.730	203.730
TOTAUX GÉNÉRAUX ...		396.146	810	80.830	752.953	11.343	66.191	20.957	21.206	»	52.581	»	29.586	1.434.603	760.300	204.773	635.304	1.600.877	3.034.980
														2° ALGÉRIE.					
Totaux de l'Algérie...		909	727	1.164	»	702	5.160	64	8.025	»	42.911	44.919	1.210	105.791	»	»	»	»	105.791
														3° TUNISIE.					
Totaux de la Tunisie..		»	»	»	»	»	»	»	»	»	»	»	»	»	»	»	»	»	»

2ᵉ PARTIE-*C* (suite).

TABLEAU I.

FOURRAGES (MATÉRIEL D'EXPLOITATION).

C. — Dépenses diverses.

(Détail par rubrique budgétaire).

b) ADMINISTRATION CENTRALE.

NATURE des OPÉRATIONS.	DÉPENSES D'EXPLOITATION.													APPROVISIONNEMENTS DE RÉSERVE.				TOTAUX égaux au montant des rapports de liquidation (col. 14 et 18).
	FRAIS de location.	FRAIS de monture.	TRANSPORTS à l'intérieur des places.	DROITS d'octroi et de douane.	FOURNITURE de gros aux parcs à fourrages. Entretien des consommateurs.	FRAIS d'adjudication, d'insertion et d'affichage.	VACATIONS, honoraires, frais d'expertises.	ACHATS de menus objets de consommation.	TRANSPORTS des accidentels ou indemnités aux tiers pour perte éventuelle.	RÉPARATIONS du matériel et dépenses diverses.	SUBVENTION de Tiaret.	PRIMES de distribution de denrées appartenant à l'État.	TOTAL des dépenses d'exploitation.	ENTRETIEN des approvisionnements des stations-magasins.	ENTRETIEN et conservation des denrées et du matériel composant les approvisionnements de réserve.	ENTRETIEN des approvisionnements de concentration.	TOTAL des colonnes 15 à 17.	
1	2	3	4	5	6	7	8	9	10	11	12	13	14	15	16	17	18	19
	fr.	fr.	fr.	fr.	fr.	fr.	fr.	fr.	fr.	fr.	fr.	fr.	fr.	fr.	fr.	fr.	fr.	fr.
1° INTÉRIEUR.																		
. . . . .																		
. . . . .																		
Totaux de l'Intérieur..	»	»	»	»	»	»	»	»	»	»	»	»	»	»	»	»	»	»
2° ALGÉRIE.																		
. . . . .																		
. . . . .																		
Totaux de l'Algérie...	»	»	»	»	»	»	»	»	47.450	»	»	»	47.450	»	»	»	»	47.450
3° TUNISIE.																		
. . . . .																		
. . . . .																		
Totaux de la Tunisie..	»	»	»	»	»	»	»	»	»	»	»	»	»	»	»	»	»	»

2ᵉ PARTIE. C (suite).

FOURRAGES (MATÉRIEL D'EXPLOITATION).

TABLEAU II.   C. — *Dépenses diverses. (Détail par rubrique budgétaire). — Avances et cessions remboursables.*

NATURE des OPÉRATIONS. (1)	FRAIS de location. (2)	FRAIS de monture. (3)	TRANSPORTS à l'intérieur des places. (4)	DROITS d'octroi et de douane. (5)	ENTRETIEN du gros aux portes à fourrages, Entretien des compteurs. (6)	FRAIS d'adjudication, d'insertion et d'affichage. (7)	VACATIONS, honoraires, frais d'expertises. (8)	ACHATS de menus objets de consommation. (9)	TRANSPORTS dits accidentels et indemnités aux Arabes pour perte d'animaux. (10)	RÉPARATIONS du matériel et dépenses diverses. (11)	JUMENTERIE de Tiaret. (12)	PRIMES de distribution de denrées apportant à l'État. (13)	TOTAL des dépenses d'exploitation. (14)	ENTRETIEN des approvisionnements des stations-magasins. (15)	ENTRETIEN et conservation des denrées et du matériel composant les approvisionnements de réserve. (16)	ENTRETIEN des approvisionnements de concentration. (17)	TOTAL des colonnes 15 à 17. (18)	TOTAUX égaux au montant des rapports de liquidation (col. 14 et 18). (19)
	fr.	fr.	fr.	fr.	fr.	fr.	fr.	fr.	fr.	fr.	fr.	fr.	fr.	fr.	fr.	fr.	fr.	fr.
1° INTÉRIEUR.																		
Avances faites à divers (sommes reversées au Trésor)........	309.215	»	»	»	»	44.602	95	»	»	»	»	»	353.912	»	»	»	»	353.912
Totaux de l'Intérieur..	309 215	»	»	»	»	44.602	95	»	»	»	»	»	353.912	»	»	»	»	353.912
2° ALGÉRIE.																		
......	....	....	....	....	....	....	....	....	....	....	....	....	....	....	....	....	....	....
......	....	....	....	....	....	....	....	....	....	....	....	....	....	....	....	....	....	....
Totaux de l'Algérie...	»	»	»	»	»	»	»	»	»	»	»	»	»	»	»	»	»	»
3° TUNISIE.																		
......	....	....	....	....	....	....	....	....	....	....	....	....	....	....	....	....	....	....
......	....	....	....	....	....	....	....	....	....	....	....	....	....	....	....	....	....	....
Totaux de la Tunisie...	»	»	»	»	»	»	»	»	»	»	»	»	»	»	»	»	»	»

2ᵉ PARTIE-C (suite). CHAPITRE 27. —

ARTICLE 2.

FOURRAGES (MATÉRIEL D'EXPLOITATION). F° 18.

TABLEAU III.

C. — *Dépenses diverses. (Détail par rubrique budgétaire).* —

Centralisation des opérations. — Chiffres du compte définitif.

DÉPENSES D'EXPLOITATION

NATURE des OPÉRATIONS	FRAIS de location.	FRAIS de manutenture.	TRANSPORTS à l'intérieur des places.	DROITS d'octroi et de douane.	FOURNITURE du pansage, parcs à fourrages. Entretien des compteurs.	FRAIS d'adjudication, d'insertion et d'affichage.	VACATIONS, honoraires, frais d'expertises.	ACHATS de menus objets de consommation.
	2	3	4	5	6	7	8	9
	fr.	fr.	fr.	fr.	fr.	fr.	fr.	fr.
Intérieur. Ordonnateurs secondaires	398.146	840	80.830	762.953	11.343	66.191	20.957	21.206
Administration centrale	»	»	»	»	»	»	»	»
Totaux	398.146	840	80.830	762.953	11.343	66.191	20.957	21.206
A déduire : Avances et cessions remboursables	309.215	»	»	»	»	44.602	95	»
Reste pour l'Intérieur	88.931	840	80.830	762.953	11.343	21.589	20.862	21.206
Algérie. Ordonnateurs secondaires	909	727	1.164	»	702	5.160	64	8.025
Administration centrale	»	»	×	»	»	»	»	»
Totaux	909	727	1.164	»	702	5.160	64	8.025
A déduire : Avances et cessions remboursables	»	»	»	»	»	»	»	»
Reste pour l'Algérie	909	727	1.164	»	702	5.160	64	8.025
Tunisie. Ordonnateurs secondaires	»	»	»	»	»	»	»	»
Administration centrale	»	»	»	»	»	»	»	»
Totaux	»	»	»	»	»	»	»	»
A déduire : Avances et cessions remboursables	»	»	»	»	»	»	»	»
Reste pour la Tunisie	»	»	»	»	»	»	»	»
TOTAUX GÉNÉRAUX	89.840	1.587	81.994	762.935	12.045	26.749	20.926	29.231

APPROVISIONNEMENTS DE RÉSERVE — TOTAUX

NATURE des OPÉRATIONS	TRANSPORTS dits résidentiels et indemnités aux Andalous pour la perte d'animaux.	RÉPARATIONS du matériel et dépenses diverses.	BUANDERIE de Tiaret.	PRIMES de distribution de denrées appartenant à l'État.	TOTAL des dépenses d'exploitation.	ENTRETIEN des approvisionnements des stations-magasins.	ENTRETIEN et conservation des denrées et du matériel composant les approvisionnements de réserve.	ENTRETIEN des approvisionnements de concentration.	TOTAL des colonnes 15 à 17.	TOTAUX GÉNÉRAUX au montant des rapports de liquidation (col. 14 et 18).
	10	11	12	13	14	15	16	17	18	19
	fr.	fr.	fr.	fr.	fr.	fr.	fr.	fr.	fr.	fr.
Intérieur. Ordonnateurs secondaires	»	12.584	»	29.586	1.434.603	760.300	204.773	635.304	1.600.377	3.034.980
Administration centrale	»	»	»	»	»	»	»	»	»	»
Totaux	»	12.584	»	29.586	1.434.603	760.300	204.773	635.304	1.600.377	3.034.980
A déduire : Avances et cessions remboursables	»	»	»	»	353.942	»	»	»	»	353.942
Reste pour l'Intérieur	»	12.584	»	29.586	1.080.661	760.300	204.773	635.304	1.600.377	2.681.008
Algérie. Ordonnateurs secondaires	»	42.911	44.919	1.210	103.791	»	»	»	»	103.791
Administration centrale	47.450	»	»	»	47.450	»	»	»	»	47.450
Totaux	47.450	42.911	44.919	1.210	153.244	»	»	»	»	153.244
A déduire : Avances et cessions remboursables	»	»	»	»	»	»	»	»	»	»
Reste pour l'Algérie	47.450	42.911	44.919	1.210	153.241	»	»	»	»	153.241
Tunisie. Ordonnateurs secondaires	»	»	»	»	»	»	»	»	»	»
Administration centrale	»	»	»	»	»	»	»	»	»	»
Totaux	»	»	»	»	»	»	»	»	»	»
A déduire : Avances et cessions remboursables	»	»	»	»	»	»	»	»	»	»
Reste pour la Tunisie	»	»	»	»	»	»	»	»	»	»
TOTAUX GÉNÉRAUX	47.450	55.495	44.919	30.796	1.233.902	760.300	204.773	635.304	1.600.377	2.834.909

FOURRAGES (MATÉRIEL D'EXPLOITATION).

Distributions et cessions. — A. Distributions réglementaires.

DÉSIGNATION des CORPS D'ARMÉE.	TRI- MESTRES.	FOIN ET FOURRAGES artificiels.	PAILLE.	AVOINE et ORGE.	FARINE D'ORGE, son, verts, carottes, etc.	NOMBRE TOTAL des rations.	REPARTITION, PAR CATÉGORIE DE PARTIES PRENANTES, DES RATIONS DISTRIBUÉES.					
							Troupes de ligne.	Gendarmerie.	Garde républicaine.	Corps indigènes.	Régiments étrangers.	Armée territoriale.
1	2	3	4	5	6	7	8	9	10	11	12	13
		quint.	quint.	quint.	quint.	rations.	rations.	rations.	rations.	rations.	rations.	rations.
1° INTÉRIEUR.												
Gouvernement militaire de Paris.	1er	19.262	22.919	23.315	854	556.335	490.658	3.243	62.432	»	»	»
	2e	18.140	22.003	28.123	2.567	573.436	507.330	3.313	62.795	»	»	»
	3e	18.325	21.883	27.207	915	565.447	498.695	3.526	63.226	»	»	»
	4e	24.093	32.298	38.170	2.726	832.015	764.817	3.697	63.501	»	»	»
	Totaux.	79.820	99.103	121.815	7.062	2.527.235	2.261.500	13.781	251.954	»	»	»
		....	....	....	....	....	....	....	....	....	....	....
Totaux de l'Intérieur.		440.222	459.291	709.578	16.077	14.003.844	13.545.265	206.625	251.954	»	»	»
2° ALGÉRIE.												
		....	....	....	....	....	....	....	....	....	....	....
Totaux de l'Algérie.		61.593	98.324	137.175	3.607	3.087.155	2.415.002	35.060	»	538.548	98.480	65
3° TUNISIE.												
		....	....	....	....	....	....	....	....	....	....	....
Totaux de la Tunisie.		211	210	1.044	»	19.495	16.504	55	»	2.936	»	»

3ᵉ PARTIE (suite).

CHAPITRE 27. —

FOURRAGES (MATÉ

TABLEAU I.   Distributions et cessions. —

ARTICLE 2.

RIEL D'EXPLOITATION).   Fᵒ 20.

B. Distributions réglementaires.   2ᵒ ENTREPRISE.

DÉSIGNATION des corps d'armée	TRIMESTRES	FOIN ET FOURRAGES artificiels.	PAILLE.	AVOINE et orge.	FARINE d'orge, son, verts, carottes, etc.	NOMBRE TOTAL des rations.	Troupes de ligne.	Gendarmerie.	Garde républicaine.	Corps indigènes.	Régiments étrangers.	Armée territoriale.
1	2	3	4	5	6	7	8	9	10	11	12	13
		quint.	quint.	quint.	quint.	rations.	rations.	rations.	rations.	rations.	rations.	rations.
								1ᵉ INTÉRIEUR,				
Gouvernement militaire de Paris. — 1ᵉʳ		12.010	14.105	18.963	4.525	379.859	376.264	2.859	736	»	»	»
2ᵉ		11.755	16.019	20.102	4.422	379.525	376.035	2.735	735	»	»	»
3ᵉ		12.209	14.095	18.650	3.995	383.020	379.866	2.925	729	»	»	»
4ᵉ		18.056	19.391	22.250	5.595	506.238	562.588	2.905	745	»	»	»
Totaux.		54.030	63.610	79.965	18.537	1.700.142	1.694.773	11.424	2.945	»	»	»
. . . .												
Totaux de l'Intérieur.....		908.118	923.606	1.388.463	183.904	29.960.508	29.206.645	750.891	2.972	»	»	»
								2ᵉ ALGÉRIE.				
Totaux de l'Algérie.....		50.685	66.584	88.025	8.533	1.476.069	953.949	89.518	»	413.695	19.007	»
								3ᵉ TUNISIE.				
Totaux de la Tunisie.....		33.456	39.699	54.122	1.220	1.346.856	900.460	32.960	»	328.427	»	»

RÉPARTITION, PAR CATÉGORIE DE PARTIES PRENANTES, DES RATIONS DISTRIBUÉES.

3e PARTIE (suite). CHAPITRE 27. — ARTICLE 2.

FOURRAGES (MATÉRIEL D'EXPLOITATION).

TABLEAU I. *Distributions et cessions. — B. Distributions et cessions remboursables.*

Fo 21.

1° GESTION DIRECTE.

DÉSIGNATION des CORPS D'ARMÉE (1)	TRI-MESTRES (2)	FOIN ET FOURRAGES ARTIFICIELS — Quantités (3)	— Deniers (4)	PAILLES DIVERSES — Quantités (5)	— Deniers (6)	AVOINE ET ORGE — Quantités (7)	— Deniers (8)	FARINE D'ORGE, SON, NAVETS, CAROTTES, etc. — Quantités (9)	— Deniers (10)	SACHE-RIE et objets mobiliers (deniers) (11)	MONTANT de la valeur des distributions et cessions (deniers) (12)	REMBOURSEMENT PAR VOIE — d'ordonnances de virement de comptes (13)	— de virsement au Trésor (14)	— de virement administratif (15)	TOTAL (16)	SOMMES REMBOURSÉES — en moins (17)	— en plus (18)
		quint.	fr.	quint.	fr.	quint.	fr.	quint.	fr.	fr.	fr.	fr.	fr.	fr.	fr.	fr.	fr.
1° INTÉRIEUR																	
Gouvernement militaire de Paris.	1er A.	225	1.803	639	3.615	427	8.566	»	»	31	14.005	»	14.005	a	14.005	»	»
	2e	410	3.227	828	6.422	803	15.653	»	»	»	25.302	»	25.302	»	25.302	»	»
	3e	330	2.628	662	3.325	403	8.515	254	2.545	»	17.016	»	17.016	»	17.016	»	»
	4e	268	2.283	532	3.052	308	7.453	»	»	»	12.788	»	12.383	405	12.788	»	»
	Totaux.	1.233	9.931	2.711	16.414	2.001	40.177	254	2.548	21	69.111	»	68.700	405	69.111	»	»
. . . . . .	. . . .	. . . .	. . . .	. . . .	. . . .	. . . .	. . . .	. . . .	. . . .	. . . .	. . . .	. . . .	. . . .	. . . .	. . . .	. . . .	. . . .
Totaux des corps d'armée de l'intérieur (A)		3.372	27.991	16.483	74.383	3.511	70.663	1.017	9.023	2.973	185.032	11.311	168.793	4.728	185.032	»	»
Pertes, déficits, etc., imputés aux comptables, etc. (fol. 26).		225	1.559	213	967	345	5.910	»	»	»	8.436	»	8.436	»	8.436	»	»
Totaux (B).		3.596	29.550	16.696	75.350	3.856	76.573	1.017	9.023	2.973	193.468	11.511	177.229	4.728	193.468	»	»
Décompte d'après les prix moyens d'achat (folio 29).		......	25.654	......	66.450	......	68.945		8.018	2 973	172.640						
Différence à ordonnancer au profit du Trésor (c).		......	3.896	......	8.900	......	7.627		405	»	20.828						

3e PARTIE (suite).   FOURRAGES (MAT[ÉRIEL] D'EXPLOITATION).

TABLEAU I.   *Distributions et cessions. — B. Distr[ib]utions et cessions remboursables.*   1o GESTION DIRECTE.

2e ALGÉRIE

DÉSIGNATION des CORPS D'ARMÉE	TRIMESTRES	FOIN ET FOURRAGES ARTIFICIELS		PAILLES DIVERSES		AVOINE ET ORGE		FARINE (ORGE, SON, ..., CAROTTES, etc.)		SACHERIE et OBJETS mobiliers (deniers)	MONTANT de LA VALEUR des distributions et cessions	REMBOURSEMENT PAR VOIE				SOMMES REMBOURSÉES	
		Quantités	Deniers	Quantités	Deniers	Quantités	Deniers	Quantités	Deniers			D'ORDONNANCES de virement de comptes	de VERSEMENT au Trésor	de VIREMENT administratif	TOTAL	en moins	en plus
1	2	3	4	5	6	7	8	9	10	11	12	13	14	15	16	17	18
		quint.	fr.	quint.	fr.	quint.	fr.	quint.	fr.	fr.	fr.	fr.	fr.	fr.	fr.	fr.	fr.
Division d'Alger	1er	96	891	2.078	13.249	2.458	48.[…]	191	2.218	50	65.244	»	65.244	»	65.244	»	»
	2e	215	1.903	4.980	27.882	5.599	112.[…]	443	4.156	»	146.907	»	146.907	»	146.907	»	»
	.....	.....	.....	.....	.....	.....	.....	.....	.....	.....	.....	.....	.....	.....	.....	.....	.....
	Totaux	442	4.044	10.033	57.644	10.248	203.[…]	767	9.664	50	275.236	»	275.236	»	275.236	»	»
.....	.....	.....	.....	.....	.....	.....	.....	.....	.....	.....	.....	.....	.....	.....	.....	.....	.....
Totaux (B)		1.158	12.500	12.982	72.997	15.186	285.[…]	167	10.095	964	382.366	»	382.366	»	382.366	»	»
Décompte d'après les prix moyens d'achat			11.823		69.583		224.[…]		9.847	964	316.318						
Différence à ordonnancer au profit du Trésor (c)			683		3.414		60.[…]		1.348	»	66.048						
3e TUNISIE																	
.....	.....	.....	.....	.....	.....	.....	.....	.....	.....	.....	.....	.....	.....	.....	.....	.....	.....
Totaux (B)		»	»	65	312	»	»	»	»	»	312	»	312	»	312	»	»
Décompte d'après les prix moyens d'achat		»	»	»	312	»	»	»	»	»	312						
Différence à ordonnancer au profit du Trésor		»	»	»	»	»	»	»	»	»	»					

3º PARTIE (suite).

CHAPITRE 27.

FOURRAGES (MAT...RIEL D'EXPLOITATION).

ARTICLE 2.

Fº 23.

TABLEAU I.

Distributions et cessions. — B. Dis...butions et cessions remboursables.

2º ENTREPRISE.

1ª INTÉRIEUR

DÉSIGNATION des CORPS D'ARMÉE	TRIMESTRES	FOIN ET FOURRAGES ARTIFICIELS		PAILLES DIVERSES		AVOINE ET ORGE	
1	2	Quantités 3	Deniers 4	Quantités 5	Deniers 6	Quantités 7	Deniers 8
		quint.	fr.	quint.	fr.	quint.	fr.
7ª corps d'armée	1ª	19	158	142	912	39	[illegible]
	2ª	30	239	323	1.937	45	[illegible]
	3ª	29	239	288	1.720	54	[illegible]
	4ª	40	360	448	2.698	53	[illegible]
	Totaux.	118	996	1.201	7.267	183	[illegible]
Totaux des corps d'armée de l'intérieur		12.853	105.542	37.880	227.000	18.313	[illegible]
Décompte d'après les prix moyens des marchés		......	89.071	......	171.975	......	[illegible]
Différence à ordonnancer au profit du Trésor		......	16.472	......	55.691	......	[illegible]

DÉSIGNATION	FARINE D'ORGE, SON, VERTS, CALOTTES, etc.		SACHERIE et OBJETS mobiliers (deniers)	MONTANT de LA VALEUR des distributions et cessions	REMBOURSEMENT PAR VOIE				SOMMES REMBOURSÉES	
	Quantités 9	Deniers 10	11	12	D'abonnances de virement de comptes 13	de VERSEMENT au Trésor 14	de VIREMENT administratif 15	TOTAL 16	en moins 17	en plus 18
	quint.	fr.	fr.	fr.	fr.	fr.	fr.	fr.	fr.	fr.
1ª	25	273	»	2.119	»	2.119	»	2.119	»	»
2ª	»	»	»	3.084	»	3.084	»	3.084	»	»
3ª	»	»	»	2.966	»	2.966	»	2.966	»	»
4ª	»	»	»	4.123	»	4.123	»	4.123	»	»
Totaux.	25	273	»	12.292	»	12.292	»	12.292	»	»
Totaux des corps d'armée de l'intérieur	1.463	5.508	»	705.462	»	504.235	201.227	705.462	»	»
Décompte d'après les prix moyens des marchés	......	3.345	......	588.615						
Différence à ordonnancer au profit du Trésor	......	1.223	......	116.847						

3° PARTIE (*suite*).

TABLEAU 1.

FOURRAGES (MATÉRIEL D'EXPLOITATION).

Distributions et cessions. — Distributions et cessions remboursables.

2° ENTREPRISE.

DÉSIGNATION des CORPS D'ARMÉE.	TRIMESTRES.	FOIN ET FOURRAGES ARTIFICIELS.		PAILLES DIVERSES.		AVOINE ET ORGE.		FARINE D'ORGE, MON VERTE, CAROTTES, etc.		SACHERIE et OBJETS mobiliers (deniers).	MONTANT de LA VALEUR des distributions et cessions.	REMBOURSEMENT PAR VOIE				SOMMES remboursées.	
		Quantités.	Deniers.	Quantités.	Deniers.	Quantités.	Deniers.	Quantités.	Deniers.			D'ordonnances de virement de comptes.	de VERSEMENT au Trésor.	de VIREMENT administratif.	TOTAL.	en moins.	en plus.
1	2	3	4	5	6	7	8	9	10	11	12	13	14	15	16	17	18
		quint.	fr.	quint.	fr.	quint.	fr.	quint.	fr.	fr.	fr.	fr.	fr.	fr.	fr.	fr.	fr.
2° ALGÉRIE.																	
Division d'Alger..... { 1er.....		592	5.467	1.301	6.887	947	15.167	»	»	»	27.521	»	27.521	»	27.521	»	»
2e.....		595	5.357	838	4.191	951	15.217	64	142	»	24.907	»	24.907	»	24.907	»	»
Totaux.		2.425	21.964	4.343	22.076	3.873	61.079	64	242	»	106.261	»	106.261	»	106.261	»	»
Totaux des divisions de l'Algérie		7.525	68.119	15.343	77.254	12.670	201.856	64	242	»	347.371	»	347.471	»	347.471	»	»
Décompte d'après les prix moyens des marchés.......		....	62.457	....	71.844	....	187.709	....	202	»	321.772						
Différence à ordonnancer au profit du Trésor..........		....	5.662	....	5.910	....	14.087	....	40	»	25.099						
3° TUNISIE.																	
Totaux de la Tunisie....		200	1.861	1.771	10.890	385	6.182	»	»	»	18.933	»	18.933	»	18.933	»	»
Décompte d'après les prix moyens des marchés.......		....	1.722	....	9.829	....	5.950	....	»	»	17.510						
Différence à ordonnancer au profit du Trésor..........		....	139	....	1.061	....	223	....	»	»	1.423						

3e PARTIE (*suite*). CHAPITRE 27. — ARTICLE 2.

TABLEAU I.

FOURRAGES (MATÉRIEL D'EXPLOITATION).

F° 25.

Distributions et cessions. — *C.* Récapitulation des rations distribuées à titre réglementaire (folios 19 et 20). — *Effectif général réalisé.*

DÉSIGNATION des PARTIES PRENANTES (1)	INTÉRIEUR — GESTION directe (folio 19) (2)	ENTREPRISE (folio 20) (3)	MASSE de fourrages et indemnités représentatives (folio 12) (4)	TOTAL (5)	ALGÉRIE — GESTION directe (folio 19) (6)	ENTREPRISE (folio 20) (7)	MASSE de fourrages et indemnités représentatives (folio 12) (8)	TOTAL (9)	TUNISIE — GESTION directe (folio 19) (10)	ENTREPRISE (folio 20) (11)	MASSE de fourrages et indemnités représentatives (folio 12) (12)	TOTAL (13)	TOTAL GÉNÉRAL (14)
1° Parties prenantes comprises dans l'effectif budgétaire.													
Troupes de ligne...	13.545.265	20.206.645	»	42.751.910	2.415.002	953.5[illegible]	40.280	3.408.831	16.504	990.469	25.466	1.032.439	47.198.180
Gendarmerie...	206.625	750.891	3.742.500	4.700.016	35.060	89.51[illegible]	»	124.578	55	32.960	»	33.015	4.857.609
Garde républicaine.	251.954	2.972	»	254.926	»	»	»	»	»	»	»	»	254.926
Corps indigènes....	»	»	»	»	598.548	413.6[illegible]	»	952.243	2.936	323.427	»	826.363	1.278.606
Régiments étrangers	»	»	»	»	98.480	19.90[illegible]	»	118.387	»	»	»	»	118.387
Totaux.....	14.003.844	29.960.508	3.742.500	47.706.852	3.087.090	1.476.6[illegible]	40.280	4.604.039	19.495	1.346.856	25.466	1.391.817	53.702.703
2° Parties prenantes non comprises dans l'effectif budgétaire.													
Armée territoriale..	»	»	»	»	65	»	»	65	»	»	»	»	65
Totaux généraux.	14.003.844	29.960.508	3.742.500	47.706.852	3.087.155	1.476.6[illegible]	40.280	4.604.104	19.495	1.346.856	25.466	1.391.817	53.702.773
Effectif moyen réalisé en 1901......	.....	.....	.....	130.704	.....	.....		12.614	.....	.....	.....	3.819	147.131

3ᵉ PARTIE (*suite*). TABLEAU II. CHAPITRE 27. — FOURRAGES (MATÉ

Pertes, déficits, avaries, etc. — A. Pertes, déficits, etc.

ARTICLE 2. RIEL D'EXPLOITATION). Fᵒ 26.

imputés aux comptables, entrepreneurs, etc.

DÉSIGNATION des CORPS D'ARMÉE.	FOIN ET FOURRAGES ARTIFICIELS.		PAILLES DIVERSES.		AVOINE ET ORGE.		FARINE D'ORGE, SON, VERTS, CAROTTES, etc.		SACHERIE et OBJETS MOBILIERS (deniers).	MONTANT des PERTES, AVARIES, etc.
	Quantités.	Deniers.	Quantités.	Deniers.	Quantités.	Deniers.	Quantités.	Deniers.		
1	2	3	4	5	6	7	8	9	10	11
	quint.	fr.	quint.	fr.	quint.	fr.	quint.	fr.	fr.	fr.
1° INTÉRIEUR.										
Totaux de l'Intérieur....	225	1.559	213	967	345	5.910	»	»	»	8.436
2° ALGÉRIE.										
Totaux de l'Algérie......	»	»	»	»	»	»	»	»	»	»
3° TUNISIE.										
Totaux de la Tunisie....	»	»	»	»	»	»	»	»	»	»

CHAPITRE 27. —

3ᵉ PARTIE (suite).

FOURRAGES (MATÉRIEL D'EXPLOITATION).

TABLEAU II.

Pertes, déficits, avaries, etc. — B.

ARTICLE 2.

Pertes, déficits de la réserve de guerre.

F° 27.

DÉSIGNATION des CORPS D'ARMÉE	FOIN ET FOURRAGES ARTIFICIELS		PAILLES DIVERSES		AVOINE ET ORGE		FARINE D'ORGE, SON, VERTS, CAROTTES, etc.		SACHERIE et OBJETS MOBILIERS (deniers).	MONTANT des PERTES, AVARIES, etc.
	Quantités.	Deniers.	Quantités.	Deniers.	Quantités.	Deniers.	Quantités.	Deniers.		
1	2	3	4	5	6	7	8	9	10	11
	quint.	fr.	quint.	fr.	quint.	fr.	quint.	fr.	fr.	fr.
1° INTÉRIEUR.										
Totaux...............	5.249	37.470	2.502	9.838	8.734	156.422	»	»	»	203.730

C. Pertes et déficits du service courant.

DÉSIGNATION des CORPS D'ARMÉE	FOIN ET FOURRAGES ARTIFICIELS		PAILLES DIVERSES		AVOINE ET ORGE		FARINE D'ORGE, etc.		SACHERIE et OBJETS MOBILIERS (deniers).	MONTANT des PERTES, AVARIES, etc.
1° INTÉRIEUR.										
Totaux de l'Intérieur....	»	»	»	»	»	»	»	»	»	»
2° ALGÉRIE.										
Totaux de l'Algérie......	»	»	»	»	»	»	»	»	»	»
3° TUNISIE.										
Totaux de la Tunisie....	»	»	»	»	»	»	»	»	»	»

CHAPITRE 27. — FOURRAGES (MATÉRIEL D'EXPLOITATION). ARTICLE 2.

3e PARTIE (suite). GESTION DIRECTE. F° 28.

TABLEAU III. — Comparaison des achats aux consommations, pertes, déchets, etc.

NATURE DES OPÉRATIONS.	INTÉRIEUR.				ALGÉRIE.				TUNISIE.			
	FOIN.	PAILLES.	AVOINE et orge.	FARINE d'orge, son, etc.	FOIN.	PAILLES.	AVOINE et orge.	FARINE d'orge, son, etc.	FOIN.	PAILLES.	AVOINE et orge.	FARINE d'orge, son, etc.
	2	3	4	5	6	7	8	9	10	11	12	13
	quint.	quint.	quint.	quint.	quint.	quint.	quint.	quint.	quint.	quint.	quint.	quint.
1° Achats.												
Achats effectués par les ordonnateurs secondaires (folios 6 A et 7)..........	454.609	473.722	718.520	17.094	61.841	111.631	151.494	4.774	204	244	672	»
Achats liquidés par l'administration centrale (folio 8 A).................	»	2.542	520	»	435	»	237	»	55	103	20	»
Totaux des achats (A).............	454.609	476.264	719.040	17.094	62.276	111.631	151.731	4.774	259	347	692	»
2° Consommations, pertes, déchets, etc.												
Distributions réglementaires (folio 19)...	440.222	459.291	709.578	16.077	61.593	98.324	137.175	3.607	211	210	1.044	»
Distributions remboursables (folios 21 et 22)	3.373	10.483	3.511	1.617	1.158	12.982	15.186	1.167	»	65	»	»
Pertes et déchets imputés à divers (folio 26).	225	213	345	»	»	»	»	»	»	»	»	»
Pertes et déchets de la réserve de guerre (folio 27)......................	5.249	2.502	8.734	»	»	»	»	»	»	»	»	»
Pertes et déchets du service courant (folio 27)......................	»	»	»	»	»	»	»	»	»	»	»	»
Totaux des consommations, etc. (B).	449.069	478.489	722.168	17.094	62.751	111.306	152.361	4.774	211	275	1.044	»
Différence entre les achats et les consommations. / Excédents d'achats à virer à l'exercice 1902 (c)....	5.540	»	»	»	»	325	»	»	48	72	»	»
/ Insuffisance d'achats à virer de l'exercice 1902 (n).	»	2.225	3.122	»	475	»	630	»	»	»	352	»

TABLEAU IV. FOURRAGES (MATÉRIEL D'EXPLOITATION).

Calcul des prix moyens d'achat des denrées à appliquer aux opérations de régularisation effectuées par l'administration centrale.

NATURE DES OPÉRATIONS.	INTÉRIEUR.				ALGÉRIE.				TUNISIE.			
	FOIN.	PAILLES.	AVOINE et orge.	FARINE d'orge, son, etc.	FOIN.	PAILLES.	AVOINE et orge.	FARINE d'orge, son, etc.	FOIN.	PAILLES.	AVOINE et orge.	FARINE d'orge, son, etc.
1	2	3	4	5	6	7	8	9	10	11	12	13
Achats effectués par les ordonnateurs secondaires (folios 6 à et 7) — Deniers	3.241.362	1.882.735	12.847.244	94.371	632.015	600.516	2.242.111	33.287	2.643	1.517	12.585	»
Quantités	454.609	473.722	718.526	17.694	61.841	111.631	151.494	4.774	204	244	672	»
Achats liquidés par l'administration centrale et insuffisance d'achat en 1901 (folio 8 ») — Deniers	»	21.651	63.989	»	8.417	»	11.065	»	615	662	6.952	»
Quantités	»	4.767	3.642	»	910	»	867	»	55	103	372	»
Totaux — Deniers	3.241.362	1.904.390	12.911.233	94.371	640.432	900.516	2.254.075	33.287	3.288	2.179	19.537	»
Quantités	454.609	478.489	722.168	17.694	62.751	111.631	152.361	4.774	259	347	1.044	»
A déduire : Excédents d'achats virés à 1902 (folio 9) — Deniers	39.500	»	»	»	»	3.916	»	»	556	462	»	»
Quantités	5.540	»	»	»	»	325	»	»	48	72	»	»
Reste — Deniers	3.201.862	1.904.386	12.911.233	94.371	640.432	596.600	2.254.075	33.287	2.732	1.717	19.537	»
Quantités	449.069	478.449	722.163	17.694	62.751	111.306	152.361	4.774	211	275	1.044	»
Prix moyens	7 13	3 98	17 88	5 33	10 21	5 36	14 79	8 01	12 95	6 24	18 71	»

CHAPITRE 27. — FOURRAGES (MATÉRIEL D'EXPLOITATION). — ARTICLE 2.

4e PARTIE. — *Soldes débiteurs et soldes créanciers.*

Fo 30.

DÉSIGNATION des corps d'armée. 1	DÉSIGNATION DES DÉBITEURS et des créanciers. 2	NATURE des DÉPENSES. 3	SOLDES DÉBITEURS. MONTANT. 4 (fr. c.)	DATES des recouvrements. 5
1er corps d'armée.	Gérard et Leroux....	Fourniture de fourrages............		
	Tessier............	Id............		
	Boudon............	Solde de fourrages..		
	....	....		
	....	....		
Division d'Alger.	Mme veuve Gauthier..	Fourniture de fourrages............		
	Gérard et Leroy....	Fourniture de matériel............		
	....	....		
	....	....		
	....	....		
	TOTAUX......		»	

| | | SOLDES CRÉANCIERS. | | | | |
MONTANT. 6 (fr. c.)	Numéros et dates des ordonnances de délégation. 7	PAYEMENTS EFFECTUÉS (1) au titre du chapitre spécial des dépenses des exercices clos et sur les fonds des exercices indiqués ci-après : 1902. 8 (fr. c.)	1903. 9 (fr. c.)	1904. 10 (fr. c.)	1905. 11 (fr. c.)	CRÉANCES non payées annulées à l'expiration de l'époque de l'apurement du compte. 12 (fr. c.)
38 84	317 10 décembre 1902.	38 84	»	»	»	»
54 44	318 Id..........	54 44	»	»	»	»
425 50	319 Id..........	425 50	»	»	»	»
14 40	230 25 janvier 1903...	»	14 40	»	»	»
345 50	231 Id..........	»	345 50	»	»	»
34.209 00		10.574 00	20.335 00	1.525 00	1.240 00	535 00

(1) Cette partie du tableau est remplie au fur et à mesure de l'émission des mandats. Au commencement de chaque année, les mandats émis pendant l'année précédente sont comparés aux payements effectués. Les sommes mandatées et non payées sont biffées.

Le Bureau des fourrages, du chauffage et de l'éclairage, après avoir rapproché les écritures qui précèdent de celles correspondantes de la direction du contrôle et avoir constaté leur concordance, arrête le montant des dépenses du chapitre 27 (Fourrages, matériel d'exploitation) de la 1re section, dont il a l'administration, à la somme totale de soixante-dix millions cinq cent vingt-sept mille six cent soixante-deux francs.

NUMÉROS des articles.	DÉSIGNATION des SERVICES.	CRÉDITS LÉGISLATIFS.	DROITS CONSTATÉS.	EXCÉDENTS	
				de CRÉDITS.	de DÉPENSES.
		fr.	fr.	fr.	fr.
1er	Personnel d'exploitation.............	147.210	122.143	25.067	»
2^e	Matériel d'exploitation....	70.442.035	70.405.519	36.516	»
	Totaux.......	70.589.245	70.527.662	61.583	»

Paris, le 31 juillet 1902.

Le Chef du bureau,

A...

Vu :

Le Sous-Directeur,

B...

Vu :

Le Directeur,

C...

MODE D'ÉTABLISSEMENT

DU

COMPTE GÉNÉRAL ET DÉFINITIF DU SERVICE DES FOURRAGES

AVEC L'INDICATION

DES TABLEAUX DU REGISTRE DU COMPTE DÉFINITIF

AUXQUELS IL Y A LIEU DE SE RÉFÉRER.

NATURE DES DÉPENSES.	QUANTITÉS A LA CHARGE DU BUDGET.				PRIX DE L'UNITÉ (1)			MONTANT DE LA DÉPENSE			
	INTÉRIEUR.	ALGÉRIE.	TUNISIE.	TOTAL.	INTÉRIEUR.	ALGÉRIE.	TUNISIE.	INTÉRIEUR.	ALGÉRIE.	TUNISIE.	TOTAL.
	quint.	quint.	quint.	quint.	fr.	fr.	fr.	fr.	fr.	fr.	fr.
ARTICLE 2. **MATÉRIEL D'EXPLOITATION.**											
§ 1er. — *Achats de denrées et d'objets mobiliers (gestion directe).* (Voir folio 10.)											
1° Foin et fourrages artificiels....	440.222	6 3	211	502.?	7 13	10 21	12 95	3.138.788	628.609	2.732	3.770.079
2° Pailles.........................	459.291	98.324	210	557.?	3 93	5 36	6 24	1.828.098	527.017	1.495	2.356 520
3° Avoine.........................	709.578	137.175	1.044	847.?	17 88	14 79	18 71	12.685.866	2.029.474	19.537	14.734 877
4° Farine d'orge, son, etc.........	16.077	3.607	»	19.?	5 23	8 01	»	85.753	28.940	»	114.693
5° Sacherie et objets mobiliers....								50.496	50.046	»	100.542
TOTAUX..........								17.788 951	3.264.086	23.674	21.076 711
§ 2. — *Fournitures à la ration (entreprise).* (Voir folio 14.)											
1° Foin et fourrages artific els.....	908.118	50.685	33.456	992.?	6 93	8 30	8 36	6.293.258	420.686	279.092	6.993.636
2° Pailles.........................	923.606	66.584	39.699	1.029.?	4 54	4 65	5 55	4.193.171	309.616	220.329	4.723.116
3° Avoine.........................	1.388.463	88.025	54.122	1.530.?	17 65	14 81	15 48	24.506.371	1.304.530	837.809	26.648.710
4° Farine d'orge, son, etc.........	183.901	8.533	1.220	193.?	2 97	3 17	3 12	546.194	27.050	3.806	577.050
5° Frais généraux et entretien des approvisionnements....................								2.953.779	»	»	2.953.779
6° Masse de fourrage de la gendarmerie et indemnités représentatives.......								4.472.015	77.605	48.588	4.598.208
TOTAUX..........								42.964.788	2.139.487	1.390.224	46.494.499

(1) Ce prix s'obtient en divisant le montant de la dépense par les quantités consommées. Voir entre les folios 10 (gestion directe) et 14 (entreprise).

CHAPITRE 27. — FOURRAGES. — 1re SECTION. — DÉPENSES ORDINAIRES.

NATURE DES DÉPENSES.	INTÉRIEUR.	DÉPENSES À LA CHARGE DE BUDGET.			DES CRÉDITS supplémentaires.	DES CRÉDITS de fonds de concours.	TOTAL GÉNÉRAL des dépenses.
		ALGÉRIE.	TUNISIE.	TOTAL.			
	fr.	fr.	fr.	fr.	fr.	fr.	fr.
Report	59.763.503	5.403.573	1.413.898	66.580.974	990.236	»	67.571.210
§ 3. — *Dépenses d'exploitation.* (Voir folio 18, col. 2 à 14.)							
1° Frais de location	88.931	909	»	89.840	»	»	89.840
2° Frais de mouture	810	727	»	1.537	»	»	1.537
3° Transports à l'intérieur des places	80.830	1.164	»	81.994	»	»	81.994
4° Droits d'octroi et de douane	752.953	»	»	752.953	»	»	752.953
5° Fournitures de gaz aux parcs à fourrages et entretien des compteurs	11.343	702	»	12.045	»	»	12.045
6° Frais d'adjudication, d'insertion et d'affichage	21.589	5.160	»	26.749	»	»	26.749
7° Vacations, honoraires, frais d'expertises	20.862	64	»	20.926	»	»	20.926
8° Achats de menus objets de consommation	21.206	8.025	»	29.231	»	»	29.231
9° Transports dits accidentels et indemnités aux Arabes pour pertes d'animaux	»	17.450	»	47.450	»	»	47.450
10° Réparation de matériel et dépenses diverses	52.581	42.911	»	95.402	»	»	95.402
11° Jumenterie de Tiaret	»	44.919	»	44.919	»	»	44.919
12° Primes de distribution de denrées appartenant à l'État	29.586	1.210	»	30.796	»	»	30.796
TOTAUX	1.080.691	158.241	»	1.233.932	»	»	1.233.932
§ 4. — *Approvisionnements de réserve.* (Voir folio 18, col. 15 à 18.)							
1° Entretien des approvisionnements des stations-magasins	760.300	»	»	760.300	»	»	760.300
2° Entretien et conservation des denrées du matériel composant les approvisionnements de réserve	204.773	»	»	204.773	»	»	204.773
3° Entretien des approvisionnements de concentration	635.304	»	»	635.304	»	»	635.304
TOTAUX	1.600.377	»	»	1.600.377	»	»	1.600.377
TOTAUX de l'article 2	62.444.571	5.556.814	1.413.898	69.415.283	990.236	»	70.405.519

MINISTÈRE
DE LA GUERRE.

MODÈLE N° 31.

Art. 17 (B, § 1er)
de l'instruction
du 17 mars 1904.

COMPTABILITÉ-DENIERS.

EXERCICE 19

REGISTRE DES DEMANDES DE FONDS.

EXERCICE 1902.

MOIS que concernent les demandes.	CHAP. 1er Articles 1 et 2	CHAP. 2 Articles 1 à 3	CHAP. 3 Articles 1 à 3	CHAPITRE 4 Article 1er	CHAPITRE 4 Article 2	CHAP. 5 Articles 1 et 2
1	2	3	4	5	6	7
	fr.	fr.	fr.	fr.	fr.	fr.
1° Demandes						
Janvier 1902.........	66.700	216.400	22.300	41.600	1.200	103.000
Février 1902........	66.700	235.000	25.000	45.000	1.000	105.000
Totaux.........	133.400	482.030	47.300	86.000	2.200	203.000
Mars 1902.........	67.000	250.000	22.000	40.200	1.000	102.000
Totaux.........	200.400	732.000	69.300	126.800	3.200	310.000
....						
....						
Décembre 1903......	30.039	155.200	10.020	25.330	3.200	50.000
Totaux des crédits de distribution..	780.039	2.159.300	266.420	499.330	12.500	1.297.000
2° Crédits législatifs						
Loi du 25 décembre 1901.............	780.039	2.159.300	266.420	499.330	12.500	1.233.000
Décret du 28 mai 1902	»	»	»	»	»	64.000
....						
Loi du 30 décembre 1902.............	»	»	»	»	»	»
Totaux des crédits ouverts.........	780.039	2.159.300	266.420	499.330	12.500	1.297.000

1re SECTION.
TROUPES MÉTROPOLITAINES.

CHAPITRE 6 Article unique §§ 1 à 5	CHAPITRE 6 Article unique § 6	CHAP. 7 Articles 1 à 3	CHAP. 8 Article unique	CHAPITRE 9 Article unique §§ 1 à 5	CHAPITRE 9 Article unique § 6	CHAP. 10 Article unique	CHAP. 11 Article unique
8	9	10	11	12	13	14	15
fr.	fr.	fr.	fr.	fr.	fr.	fr.	fr.
...de fonds.							
16.300	680	14.870	3.500	28.700	1.000	11.500	955.000
18.000	600	15.200	3.500	27.500	1.000	10.200	805.000
34.300	1.200	30.000	7.000	56.200	2.000	21.700	1.850.000
17.000	600	13.900	2.700	33.500	1.000	11.900	980.000
51.300	1.800	43.900	9.700	89.700	3.000	33.600	2.830.000
....							
....							
5.000	»	8.150	1.500	20.450	»	5.000	810.000
192.100	5.000	177.150	38.100	331.650	6.500	138.500	11.486.400
...supplémentaires, etc.							
192.100	5.000	177.150	38.100	331.650	6.500	138.500	11.450.000
»	»	»	»	»	»	»	»
»	»	»	»	»	»	»	36.400
192.100	5.000	177.150	38.100	331.650	6.500	138.500	11.486.400

MINISTÈRE
DE LA GUERRE.

MODÈLE Nº 32.

—

Art. 17 (B,. § 2) de
l'instruction
du 17 mars 1904.

COMPTABILITÉ-DENIERS.

———

EXERCICE 1902.

———

REGISTRE-CONTROLE

DE

L'ORDONNANCEMENT

CHAPITRE 11. — ARTICLE 1er.

Établissements de l'artillerie (entretien et réparation du matériel).

CRÉDITS LÉGISLATIFS, SUPPLÉMENTAIRES, etc.		ORDONNANCEMENT.				
DATES des lois, décrets, etc.	MONTANT.	DATES D'INSCRIPTION des états de dépenses et de crédits.	NUMÉROS des états de dépenses et de crédits. (Dépenses)	(Virements)	MONTANT des états de dépenses et de crédits.	CUMULATION (en tenant compte des déductions).
	fr.				fr.	fr.
1901		1901				
25 décembre....	6.146.780	24 décembre....	1	»	400.500	500.160
1902		1902				
30 décembre....	10.000	25 janvier....	2	»	437.500	838.700
		25 février....	3	»	283.700	1.122.400
		26 mars....	4	»	9.62.	1.152.025
TOTAL...	6.156.780	25 août....	18	»	699.700	2.583.075
		A déduire: Opérations en diminution du mois d'août..			112.400	2.470.675
		4 septembre....	»	1	1.148	2.477.823

CRÉDITS DE DISTRIBUTION.		ORDONNANCEMENT (suite).				
MOIS.	MONTANT cumulé.	1903				
	fr.					
Janvier....	840.723	A déduire: Opérations en diminution du mois de février....			48.423	5.178.450
Février....	1.041.046					
Mars....	1.561.663					
		A déduire: Opérations en diminution du mois de juin.			83.502	5.519.910
Décembre....	6.156.740					
		15 juillet....	»	69	59.300	6.128.432
		TOTAUX....			6.128.432	6.128.432

DÉTAIL DES OPÉRATIONS EN DIMINUTION.

MOIS pendant lesquels les opérations ont été effectuées.	NUMÉROS des annulations.	NUMÉROS des virements.	MONTANT des annulations, (reversements, remboursements, etc.).	MONTANT des virements.	TOTAL par mois.
			fr.	fr.	fr.
1902					
Août....	46	»	9.000	»	
Id....	55	»	103.400	»	
TOTAL des opérations du mois d'août....			112.400	»	112.400
1903					
Février....	247	190	225	4.766	
Id....	248	213	10.214	2.468	
Id....	249	219	9.550	282	
Id....	260	223	2.921	17	
Id....	262	»	18.200	»	
TOTAL des opérations du mois de février....			41.110	7.313	48.423
Juin....	354	»	83.502	»	83.502
TOTAUX des opérations en diminution.			355.840	33.780	389.620

MINISTÈRE
DE LA GUERRE.

MODÈLE N° 33.

Art. 17 (B, § 3) de
l'instruction
du 17 mars 1904.

COMPTABILITE-DENIERS.

EXERCICE 1902.

JOURNAL

1re SECTION. — TROUPES MÉTROPOLITAINÉS.

ORDONNANCEMENT.

NUMÉROS DES INSCRIPTIONS	DATES des INSCRIP-TIONS	CRÉDITS BUDGÉTAIRES, supplémentaires, extraordinaires, et fonds de concours. — Annulations de crédits.	NUMÉROS des ordonnances.	NUMÉROS des annulations.	NUMÉROS des changements d'imputations.	CHAPITRES.	ARTICLES.	SUBDIVISIONS D'ARTICLES.	OPÉRATIONS EN AUGMENTATION. Ordonnances de délégation.	Ordonnances de virements de comptes. (Remboursements à d'autres ministères.)	Changements d'imputations (Virements d'autres services.)
1	2	3	4	5	6	7	8	9	10	11	12
		fr.							fr.	fr.	fr.
1	25 déc. 1901.	638.440.070									
			1	»	»	54	»	3 et 4	225.000	»	»
			2	»	»	54	»	3 et 4	1.852.000	»	»
2	27 déc. 1901.	»				7	2	»	2.500	»	»
						31	6	»	1.720	»	»
			16	»	»	44	1er	»	400.900	»	»
	Totaux du mois de déc. 1901.	638.440.070							16.446.380	»	»
57	24 fév. 1903.	»	»	»	153	27	2	»	»	»	1.305
			»	»	»	44	1er	»	»	»	»
			»	250	»	34	1er	»	»	»	»
			»	260	»	40	»	»	»	»	»
	Totaux du 24 février 1903.....								1.243.967	71.689	45.4..
	Totaux généraux......	647.329.000							683.915.510	9.331.260	102.255.4..

NUMÉROS DES INSCRIPTIONS	DATES des INSCRIP-TIONS	TOTAL des opérations en augmentation.	OPÉRATIONS EN DIMINUTION. Annulations. Crédits sans emploi.	Reversements ou remboursements.	Changements d'imputations (virements à d'autres services).	TOTAL des opérations en diminution.	RESTE en sommes ordonnancées. (Différence entre les colonnes 13 et 17.)	CRÉDITS DISPONIBLES. (Différence entre les colonnes 3 à 18.)
1	2	13	14	15	16	17	18	19
		fr.	fr.	fr.	fr.	fr.	fr.	fr.
1	25 déc. 1901.							
		225.000	»	»	»	»		
		1.852.000	»	»	»	»		
2	27 déc. 1901.	2.500	»	»	»	»		
		1.720	»	»	»	»		
		400.900	»	»	»	»		
	Totaux du mois de déc. 1901.	16.446.340	»	»	»	»	16.446.340	621.993.730
57	24 fév. 1903.	1.306	»	»	1.305	1.305		
		»	»	»	»	»		
		»	»	7.531	»	7.531		
		»	10.000	»	»	10.000		
	Totaux du 24 février 1903.....	1.360.003	527.844	2.785.467	89.680	3.602.491		
	Totaux généraux......	704.501.903	13.536.382	30.622.074	108.770.260	152.937.716	611.564.187	5.763.813

MINISTÈRE
DE LA GUERRE.

MODÈLE Nº 34.

Art. 17 (B, § 4) de
l'instruction
du 17 mars 1904.

COMPTABILITÉ-DENIERS.

EXERCICE 1902.

REGISTRE DES COMPTES GÉNÉRAUX

CHAPITRE 44. — ARTICLE 1er.

Établissements de l'artillerie (*entretien et réparation du matériel*).

DATES de OPÉRATIONS.	CRÉDITS budgétaires, supplémentaires, extraordinaires et fonds de concours. — Annulations de crédits.	NUMÉROS des ordonnances.	NUMÉROS des bordereaux d'annulation.	NUMÉROS des états de changements d'imputations.	NUMÉROS des états de dépenses et de crédits produits par les bureaux administratifs.	OPÉRATIONS EN AUGMENTATION — Ordonnances de délégation.	Ordonnances de virements de comptes.	ORDONNANCEMENT. AUGMENTATION — Changements d'imputations (virements d'autres services).	TOTAL des opérations en augmentation.	OPÉRATIONS EN DIMINUTION — Crédits sans emploi (ordonnances de délégation).	Reversements et remboursements.	Changements d'imputations (virements à d'autres services).	TOTAL des opérations en diminution.	RESTE en sommes ordonnancées. (Différence entre les colonnes 10 et 14.)	CRÉDITS DISPONIBLES. (Différence entre les colonnes 2 et 15).
1	2	3	4	5	6	7	8	9	10	11	12	13	14	15	16
	fr.					fr.	fr.	fr.	fr.	fr.	fr.	fr.	fr.	fr.	fr.
25 décembre 1901.	6.146.780	»	»	»		»	»	»	»	»	»	»	»		
27 Id.	»	15-16	»	»	1	400.900	»	»	400.900	»	»	»	»		
Totaux au 31 décembre 1901...	6.146.780					400.900	»	»	400.900	»	»	»	»	400.900	5.745.880
1er février 1902...	»	80-90	»	»	2	437.100	»	»	437.100	»	»	»	»		
Totaux au 28 février 1902...	6.146.780					838.700	»	»	838.700	»	»	»	»	838.700	5.303.020
....	....	....	....	....	....	....	....	....	....	....	....	....	....	....	....
Totaux au 31 décembre 1902.	6.156.780					4.815.504	36.804	4.346	4.836.654	»	102.522	9.930	112.122	4.744.132	1.412.648
....	....	....	....	....	....	....	....	....	....	....	....	....	....	....	....
16 juin 1903...	»	»	328	»	»	»	»	»	»	83.562	»	»	83.562		
21 juin 1903...	»	»	»	235	60	»	»	1.783	1.783	»	»	»	»		
Id.	»	»	329	»	»	»	»	»	»	»	3.903	»	3.903		
Id.	»	»	»	»	»	»	»	»	»	»	»	»	»		
Totaux au 30 juin 1903...	6.186.780					6.162.508	91.859	75.387	6.323.844	96.769	330.773	20.337	476.879	5.852.965	303.815
....	....	....	....	....	....	....	....	....	....	....	....	....	....	....	....
Totaux au 31 juillet 1903...	6.186.780					6.362.508	93.020	153.094	6.614.721	96.769	336.740	33.780	466.940	6.126.432	28.348
Montant des restes à payer...														6.731	
Total égal des droits constatés.														6.135.163	

MINISTÈRE
DE LA GUERRE.

MODÈLE N° 35.

Art. 17 (B, § 5) de
l'instruction
du 17 mars 1904.

COMPTABILITÉ-DENIERS.

EXERCICE 1902.

REGISTRE

DES

ORDONNATEURS SECONDAIRES.

CHAPITRE 37. —

Recru *tement.*

ARTICLE UNIQUE.

ORDONNANCES DE DÉLÉGATION et bordereaux d'annulation (crédits sans emploi).		DÉSIGNATION DES DIRECTEURS						ORDONNATEURS SECONDAIRES. DE L'INTENDANCE							TOTAL.
Dates.	Numéros	du gouvernement militaire de Paris.	du 1er corps d'armée.	du 2e corps d'armée.	du 3e corps d'armée.	du 4e corps d'armée.				du 20e corps d'armée.	de la division d'Alger.	de la division d'Oran.	de la division de Constantine.	de la division d'occupation de Tunisie.	
		fr.	fr.	fr.	fr.	fr.	fr.	fr.	fr.	fr.	fr.	fr.	fr.	fr.	fr.
22 janvier 1902.....	58-59	2.000	1.000	1.000	1.000	1.000	....	....	....	1.000	500	500	500	»	26.000
13 février 1902.....	105-106	1.700	1.900	1.330	1.300	1.250	....	....	....	1.610	200	200	200	»	27.600
....															
Totaux au 31 décembre 1902....	.....	22.760	17.494	15.826	16.442	16.064	....	....	....	9.222	1.890	1.814	1.538	»	375.210
....															
A déduire : Crédits sans emploi :															
15 juin 1903........	660	35	»	25	»	109	....	....	....	17	94	»	»	»	355
Montant des crédits délégués...	.....	27.100	18.957	16.526	16.992	16.502	....	....	....	9.800	2.226	1.876	1.603	»	396.640

MINISTÈRE
DE LA GUERRE.

MODÈLE Nº 36.
—
Art. 17 (B, § 6) de
l'instruction
du 17 mars 1904.

COMPTABILITÉ-DENIERS.

REGISTRE DES CRÉANCES

RESTANT A PAYER SUR L'EXERCICE 1900.

1re SECTION.

Numéros d'ordre des créances d'après les états transmis au Ministre des finances.	NOMS des CRÉANCIERS.	MONTANT des CRÉANCES.	PAYEMENTS EFFECTUÉS AU TITRE DU CHAPITRE SPÉCIAL des dépenses des exercices clos et sur les fonds des exercices.				CRÉANCES NON PAYÉES annulées à l'expiration de l'époque de l'apurement de l'exercice.
			1901.	1902.	1903.	1904.	
		fr.	fr.	fr.	fr.	fr.	fr.
. . . .	. . . .	. . . .	. . . .	. . . .	. . . .	. . . .	. . . .
. . . .	. . . .	. . . .	. . . .				. . . .
	CHAPITRE 25.						
	Vivres.						
	1° Restes à payer compris dans le compte général et définitif de l'exercice......						
48	J. CONVERS..........	3.384	3.384				
49	Ledit	3.607	3.607				
. . . .	. . . .	. . . .	. . . .	. . . .			
	TOTAL......	63 518					
	2° Restes à payer constatés après la clôture de l'exercice......						
	Décret du 16 nov. 1901						
876	DENOYETTE..........	58	»	58			
. . . .	. . . .	. . . .	. . . .	. . . .			
	TOTAL......	50.201					
	TOTAUX au 31 déc. 1901	113.719	54.535				
	Décret du 16 avril 1902						
975	GAMBARELLI........	440	»	440	»	»	»
. . . .	. . . .	. . . .	. . . .	. . . .	»	»	»
	TOTAL......	26 50⁻					
. . . .	. . . .	. . . .	. . . .	. . . .	»	»	»
	TOTAUX au 31 déc. 1902	154.919	54.535	90 355			
. . . .	. . . .	. . . .	. . . .	. . . .	. . . .	. . . .	. . . .
. . . .	. . . .	. . . .	. . . .	. . . .	. . . .	. . . .	. . . .
	TOTAUX au 31 déc. 1904	164.875	54.535	90.355	15.689	3.972	325

MINISTÈRE
DE LA GUERRE.

MODÈLE N° 37.

Art. 17 (B, § 7)
de l'instruction
du 17 mars 1904.

COMPTABILITE-DENIERS.

EXERCICE 1902.

REGISTRE GÉNERAL

DES

DROITS CONSTATES.

Chapitre 44. — Article 1er.

Établissement de l'artillerie (entretien et réparation du matériel).

DATE de L'APPROBATION par le Ministre des rapports spéciaux.	NUMÉROS d'inscription des liquidations.	DÉSIGNATION DES ORDONNATEURS des établissements des services créanciers ou débiteurs, etc.	MONTANT des LIQUIDATIONS.	TOTAUX PAR RAPPORTS SPÉCIAUX. Dépenses.	Réduction de dépenses.
			fr. c.	fr. c	fr. c.
1902					
22 juin...	1	Directeur d'artillerie à Belfort......	11.701 69		
Id....	2	Directeur d'artillerie à Bayonne....	5.054 65		
Id....	......	....	....		
Id....					
Id....	25	Directeur d'artillerie à Vincennes...	55.249 00	555.607 00	»
....	....	....	....	....	....
1903					
5 janvier	196	Directeur d'artillerie à Briançon....	5.641 48		
Id....	......	....			
Id....	226	Le ministère de l'agriculture........	1.025 00		
Id....	227	Le ministère du commerce, etc...	2.473 10		
Id....	228	Le service des fourrages............	47.729 00	133.524 00	
Id....	229	Le service des vivres (réduction de dépenses)........	1.555 12		
Id....	230	Le service du génie (réduction de dépenses)..........	2.437 00		
Id....	231	Le service de santé (réduction de dépenses)..........	1.976 00		5.968 12
....	....	....	....	....	....
TOTAUX......	....		6 559.223 27		424.070 27
MONTANT des droits constatés.			6.135.103 60		

<table>
<tr><td>

DIRECTION
DE L'INTENDANCE
—
BUREAU DES VIVRES.

(1) Les rapports de liquidation sont classés par subdivision budgétaire.

Il est produit des bordereaux distincts pour les rapports de liquidation établis par l'administration centrale (mod. n°s 26, 26 *bis* et 27).

</td><td>

MINISTÈRE DE LA GUERRE.

———

EXERCICE 1903.

———

</td><td>

MODÈLE N° 38.
—
Art. 12 de l'instruction du 17 mars 1904.

(2) Le bordereau doit être renvoyé à la direction du contrôle par le bureau administratif aussitôt après chaque émargement.

</td></tr>
</table>

BORDEREAU (1) *des rapports de liquidation adressés à la Direction du contrôle pour y être soumis à la revision ministérielle.*

DÉSIGNATION SOMMAIRE DES ORDONNATEURS SECONDAIRES, des services débiteurs ou créanciers, etc.	MONTANT DES RAPPORTS de liquidation.	NUMÉROS d'inscription à l'arrivée à la Direction du contrôle	RENVOI DES RAPPORTS DE LIQUIDATION par la Direction du contrôle au bureau administratif. Dates.	Emargements (2).
	fr.			
CHAPITRE 24.				
1er corps d'armée.........	263	55	25 juin 1904	
2e id.	198	56	Id......	A**
3e id.	454	57	Id......	
4e id.	876	58	30 juin 1904	A**
....				
....				
20e corps d'armée.........	1.895	75	25 juin 1903	A**
CHAPITRE 25.				
3e corps d'armée.........	398.163	76	30 juin 1903	
4e id.	84.828	77	Id......	
5e id.	273.871	79	Id......	A**
6e id.	761.329	80	Id......	
....				
20e corps d'armée.........	934.059	95	5 juill. 1903	A**
Division d'Alger..........	12.090	96	Id......	
....				

Paris, le 5 juin 1904.

Le Chef du bureau.

DIRECTION

d

—

BUREAU

d

(1) De l'artillerie, des fourrages, du chauffage et de l'éclairage, du génie, de l'habillement et du campement, de la justice militaire, etc.

MODÈLE N° 39.

—

Article 17
de l'instruction
du 17 mars 1904.

—

N° 225 de la collection.

EXERCICE 1902.

—

SERVICE

d (1)

—

BORDEREAU d'envoi à la Direction du contrôle des rapports de liquidation et des pièces justificatives des dépenses de l'exercice 1902.

NUMÉROS D'ENREGISTREMENT des rapports de liquidation à la Direction du contrôle.	DÉSIGNATION des CORPS D'ARMÉE, ÉTABLISSEMENTS, ETC.	MONTANT DES RAPPORTS de liquidation.	NOMBRE de PIÈCES.
		fr. c.	
	1re SECTION.		
. . . .	. . . .	. . . .	. . . .
. . . .	. . . .	. . . .	. . . .
	CHAPITRE 43.		
	Article 1er.		
1	Direction d'artillerie à Bastia......	317 60	13
2	Id. à Bayonne....	625 78	19
3	Id. à Belfort...,..	1.793 35	13
4	Id. à Besançon...	10.153 22	48
5	Id. à Brest.......	5.203 08	52
. . . .	. . . .	. . . .	. . . .
. . . .	. . . .	. . . .	. . . .
	Totaux de l'article 1er.....	2.414.726 39	6.761
	Article 2.		
1	Manufacture d'armes de Châtellerault	2.926 00	8
2	Id. de St-Etienne..	3.273 50	15
3	Id. de Tulle.......	2.628 00	7
. . . .	. . . .	. . . .	. . . .
. . . .	. . . .	. . . .	. . . .
	Totaux de l'article 2.......	35.491 56	109
	Report de l'article 1er....	2.414.726 39	6.761
	Totaux du chapitre 43	2.450.217 95	6.870

NUMÉROS D'ENREGISTREMENT des rapports de liquidation à la Direction du contrôle.	DÉSIGNATION des CORPS D'ARMÉE, ÉTABLISSEMENTS, ETC.	MONTANT DES RAPPORTS de liquidation.	NOMBRE de PIÈCES.
		fr. c.	
	CHAPITRE 44.		
	Article 1er.		
1	Direction d'artillerie de Bastia.....	2.987 60	58
2	Id. à Bayonne....	5.301 05	69
3	Id. à Besançon...	24.501 05	147
4	Id. à Belfort.....	9.867 03	56
5	Id. à Cherbourg..	4.016 38	65
....	....	....	....
	TOTAUX du chapitre 44 (article 1er).	6.135.163 00	6.526
....	....	....	....
	3e SECTION.		
	CHAPITRE 17.		
1	Direction d'artillerie à Besançon....	96 10	2
2	Id. à Vincennes...	3.335 61	10
3	Id. à Reims......	582 65	2
....	....	....	....
	TOTAUX du chapitre 17.....	493.831 97	568
....	....	....	....

CERTIFIÉ le présent bordereau.

Paris le 31 juillet 1903.
Le Chef du bureau,

VU :
Le Général directeur,

CLASSEMENT DES RAPPORTS DE LIQUIDATION
DANS LES ARCHIVES DE L'ADMINISTRATION CENTRALE (1).

CORPS D'ARMÉE, ÉTABLISSEMENTS, ETC.	NUMÉROS des LIASSES.	CORPS D'ARMÉE, ÉTABLISSEMENTS, ETC.	NUMÉROS des LIASSES.
Directions de Bastia, de Bayonne et de Belfort.	5		
Direction de Besançon.. {1re section..	6		
{2e section..	7		
Directions de Brest et de Briançon.........	8		
....	....		
....	....		
....	....		

(1) Ce tableau est rempli par les soins de la Direction du contrôle.

TABLE ANALYTIQUE

DES ARTICLES DE L'INSTRUCTION

PREMIÈRE PARTIE

Dispositions concernant les services extérieurs.

Articles.   Pages.

1. Liquidation des dépenses.................................... 3
   Objet de la liquidation.................................... 3
   § 1".— Liquidateurs des dépenses. 3
   § 2. — Délégués du Ministre pour la liquidation des dépenses. 4
   § 3. — Liquidation trimestrielle. 4
   § 4. — Délai pour la liquidation des dépenses............... 4
   § 5. — Liquidation des créances litigieuses et contentieuses. 5

2. Etablissement des pièces justificatives des dépenses....... 6
   I. — *Dépenses justifiées dans la comptabilité en deniers seule-*
       ment. 6
   § 1".— Mode d'établissement des factures, mémoires, etc. 6
   § 2. — Arrêté des factures, mémoires, etc................. 6
   § 3. — Dépenses au-dessus de 10 francs. — Modèles des
          factures. 7
   § 4. — Dépenses de 10 francs et au-dessous.............. 8
          a) Dépenses acquittées par les comptables. —
             Quittances. 8
          b) Dépenses acquittées par mandats directs........ 8
   § 5. — Montant maximum des factures, mémoires, etc., qui
          peuvent être acquittés par les gestionnaires..... 8
   § 6. — Factures spéciales établies par les pharmaciens
          pour les médicaments fournis au personnel civil
          d'exploitation des établissements militaires...... 9
   § 7. — Simplification dans l'établissement de certaines piè-
          ces justificatives destinées à appuyer la liquida-
          tion. 9
          a) Sommes à verser au Trésor.................... 9
          b) Dépenses acquittées au moyen de traites....... 10
          c) Dépenses de travaux et fournitures qui n'ont pu
             être terminés avant le 31 décembre.......... 10
   § 8. — Visa des pièces justificatives.................... 10
   II. — *Dépenses justifiées dans la comptabilité-matières*........ 10

3. Mode de remboursement des frais de timbre et d'enregistrement avancés par l'administration militaire........... 11

Articles.   Page

4. Bordereaux trimestriels... 12
    § 1".— Emploi des bordereaux trimestriels. 12
    § 2. — Division des bordereaux trimestriels en deux caté-
        gories. 13
    § 3. — Etablissement des bordereaux trimestriels. 13
    § 4. — Titres de créances produits après l'établissement
        des bordereaux trimestriels correspondants...... 14
    § 5. — Bordereaux trimestriels supplémentaires. 15
    § 6. — Dépenses non acquittées en fin d'exercice. 15
    § 7. — Pièces à joindre aux bordereaux trimestriels. 15
    § 8. — Date de la production des bordereaux trimestriels. 16
    § 9. — Classement dans les archives des places de la
        deuxième expédition du bordereau des pièces et
        quittances remises au payeur. 16

**5. Comptes trimestriels en deniers (Service de santé et écoles
militaires)**... 16
    § 1".— Etablissement des comptes trimestriels en deniers. 16
    § 2. — Date de la production des comptes trimestriels.... 17

6. Etats de liquidation...................................... 17
    § 1".— Contexture des états de liquidation. 17
    § 2. — Etablissement des états de liquidation............ 18
    § 3. — Etat de liquidation supplémentaire. 18
    § 4. — Date de production des états de liquidation....... 18

7. Rapports de liquidation.................................. 18
    § 1".— Contexture des rapports de liquidation. 18
    § 2. — Etablissement des rapports de liquidation des ser-
        vices autres que ceux de l'intendance.......... 19
    § 3. — Rapports de liquidation des services de l'inten-
        dance. 19
    § 4. — Vérification des titres de créance par les liquida-
        teurs. 20
    § 5. — Sommes mandatées « en plus » non reversées au
        Trésor. 20
    § 6. — Date de l'envoi au Ministre des rapports de liqui-
        dation. 21
    § 7. — Carnet d'inscription des liquidations. 21
    § 8. — Rapports de liquidation supplémentaires. 21

**8. Mode de liquidation d'une dépense qui a reçu primitive-
ment une imputation inexacte**.................................. 21
    § 1".— Le payement de la dépense est compris dans une
        gestion courante. 21
        a) Cas où les rapports de liquidation du trimestre
          ne sont pas encore transmis au Ministre..... 22
        b) Cas où les rapports de liquidation ont été trans-
          mis au Ministre. 22
    § 2. — Le payement de la dépense est compris dans les
        comptes arrêtés d'une gestion close. 23
        a) Cas où les rapports de liquidation ne sont pas
          encore transmis au Ministre. 23
        b) Cas où les rapports de liquidation ont été trans-
          mis au Ministre. 23

Articles.   Pages.

9. Dispositions spéciales pour la liquidation de certaines dépenses 24

    I. — *Personnel civil d'exploitation* 24

        § 1er. — Traitement et salaire du personnel civil d'exploitation. 24

        § 2. — Etats de payement des traitements et des salaires. 24

        § 3. — Etat récapitulatif des traitements et des salaires... 26

        § 4. — Emploi de l'état récapitulatif pour la liquidation des dépenses. 27

        § 5. — Ordonnancement des prélèvements, des parts contributives de l'Etat, des sommes revenant aux employés ou ouvriers décédés, admis à la retraite, des reliquats de comptes payés aux employés ou ouvriers quittant l'établissement. 27

           a) Prélèvements et parts contributives 27

           b) Employés et ouvriers décédés 29

           c) Employés et ouvriers admis à la retraite 29

           d) Employés et ouvriers quittant l'établissement.. 29

           e) Indemnité à servir aux ouvriers atteints d'incapacité permanente de travail aux lieu et place de la rente viagère pour accident 30

           f) Destination donnée aux talons des relevés et des états concernant le personnel civil d'exploitation. 30

        § 6. — Bordereau trimestriel spécial du personnel civil d'exploitation. 30

        § 7. — Mode d'inscription sur le bordereau trimestriel des dépenses concernant le personnel civil d'exploitation. 31

           a) Salaires. 31

           b) Prélèvements. 31

           c) Parts contributives. 31

           d) Ouvriers décédés ou retraités ou quittant l'établissement. 31

           e) Soins médicaux, médicaments, allocations en cas de maladie, etc. 31

        § 8. — Payement des traitements ou des salaires des employés ou ouvriers partant en congé, malades, etc. 32

    II. — *Service de l'artillerie* 32

        § 1er. — Classification, sur les bordereaux trimestriels, des dépenses afférentes aux salaires et aux achats d'objets et matières. 32

        § 2. — Avances distinctes pour les salaires du personnel civil et pour le payement des dépenses de matériel. 33

        § 3. — Montant, mode de payement et justification des avances faites pour les salaires du personnel civil... 34

        § 4. — Vieilles matières. 34

        § 5. — Documents de comptabilité qui ne doivent pas être mis à l'appui des rapports de liquidation. 34

        § 6. — Mode de justification de certaines natures de dépenses. 35

Articles.   Pages.

    III. — *Service des fourrages.* 37
        Bordereau des fournitures de fourrages à la ration
        dans les places ayant un effectif égal ou inférieur
        à 70 chevaux. 37
    IV. — *Service des frais de route.* 37
        Mode de liquidation des dépenses de l'indemnité de
        route mandatées par le service de l'intendance... 37
    V. — *Service du génie.* 38
        § 1er. — Nature des pièces justificatives à produire. 38
        § 2. — Etablissement d'un rapport de liquidation unique
        par subdivision budgétaire. 38
        § 3. — Dépenses faites par le service du génie à charge de
        remboursement. 38
        § 4. — Traitement du personnel civil d'exploitation payé
        dans plusieurs places par un même comptable.. 39
        § 5. — Traitements et salaires payés par quinzaine....... 39
    VI. — *Service de l'habillement et du harnachement (Masses)...* 40
        § 1er. — Pièces à joindre aux liquidations. 40
        § 2. — Règlement trimestriel des « moins » ou des « trop »
        perçus. 40
        § 3. — Mode d'inscription de quelques dépenses......... 40
    VII. — *Service de la justice militaire.* 41
    VIII. — *Service des remontes.* 41
    IX. — *Service de santé.* 41
    X. — *Service des secours.* 42
10. Nomenclature des formules employées pour la liquidation
    des dépenses 43

IIe PARTIE

Dispositions concernant les services de l'Administration centrale.

11. Vérification des rapports de liquidation par les bureaux
    administratifs... 44
12. Revision ministérielle... 44
        § 1er. — Vérification des rapports de liquidation par la di-
        rection du contrôle. 44
        § 2. — Délais pour la revision ministérielle. 45
13. Notification aux ordonnateurs secondaires des rectifica-
    tions opérées d'office par l'administration centrale....... 45
14. Liquidation des dépenses par l'administration centrale.... 46
        § 1er. — Rapports de liquidation. 46
        § 2. — Rapports de réduction de dépenses............... 46
        a) Remboursements opérés par virements de comp-
        tes (art. 262 du règlement du 3 avril 1869)..... 47
        b) Remboursements opérés par états de changement
        d'imputation (art. 263 et 265 du règlement du
        3 avril 1869). 47
        c) Remboursements opérés par voie de versements
        au Trésor (art. 263, 264 et 265 du règlement du
        3 avril 1869). **47**

Articles.   Pages

        I. Etablissement de bordereaux spéciaux pour les sommes versées dans les caisses du Trésor, en remboursement d'avances et de cessions. 47

        II. Renseignements à faire figurer par les ordonnateurs secondaires sur les récépissés de versement concernant les avances et les cessions. 48

      d) Remboursements opérés par voie d'imputations dans les revues de liquidation 48

      e) Dispositions spéciales au service des subsistances. 48

15. Remboursement des sommes versées en « trop » au Trésor.   49

    Etablissement des demandes de remboursement. ...   49

      a) Cas où les récépissés ne sont pas encore rétablis au crédit du service 49

      b) Cas où les récépissés sont rétablis au crédit du service. 49

16. Liquidation des dépenses des exercices clos et des exercices périmés 50

17. Registres de comptabilité à tenir 51

    A) Bureaux administratifs. 51

      § 1".— Registres de fonds. 51

      § 2. — Registre des comptes définitifs. 52

      § 3. — Vérification des registres de comptabilité tenus par les bureaux administratifs. 56

    B) Direction du contrôle. 56

    I. Bureau des fonds et ordonnances. 56

      § 1".— Registre des demandes de fonds. 56

      § 2. — Registre-contrôle de l'ordonnancement. ... 57

      § 3. — Journal. 57

      § 4. — Registre des comptes généraux. 58

      § 5. — Registre des ordonnateurs secondaires ... 58

      § 6. — Registre des créances restant à payer. 59

    II. Bureau des liquidations et des comptes. 59

      § 7. — Registre général des droits constatés. 59

18. Établissement des comptes généraux 60

19. Transmission des rapports de liquidation à la direction du contrôle 60

20. Liquidation des dépenses des troupes coloniales 60

21. Dispositions finales 61

Nouveau mode de paye du personnel civil d'exploitation 74

RÉPERTOIRE DES MODÈLES.

NUMÉROS des modèles.		Pages.
1	Facture (dépenses justifiées dans la comptabilité-deniers seulement et payées sur mandats d'avances).	91
2	Facture (dépenses justifiées dans la comptabilité-deniers seulement et payées sur mandats directs).	78
3	Quittance (dépenses au-dessous de 10 francs, justifiées dans la comptabilité-deniers seulement et payées sur mandats d'avances).	95
3-1	Facture (modèle n° 2 de l'instruction du 30 décembre 1902).	97
3-2	Facture (modèle n° 2 bis de l'instruction du 30 décembre 1902).	99
3-3	Quittance (modèle n° 2 A de l'instruction du 30 décembre 1902).	101
3-4	Facture (modèle n° 2 B de l'instruction du 30 décembre 1902).	104
3-5	Bordereau récapitulatif (modèle n° 4 de l'instruction du 30 décembre 1902).	105
3-6	Facture (modèle n° 5 de l'instruction du 30 décembre 1902).	107
4	Facture des médicaments et appareils fournis au personnel civil d'exploitation.	109 et 111
5	Carnet des droits de timbre et d'enregistrement avancés par l'administration de la guerre.	113
6	Bordereau trimestriel des dépenses acquittées sur mandats directs.	117
7	Bordereau trimestriel de dépenses acquittées sur mandats d'avances.	121 et 125
8	Compte trimestriel en deniers (service de santé).	129
9	Compte trimestriel en deniers (écoles militaires).	133
10	Etat de liquidation.	137 et 141
11	Rapport de liquidation (artillerie, génie, poudres et salpêtres, santé).	145
12	Rapport de liquidation (dépenses ayant donné lieu à la passation de marchés par conversion).	149
13	Rapport de liquidation (service de l'intendance).	153
14	Carnet d'inscription des liquidations.	157
15	Etat pour servir au payement du traitement du personnel civil d'exploitation régi par la loi du 8 juin 1853.	163
16	Etat de payement du traitement et du salaire du personnel civil d'exploitation.	167
17	Etat récapitulatif du traitement et du salaire du personnel civil d'exploitation.	171
17bis	Décompte du traitement ou salaire payé aux employés et ouvriers pendant ledit mois.	175
18	Relevé trimestriel joint au mandat des prélèvements sur les salaires à verser à la Caisse des retraites.	178 à 185
19	Relevé trimestriel joint au mandat des parts contributives de l'Etat à verser à la Caisse des retraites.	186 à 189

NUMÉROS des modèles.		Pages.
20	État des sommes revenant aux employés ou ouvriers décédés ou admis à la retraite. .... 190 à	193
21	État des sommes payées directement sur la caisse du comptable pour reliquats de comptes aux ouvriers quittant l'établissement. 194,	195
22	Bordereau trimestriel des dépenses du personnel d'exploitation.	197
23	Extrait du décompte de libération des prestations en deniers de la masse d'habillement (corps de troupe).	203
24	Extrait du décompte de libération des prestations en deniers de la masse d'habillement (écoles militaires).	205
25	Extrait du décompte de libération des prestations en deniers de la masse de harnachement.	207
26	Rapport de liquidation établi par l'administration centrale.....	209
26bis	Rapport de liquidation pour les dépenses des exercices clos et des exercices périmés.	213
27	Rapport de réduction de dépenses.	217
28	Registre de fonds.	221
29	Registre des comptes définitifs.	227
»	Compte général et définitif...................	229
30	Registre des comptes définitifs (service des subsistances).	243
31	Registre des demandes de fonds.	311
32	Registre-contrôle de l'ordonnancement.	315
33	Journal.	319
34	Registre des comptes généraux.	323
35	Registre des ordonnateurs secondaires.	327
36	Registre des créances restant à payer.	331
37	Registe général des droits constatés.	333
38	Bordereau des rapports de liquidation adressés à la direction du contrôle pour être soumis à la revision ministérielle.....	335
39	Bordereau d'envoi à la direction du contrôle des rapports de liquidation et des pièces justificatives d'un exercice.	337

Modèles donnés par la circulaire du 26 décembre 1916.

1	Bulletin donnant le détail du compte de l'intéressé (1re quinzaine).	77
2	— — — (2e quinzaine).	78
3	État de paiement du traitement et du salaire du personnel civil d'exploitation...................	79
4	État récapitulatif du paiement et du salaire du personnel civil d'exploitation...................	83
5	Décompte du traitement ou salaire payé aux employés et ouvriers pendant le mois...................	87

TABLE CHRONOLOGIQUE

Pages.

1904. 17 mars. Instruction sur la liquidation des dépenses. 3

1904. 9 déc. Notification de modifications et d'additions à l'instruction du 17 mars 1904................................. 8

1910. 9 mars. Circulaire portant modifications à l'instruction du 17 mars 1904............................... 25

1910. 12 août. Circulaire portant modifications à l'instruction du 17 mars 1904............................... 32

1911. 17 févr. Circulaire relative à l'adoption de la liquidation annuelle pour un certain nombre de dépenses du service de l'artillerie................................. 61

1911. 6 mars. Instruction relative à l'établissement des liquidations des dépenses par modification à l'instruction du 17 mars 1904............................... 62

1911. 10 mars. Circulaire portant addition à l'instruction du 17 mars 1904, relative à la liquidation des dépenses du ministère de la guerre................................. 64

1911. 28 mars. Circulaire relative à la liquidation annuelle des dépenses effectuées sur les fonds du chapitre 11, article unique, 2ᵉ partie, paragraphes 4 et 12 (Ecoles du service de santé; personnel), et du chapitre 12, articles 4 et 12 (Ecoles du service de santé; matériel)................................. 69

1911. 10 avril. Circulaire relative à la substitution de la liquidation semestrielle à la liquidation trimestrielle pour les dépenses incombant aux crédits administrés au titre des réparations civiles................................. 69

1911. 22 mai. Circulaire modifiant la périodicité des époques de l'envoi à l'administration centrale des rapports de liquidation concernant les services de l'habillement et du campement, du couchage de l'Ecole d'administration (matériel), de l'ameublement, des transports et des frais de déplacement................................. 72

1913. 13 mai. Circulaire portant modifications à l'instruction du 17 mars 1904 et aux modèles 16, 17 et 17 bis annexés à ladite instruction (Errat. 1ᵉʳ 1913, p. 866). 25, 153 et 171

1916. 26 déc. Circulaire relative à l'application dans les établissements militaires dotés d'un nombreux personnel ouvrier d'un nouveau mode de paye du personnel civil d'exploitation................................. 74

1920. 22 avril. Circulaire relative à la production en une seule expédition des mémoires de l'Imprimerie nationale..... 7

1920. 18 mai. Modification à l'instruction du 17 mars 1904......... 8

TABLE ALPHABÉTIQUE

B

Pages.

Bordereaux trimestriels des pièces de dépenses mises à l'appui des liquidations. 12,   13

Bordereau trimestriel des pièces mises à l'appui de la liquidation des dépenses du personnel civil d'exploitation.   30

C

Carnet d'inscription des liquidations.   21

Comptes généraux. — Établissements des.   60

Comptes trimestriels des dépenses des écoles et du service de santé à joindre aux liquidations.   16

D

Délais pour la liquidation des dépenses.   4

Délégués du Ministre pour la liquidation des dépenses.   4

Dépenses non acquittées en fin d'exercice. — Liquidation des.   15

E

États de liquidation.   17

F

Factures, mémoires justificatifs des dépenses.   11

Formules employées pour la liquidation des dépenses.   43

G

Gestionnaires. — Montant maximum des factures, mémoires, etc., qu'ils peuvent acquitter.   8

L

Liquidation des dépenses.

    Par les délégués du Ministre.   3

    De l'administration centrale.   46

    De l'artillerie.   32

    Du service des fourrages.   37

    Des frais de route.   37

Pages.

Liquidation des dépenses (suite).

    Du génie. 33
    De l'habillement et du harnachement. 40
    De la justice militaire. 41
    De la remonte. 41
    Du service de santé. 41
    Des secours. 42
    Des exercices clos et périmés. 50
    Des troupes coloniales. 60

N

Nomenclature des formules employées pour la liquidation des dépenses. 43

P

Personnel civil d'exploitation. — Liquidation des dépenses du. . . . 24, 74
Pièces justificatives des dépenses. 6

R

Rapports de liquidation des dépenses. 18
Rapports de réduction de dépenses. 46
Récépissés de versement. 48
Rectifications et réimputations. 21
Registres de comptabilité de l'administration centrale. 51
Remboursement.
    Des avances et des cessions de matériel. 47
    Des frais de timbre et d'enregistrement avancés par l'administration de la guerre. 11
    Des sommes versées « en trop » au Trésor 49
Revision ministérielle des liquidations. 44

S

Soldes débiteurs et soldes créanciers. — Règlement des. . . . . 20 et 49

T

Titres de créances. 19

V

Vérification des rapports de liquidation. 44
Vérification des registres de comptabilité tenus par les services administratifs. 56